金融统计分析

（修订本）

主　编　赵彦云
副主编　阮建弘

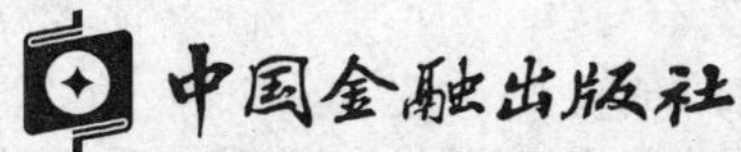

责任编辑：王海晔
责任校对：孙　蕊
责任印制：陈晓川

图书在版编目（CIP）数据

金融统计分析/赵彦云主编．—修订本．—北京：中国金融出版社，2000.12
中央广播电视大学金融专业教材
ISBN 978-7-5049-2429-2

Ⅰ．金…　Ⅱ．赵…　Ⅲ．金融—统计分析—广播电视教育：高等教育—教材　Ⅳ．F830.2

中国版本图书馆 CIP 数据核字（2000）第 075122 号

金融统计分析
Jinrong Tongji Fenxi
出版
发行　中国金融出版社
社址　北京市丰台区益泽路 2 号
市场开发部　(010)63266347，63805472，63439533（传真）
网 上 书 店　http://www.chinafph.com
(010)63286832，63365686（传真）
读者服务部　(010)66070833，62568380
邮编　100071
经销　新华书店
印刷　北京市松源印刷有限公司
尺寸　140 毫米×203 毫米
印张　12.75
字数　328 千
版次　2000 年 12 月第 1 版
印次　2019 年 3 月第 26 次印刷
印数　218441—222440
定价　21.80 元
ISBN 978-7-5049-2429-2

编审说明

中国人民银行培训中心是中央广播电视大学开放教育金融学专业的合作办学单位，共同组织制定金融学专业教学计划和必修课程的教学大纲；组织部分课程的文字、音像及计算机网络等多媒体教材的编制。

“金融统计分析”是中央广播电视大学开放教育经济学科经济学类金融学专业（本科）的必修课，由中国人民银行培训中心负责组织本课程教材《金融统计分析》（修订本）及其配套用书《金融统计分析学习指导书》的编制工作。我们聘请了中国人民大学统计学系教授、博士生导师赵彦云博士任主编，具体负责主教材及教学指导书的编写，由中国人民银行培训中心审定。

“金融统计分析”是一门新的课程，编写者的基本目标是：覆盖我国金融统计实际分析的基本体系和要点内容。运用国际规范的金融统计知识、分析理论和技术，从适应本科学生自学特点要求出发，系统阐述基本原理、知识和分析方法及其应用，以最大可能分析我国的实际金融问题，在传授知识的同时，注重培养学生的独立分析能力。同时希望能为本学科教材建设提供参考。

主　编：赵彦云(中国人民大学统计学系教授、博士生导师)

副主编：阮建弘（中国人民银行调查统计司　博士）

参　编：中国建设银行信息中心刘贤荣硕士、中国人民大学统计系汪涛博士、首都经济贸易大学统计系姚丽芳硕士、瑞士再保险公司贾娜硕士。

审　稿：戴根有（中国人民银行货币政策司　司长）
　　　　赵帝英（中国人民银行培训中心教材处　处长）

在使用过程中，有何意见和建议请与中国人民银行培训中心联系。

中国人民银行培训中心
二〇〇〇年十二月

前　言

金融统计分析是经济统计分析的重要分支，它是融实证金融理论、金融统计指标、数据、现实金融问题、统计分析方法运用为一体的知识体系。它对提高学生分析和解决实际问题的综合能力与素质，适应市场经济发展，具有重要的作用。本书适用于本科金融学、统计学等专业的学生，对实际部门从事经济管理工作的人员，也具有提高素质、更新知识以及应用研究参考的价值。

“金融统计分析”是一门新的课程，在本教材的编写中，我们力求知识体系完整、统计分析技术实用。在体系上，包括银行与货币统计分析、金融市场统计分析（证券、外汇市场）、金融企业运营统计分析（商业银行、保险公司）、金融统计分析的综合技术分析（国际收支、资金流量），以及金融统计分析的新领域即金融体系国际竞争力的各个组成部分。在内容上，追求实证金融理论、金融统计（指标、原则、显示方式）、金融统计分析的主题和统计分析方法应用知识层面的有机结合。内容体系对于提高学生的综合分析能力和素质非常重要。例如，实证金融理论，包括重要概念及现实发展过程的归纳分析，理论分析体系框架，虽然在有关课程中有所涉及，但作为金融统计分析的基础和起点，必须在本课程中重新要求，其中本课程新的方面就是要求学生把有关金融概念与金融统计指标、数据连接起来，把金融理论与各个问题的分析框架体系连接起来，把金融发展过程的归纳与统计分析模型的应用、改进创新连接起来，只有实现这些知识的内在有机衔接和融合，才能有效地让学生掌握金融统计分析的技术，从而达到具有很好的实际应用的综合能力和技巧。

《金融统计分析》（修订本）是应中国人民银行培训中心之约，为成人学历教育特别是中央广播电视大学本科开放教育金融学专业编写的教材。该教材编写的基本目标是：覆盖我国金融统计实际分析的基本体系和要点内容，运用国际规范的金融统计知识、分析理论和技术，从适应成人学历教育特别是中央广播电视大学本科开放教育金融学专业学生自学特点要求出发，系统阐述基本原理、知识和分析方法及其应用，以最大可能分析我国的实际金融问题，在传授知识的同时，注重培养学生的独立分析能力。同时希望这本教材能成为普通高等学校新教材的范本。

本书由中国人民大学统计学系教授、博士生导师赵彦云博士任主编，中国人民银行统计司阮建弘博士任副主编。中国证券监督管理委员会统计处何龙灿硕士、国家外汇管理局国际收支司周济硕士参加了前期的编写工作，本书中包含着他们的研究成果。此外，书中也选用了李静萍博士、郝大雁硕士的研究成果，中国人民大学统计学系硕士生伍业锋先生为本书搜集了许多文献并编写了一些分析例子，伍业锋、张志勇、王丽娟、黄旭安校正了清样，并对个别地方提出了修改意见，在此表示深深的谢意。中国人民银行电化教育中心樊爽文、杨文君先生在本书的编写过程中提供了许多帮助，在此表示衷心的感谢。我们衷心希望同行专家、学者对本书提出宝贵意见，以便我们进一步完善与发展金融统计分析。

赵彦云

二〇〇〇年八月

目 录

第一章　金融统计分析的基本问题

第一节　金融活动与金融统计分析

一、货币、信用、金融

货币流通是在商品流通过程中产生的货币的运动形式。货币作为购买手段不断地离开出发点，从一个商品所有者手里转到另一个商品所有者手里，这就是货币的流通。信用是商品买卖的延期付款或货币的借贷。在商品货币关系存在的条件下，这种借贷行为表现为以偿还为条件的货币或商品的让渡形式，即债权人用这种形式贷出货币或赊销商品，债务人则按约定日期偿还借款或贷款，并支付利息。信用制度的基础是商业信用，货币信用关系的进一步发展产生了现代银行。银行家签发的保证将随时兑付金银铸币的票据，就是银行券。银行券流通规模迅速扩大，越来越多地代替铸币执行流通手段和支付手段的职能。同时，在银行存款业务的基础上，形成了既不用铸币也不用银行券的转账结算体系。当货币的流通与信用的活动密不可分地结合在一起时，金融这一概念也就形成了。金融是货币流通与信用活动的总称。

二、金融体系

金融体系包括金融制度、金融机构、金融工具、金融市场及金融调控机制五个方面。

1. 金融制度。金融制度包括货币制度、汇率制度、信用制度、银行制度、金融机构制度、利率制度、金融市场制度，以及支付清算制度、金融监管制度和其他。这个制度系统，涉及金融活动的各个方面和各个环节，体现为有关的国家成文法和非成文法，政府法规、规章、条例，以及行业公约、约定俗成的惯例，等等。制度问题的核心在于其是否与总体经济模式及其资源配置和运行调节方式相适应。相适应的金融制度是推进经济发展的强有力的积极因素，落后的金融制度则会阻碍经济发展，并必将被新的制度所取代。

2. 金融机构。金融机构是国民经济机构部门分类的重要组成部分。金融机构通常被分为银行和非银行金融机构两大类。银行金融机构包括中央银行和存款机构。非银行金融机构包括保险公司和其他金融机构。

3. 金融工具。金融工具一般解释为信用关系的书面证明、债权债务的契约文书等。具体内容包括传统的商业票据、银行票据，以及期货、期权等各种金融衍生工具的标准合约。金融工具常常被称作金融产品或金融商品，可以在金融市场上进行交易，是金融活动的载体。它们的数量、种类、特性是一个国家金融发展水平的基本标志。在金融统计中，金融工具是以金融资产和金融负债具体体现的。金融资产和金融负债是以其流动性做进一步分类的。

4. 金融市场。金融市场是金融工具发行和流转的场所。现代电子技术在金融领域的广泛运用和大量无形市场的出现，使许多人倾向于将金融市场理解为金融商品供求关系或交易活动的总和。金融市场发达与否也是一国金融发达程度及制度选择取向的重要标志。金融市场进一步分类包括货币市场、资本市场、外汇市场以及衍生性金融工具市场。这些市场的最重要参与者是金融机构，其价格信号由利率、汇率及指数构成。在金融市场上，资金总是流向收益较高同时又比较安全的领域。但是高收益与安全性常常对立，一般规律总是高收益率与高风险并存，低风险则难有高收益。正是这种矛盾促使市场参与者在金融活动中不断提高效率并产生创新冲动。

5. 金融调控机制。金融调控机制是指政府在遵守市场规律的基础上，对市场体系所进行的政策性调节的机制。一般由三部分内容构成：（1）决策执行机构，这是调控得以落实的组织保证。多数国家是由中央银行来承担。（2）长期起作用的金融法令法规，这是实施调控的制度性内容。（3）货币政策，这是针对调节任务所进行的政策设计及采取的措施。

三、金融统计分析

金融统计分析的主要任务是运用统计学理论和方法，对金融活动内容进行分类、量化、数据搜集和整理，以及进行描述和分析，反映金融活动的规律性或揭示其基本数量关系，为金融制度的设计和理论研究，以及金融调控机制的实施提供客观和科学的依据。

金融统计工作是金融统计分析的基础。自 1978 年改革开放以来，我国金融统计工作有了很大的发展，基本上建立了科学完善的金融统计体系，并与国际统计规范和国民经济核算体系实现了接轨，对于分析和研究我国金融领域的问题、货币政策和金融理论研究都发挥了重要的作用。现在的中国金融统计体系，适应中央银行管理货币供应量的需要，引入了国际货币基金组织制定的货币和银行统计规范；适应金融市场发展的需要，建立了金融市场统计；在组织上，包括中央银行统计机构和各商业性金融机构的统计机构。中国金融统计体系内容包括货币供应量统计、信贷收支统计、现金收支统计、对外金融统计、金融市场统计、中央银行专项调查、保险统计和资金流量统计等八个部分。

做好金融统计分析工作取决于三个方面：一是扎实、科学的金融统计工作；二是捕捉重要的现实金融问题；三是运用科学的统计分析方法。一般意义上，可以将实际的统计分析工作分成两类，即制度化统计分析和专题性统计分析。制度化统计分析是针对政府统计部门或较大的专门性研究机构，定期地运用系统的统计数据和资料，对金融活动整体或某一领域做全面的分析，既要公布一些系统性的统计分析数据，又要公布所作出的分析结论，其中分析的内容包括成就和问题两个方面。专题性统计分析是针对经济发展阶段或发展过程中的某一问题所进行的专门性分析和研究。在实际统计分析工作中，运用先进的统计分析方法是很重要的，因为科学的统计分析方法对认识和研究金融实际问题是有效的工具，可以深入分析层次，发现一般描述分析所难以发现的影响因素或基本数量关系。

第二节　金融统计分析基础

一、金融统计指标和金融账户

在运用金融统计描述金融活动方面，一项重要的统计技术工作是设计统计指标。它是连接金融理论和统计工作的最基本的内容。金融理论是金融活动规律的理性认识，它是统计指标设计的理论基础。金融理论首先为统计描述金融活动的量化框定具体方面，同时为统计指标设计初步界定统计指标的理论内涵。虽然可以找出很多具体的金融统计指标是完全根据金融理论确定统计指标内容和统计范围的，但是统计指标设计时还要考虑多方面分析的需要和统计技术的要求，如统计调查的可测性、相关统计指标的可比性。实际上金融统计指标就是金融理论分析中的具体变量，只不过是这个变量可以用来直接测度实际金融活动的某一具体方面的数量特征。

金融统计指标是金融统计调查的基础。也就是说，金融统计是依靠金融统计指标的调查、数据整理和公布来完成其工作内容的。从金融统计工作看，统计指标的重要性之一是在统计口径范围的制定上。具体金融统计工作，都要求对金融统计指标有明确的统计口径范围说明。

金融统计指标对于金融统计分析的基础作用，主要表现在金融统计分析的伊始首先遇到的就是运用哪些有用的统计指标，以及如何运用这些金融统计指标去分析实际金融问题。例如，我们要分析货币供求问题，首先就是运用什么统计指标量化货币供给和货币需求，金融统计指标 M_0、M_1、M_2、M_3 等等都可以选取使用；其次就是搞清楚 M_0、M_1、M_2、M_3 等的统计内涵和统计口径范围；再次是搜集统计指标的数据和对统计数据的整理工作；最后才是选取计量经济模型，运用实际统计数据进行参数估计和假设检验，并对模型计算结果作出分析。因此，对于从事金融统计分析工作而言，必须也是首要的是要熟悉和掌握各种金融统计指标，深刻理解它们的经济含义，熟悉统计数据的来源，掌握统计口径范围。这些都是做好金融统计分析的重要基础。

金融账户实际就是金融统计账户。它在金融统计体系中占据重要地位。金融账户的设计原理与国民经济核算体系中的经济账户是一致的。在形式上，金融账户采用会计的丁字账户，但是账户中的项目都是统计指标。经济账户中的统计指标是以一个完整的统计指标体系设计的。账户左方反映金融活动的资产使用，右方反映金融活动的负债来源，其中金融资产的使用是通过各种金融资产的统计指标来反映其使用水平的，同样金融负债的来源也是通过各种金融负债的统计指标来反映其来源的水平的，金融账户中的资产使用总计和金融负债来源总计是相等的，即保持着账户使用与来源的平衡关系。因此，金融统计账户是重要的统计工具，它包含着对某一金融活动领域反映的统计指标体系的内容和数据。做好金融统计分析工作，必须要把金融统计账户作为一个基础来学习，既要掌握金融账户的设计原理及其所包含的统计指标体系，也要熟悉其中的统计数据和平衡关系。关于各个具体方面的金融账户，以后各章会分别讲解，这里就不深入讨论具体方法了。

此外，在金融统计分析中，也经常使用图表统计方法，因为它是揭示某些金融活动领域中的数量关系的有效工具，常常能够产生简明和直观的效果。

二、我国金融统计体系的内容

金融统计分析的基础要求必须熟练掌握我国金融统计体系的具体内容。本书以后各章会就各方面金融统计分析的内容，分别从基本金融统计指标、金融统计账户、统计数据和它们在金融统计分析中的应用予以系统的阐述，并就其中的一些重点内容分别给出具体例子作出分析。但是，作为金融统计体系的总括内容，先给出一个联系我国金融统计实际的概括阐述，以便让大家对我国金融统计体系有一个基本的掌握，为做好金融统计分析奠定现实基础。

1. 货币供应量统计。中国货币供应量统计严格按照国际货币基金组织的货币供应量统计方法进行。在中国现行体制下，包括辅币在内的全部货币发行及国家外汇库存均由中国人民银行统一管理，因此，中国人民银行账户基本概括了全部货币当局的账户内容。存款货币银行包括国有商业银行、中国农业发展银行、其他商业银行、城乡信用合作社、财务公司，其中城乡信用合作社虽然名称为合作金融组织，但实际是小银行。非货币金融机构包括信托投资公司、企业集团财务公司、租赁公司、证券公司等。中国由于金融市场不发达，金融工具比较单一，因而无论货币当局的资产负债表，还是存款货币银行和非货币金融机构的资产负债表，其内容都相对比较简单。《中国金融年鉴》自 1989 年开始公布货币概览数据。货币概览也称货币统计表。它的主要目的是分析受货币当局影响最大、并对其他国民经济总量最有影响的金融总量。因此，货币概览所列项目比较简明，主要是货币政策制定者感兴趣的少数几个项目。其资产方主要项目有：国外资产（净额）、国内信贷（其中包括对中央政府的债权）、对私人部门的债权、对非货币金融机构的债权等；其负债方主要项目有：货币、准货币，以及资产净值等。

2. 信贷收支统计。信贷收支统计是金融机构的主要业务统计，包括金融机构的全部资产和负债业务。信贷收支统计是计划经济体制沿袭下来的名称。在计划经济体制中，银行的资产和负债业务活动比较单一，除了存款和贷款以外，几乎没有其他业务，所以，信贷收支几乎就是银行的全部业务活动。信贷收支统计表目前仍然是商业银行和中央银行了解金融活动信息的主要工具。信贷收支统计表是以货币为计量单位的资金平衡表，分资金来源项目和资金运用项目两个方面，一般把资金来源项目列于左方，把资金运用项目列于右方，其中项目按多种标志分组，资金来源总计与资金运用总计平衡。

3. 现金收支统计。现金收支是商业银行一项经常性的业务活动，商业银行现金收支相抵后的净额，为市场现金流通量的增加或减少额。银行体系外现金即为市场现金流通量。在中国目前条件下，现金是居民日常生活支付的主要工具，控制现金投放是中央银行的一项重要任务。银行是国民经济各部门的现金活动中心，是国家调节货币流通的枢纽。现金收支统计是商业银行金融统计的一项重要内容，更是中央银行金融统计的重要组成部分。银行现金收支统计是通过编制现金收支报表进行的。根据中国人民银行金融统计制度要求，银行现金收支统计是全面统计，它要求所有发生现金收支的银行基层单位，对每笔现金收支业务按其性质进行分项汇总并逐级上报加总。基层银行每日统计的现金收付合计数及内部现金往来、业务库存，应与当日会计科目的日结单核对一致，收付总数必须平衡；现金项目报表的现金收入、支出总额，应与会计报表中的“现金”科目的发生额核对一致。

4. 对外金融统计。在中国经济扩大对外开放的条件下，涉外金融活动也日益增加。对外金融统计是对涉外的所有金融活动进行的统计工作，它是搞好中国国际收支管理工作的基础。对外金融统计主要包括外汇信贷业务统计、国家外汇收支统计、国家对外借款统计、国际收支统计四部分。外汇信贷业务统计是对银行吸收外汇存款、发放外汇贷款业务的统计。国家外汇收支统计是反映中国外汇收支活动的统计。1994 年 4 月 1 日实行银行结售汇制以后，统计基础发生变化，在新的外汇收支统计体系下，其收入部分由结售给指定的商业银行的企业现汇收入构成，支出部分由外汇指定银行根据有关规定直接出售给用汇单位的现汇支出构成。该项统计以各外汇指定银行为主体，由省级分局汇辖内分支局的数据上报国家外汇管理总局汇总。

5. 金融市场统计。金融市场统计是指以金融商品为交易对象，由供需双方商定价格而进行自由交易的流通领域。在社会主义市场经济体制形成和发展过程中，金融市场占有重要地位，加强金融市场统计，充分发挥金融市场对配置资源的作用和加强中央银行对金融市场的宏观调控有重要意义。金融市场统计包括短期资金市场统计、长期资金市场统计和外汇市场统计。短期资金市场统计的主要任务是搜集和整理参加短期金融交易的机构、金融工具的品种结构、交易量、资金流向、利率水平等数据资料，以及对短期资金的活动情况进行分析。长期资金市场包括股票市场和债券市场，其统计的主要任务是：统计证券的发行额，用来分析长期投资的规模；统计证券的交易额，用来分析投资的结构变动；统计证券的利息和收益率，用以分析资金的供求情况。外汇市场统计是对一定时期外汇市场主体、交易额及交易价格（汇率）总和的统计反映，目的是为国家对外汇市场的宏观调控提供依据。

6. 中央银行专项统计调查。中央银行制定货币政策、调控宏观经济，需要研究国民经济的发展形势和存在的问题，需要从经济运行中的各种变量来研究分析货币需求变化。其中，物价和企业的信息至关重要。建立反映经济景气变化的经济统计调查制度，广泛收集有关经济动态资料是中央银行制度建设的重要一环。1986 年以来，中国人民银行先后建立了工业景气调查、物价统计调查、居民储蓄问卷调查及经济、金融动态反映等统计调查制度。这些构成了中国人民银行统计工作的重要基础，也成为制定和管理货币政策的重要依据。

7. 保险统计。保险统计是系统反映保险业务活动的数量特征，为保险发展规划、保险经营和分析提供客观依据的活动。保险统计的主要指标是：保险业务收入、保险业务支出、承保数量、承保金额等。保险统计的主要分析指标是：承保率、结案率、赔付率、损失率、百元保费费用额、人均费用、人均保险业务收入、人均利润等。

8. 资金流量统计。资金流量统计具体体现为资金流量表，它是国民经济核算体系的重要组成部分。中国于 1994 年正式开始编制资金流量表。根据部门分工，国家统计局负责资金流量表的实物交易部分的编制，统计范围是以国内生产总值作为核算的初始流量，中国人民银行负责资金流量表的金融交易部分的编制。中国资金流量表表式与国际上通用的表式相似，也是机构部门交易的矩阵表式。主栏为交易项目，宾栏为机构部门，每一部门下设资金来源与资金使用两栏，资金来源总计和资金使用总计平衡相等。

第三节 金融统计分析方法

一、经济分析方法

分析方法对于金融统计分析的发展是重要的。它需要根据分析的对象和要达到的分析目的，科学地选择各种分析方法组合使用，以便深刻认识客观规律及其数量特征。虽然，作为金融统计分析并不以探索新方法为己任，但是，也不排除发展之中对分析方法的推动作用。因为组合一方面是对各种方法优势的综合开发，同时也是对其不足的补充。任何只看重自身的方法，而排斥其他方法使用的，都不会很好地分析现实问题。针对应用目的而言，不是方法的复杂难懂最优，应用的有效性才是选择的标准。从这种意义上，在分析中千万不可忽视经济分析方法在金融统计分析中的科学运用，包括经济变量的经济学涵义、分析理论假说或分析框架的假定，以及经济分析的展开层次和逻辑，它们对分析的科学性把握是非常重要的。从金融统计分析的专题性研究或中长期问题的研究看，检验金融理论学假说或创立金融统计分析的假说也是我们探索的重要方式之一，这些都要求金融统计分析与经济分析方法做好内在的有机衔接。

经济分析方法在进行描述性金融统计分析中使用比较多，非常实际和重要的是针对分析目的对于金融活动分析的理论层次的把握，从而能够科学地选择分析变量、建立分析模型、展开分析顺序。从统计分析的技巧来说，金融统计分析必须注意与金融活动分析的起点和内容要点及其基本逻辑的连接，这可以保证金融统计分析结果能够尽快地为金融学界和经济学界所接受，以便在理论界和实际管理部门产生更大的效果，从而进一步推动金融统计分析的发展。宏观经济分析中的几个基本概念反映了经济分析方法的思想，对于金融统计分析有指导作用。

1. 静态经济分析。它的方法特点是：（1）假定宏观经济活动整体是一个均衡的问题，市场机制自发调节均衡的实现。（2）假定基本经济条件稳定不变，即人口数量、资本存量、技术知识水平、消费者偏好均保持不变。（3）经济实证分析的重点是经济活动状态特征和规律性分析，短期资料和横截面角度分析是常用的。（4）具体分析从整体出发，由基本因素开始，逐步扩展，增加因素，展开分析的层次。

2. 比较静态经济分析。静态经济分析不能分析增长经济的特征，因为它把要素和技术视为稳定不变。比较静态经济分析方法的逻辑前提是，它将增长经济视为一系列均衡状态之总和，各个均衡状态之间的区别在于基本条件的基本数据发生了变化，而不是在于某一均衡状态是由另一均衡状态衍生出来的。因此，比较静态经济分析方法是将构成增长经济的各个孤立的均衡状态加以比较，而不涉及从一种均衡状态发展到另一种均衡状态的调节过程和转化过程。也就是说，比较静态经济分析方法不考虑由经济制度中所固有的内生因素所决定的经济过程的发展。

3. 动态经济分析。它的方法特点是：（1）从生产要素和技术知识的增长变化出发。（2）把经济活动看做一个连续的发展过程，经济分析的角度不是时点上的状态，而是过程上的特征和规律性。（3）不是把经济分析的变量看作不断重复的变动，而是基于经济变量的时序关系展开分析，即随时间变化的经济过程，以及经济发展由内生因素决定的过程。动态经济分析十分重视时间因素，重视过程分析。

4. 比较动态经济分析。它是在动态经济分析基础上进行的。如果说动态经济分析是就一个经济过程所进行的分析，那么比较动态经济分析就是对两个经济过程的比较分析，比较差异集中在两个方面，一是变量之间的时滞关系；一是变量之间的依存关系，即参数变动。

二、经济统计分析方法

经济统计分析方法是指统计分析方法运用于经济分析的总称，因而它包括着广泛的内容。然而，依据其在分析中的使用目的不同，经济统计分析方法可以划分以下几类。

1. 描述性分析方法。如何运用科学的变量体系描述分析一个经济运行整体的数量特征，需要指标体系的选定方法，也需要对所选定的变量进行准确的估计，包括核算、推算和估算，还需要变量数据的可比性处理方法。这些方法既需要经验，也需要理论，还需要统计技术或技巧。描述统计方法对于统计分析应用是一个非常重要的基础。

2. 应用回归和多元统计分析方法。这是在运用比较广泛的分析方法。然而，作为经济统计分析方法的组成部分，同时应该强调它们在经济分析中的有效性技巧或应用的专门性。许多经济活动中的依存关系、结构关系、动态关系，以及经济分析总体中的聚类、因子分析等等都需要统计分析方法的支持。

3. 常用经济统计分析方法。包括指数分析、因素分析、时间序列分析、弹性分析方法等。常用方法在经济分析中的组合运用是比较有效的。

此外，利用现代统计思想开发专门使用的综合分析指标或综合评价指标的方法，也是经济统计分析方法的重要内容。

三、数量经济分析方法

数量经济分析方法在金融统计分析中发挥着重要的作用，主要有以下几种具体方法。

1. 计量经济模型。它是融经济理论、数学和统计学于一体的专门分析技术，可以用来描述宏观经济和金融领域主要变量的基本特征和数量关系，进行预测、模拟和规划等方面的分析。一个国家或地区的经济整体，应该建立一个宏观计量经济模型作为提高宏观经济科学决策的常用手段，其中反映金融活动基本计量关系的方程模型占据核心的地位。

2. 投入产出分析。它是关于国民经济部门间技术经济联系分析的一种技术方法。我国已定期编制投入产出表，投入产出分析在我国宏观经济和金融统计分析中发挥着重要的作用。

3. 经济周期分析方法。它是一种动态数量分析的系统方法，即在统计系统描述基础上，分析经济周期波动的因素、机制和控制过程。现代时序分析方法在经济周期分析方法发展中占据重要地位。此外还有系统动力学、金融数学等方法。

四、金融统计分析的工作方法

金融统计分析的工作方法是实际分析应用过程一般工作方法的归纳。主要步骤如下：

1. 确定分析对象和主要目的。实际上这是分析的选题阶段。对于制度化的统计分析，主要是明确从事的统计领域和统计分析研究的主要任务。对于专题性的统计分析，则是选好题目，明确主要问题。

2. 初步调研。这是开始金融统计分析工作的准备阶段。主要是做好三方面的准备工作。（1）整理文献，即搜集整理有关分析选题方面的经济理论和实证分析的文献，也就是做好定性分析的准备。（2）对所分析对象的现状作初步调查和整理，主要是增强分析者现实的整体认识，并了解有关活动情况。（3）研究分析的统计反映体系，包括统计指标体系和有关统计资料。这些都是直接为下步分析体系的设计服务的。

3. 分析体系的设计。通过初步调研的准备，对分析对象的定性认识和统计反映的现实整体有了充分的掌握，然后，以此为基础研究统计分析方法和数量经济分析方法的运用问题，其目的就是选定为分析所用的科学方法。据此来设计分析体系，包括分析的框架和分析因素及因素之间有机联系，并设计有关分析指标。

4. 分析所用统计资料的搜集、整理和计算。即以分析体系的设计为依据，进行统计资料的搜集、整理和计算。

5. 研究分析报告。一般包括以下几部分：（1）分析的背景和主要目的。（2）主要问题及其影响。（3）问题形成的原因。（4）对策研究。（5）附录：所运用分析方法的介绍。

第二章 货币与银行统计分析

第一节 货币与银行统计体系

一、货币与银行统计体系的产生与发展

在现代经济生活中，金融市场中的交易活动与货物和服务市场中的交易活动共同组成了市场经济。金融市场是进行资金融通的场所，在这里资金通过其价格——利率，实现在全社会的配置。中央银行（或称为货币当局）作为一个核心，对其他金融机构实行调控和监管。各类金融机构在金融市场上或是发挥媒介作用，使资金余缺双方间接发生金融交易，满足资金的供给与需求；或是为筹资者和投资者服务，促进资金需求双方直接发生金融交易；或是作为辅助机构，为金融中介机构提供服务，使金融中介机构更好地发挥媒介作用。

市场经济越发达，金融活动对经济发展的影响就越广泛、越深刻。经济学在货币供求理论的研究上的成熟，使得货币政策已普遍成为市场经济国家进行宏观调控的最为重要的工具之一。为了客观、准确地判断金融活动对经济发展的影响，为了使货币政策的决策建立在可靠的基础之上，就必须建立货币与银行统计体

系，为分析货币运动和货币政策决策提供信息来源。

1948年，国际货币基金组织第一次出版了《国际金融统计》月刊，表明一个在市场经济条件下具有国际可比性的货币与银行统计体系的诞生。随后，国际货币基金组织对该体系不断进行修订，目前，它已成为各市场经济国家进行货币与银行统计的指南。

新中国的金融体系经历了两个历史阶段。1979年以前，我国的金融体系是计划经济下的“大一统”模式，该模式的特点是全国只有一家银行，即中国人民银行；它既是金融行政管理机关，又是具体经营银行业务的经济实体；它的信贷活动是为了保护国家高度集中的计划任务得以实现。在这个阶段，中国人民银行建立起信贷收支统计制度，用以考察信贷计划工作的完成情况。1979年以后，我国金融体制进行了一系列改革，建立起以中央银行为核心的、以商业银行为主要内容的、符合社会主义市场经济要求的、具有多元化特征的金融体系。中国人民银行作为中央银行，为行使好中央银行的职能，按照社会主义市场经济的要求，改革和完善了信贷收支统计制度，并向国际货币基金组织的货币与银行统计体系靠拢，建立起构成我国货币与银行统计体系的三大统计账户，即货币当局的资产负债表、货币概览账户和银行概览账户。目前，我国的货币与银行统计体系不仅为我国政府和中央银行制定和实施货币政策提供信息来源，而且使我国的金融统计向国际化迈出了重要的一步。

二、货币的定义

作为一个从宏观上反映货币及其对宏观经济运行的影响的统计工具，货币与银行统计体系以货币供给理论为依据，以货币运动为观察和研究的对象，来反映货币的数量和货币的创造过程。

货币在经济活动中的作用可概述为：价值尺度、流通手段、支付手段和贮藏手段。货币和银行统计希望通过对货币状况的剖析来观察宏观经济进程，并帮助决策部门决定如何通过对货币的控制实现对整个经济进程的调控。在这个前提条件下，对货币的定义就要以其流通手段和支付手段的职能为出发点。这是因为，流通手段和支付手段的数量构成了市场购买力，构成市场需求，并反映货币政策操作对宏观经济运行的影响。所以，货币和银行统计在判断诸多金融工具是否属于货币时，要充分考虑它们的流通能力和支付能力，或言之为要充分地考虑它们的流动性。

以流动性为主要标志定义某种金融工具是否为货币时，会发现很多金融工具都具有流动性，只是程度的高低有所区别。例如，现金是公认的流动性最强的金融资产，可无条件直接用于支付的、可转账的活期存款也是流动性特别强的金融工具；然而，定期存款在变现方面则要满足一定的先决条件，诸如变现要受期限限制、提前变现要被罚息等，所以，定期存款的流动性就要比不受限制的、可转账的活期存款的流动性低。流动性比定期存款更低的是债券，债券只有在规定的期限到期后才能讨还本金，也就是说，在债务期限内不具备流动性。股权几乎没有任何流动性特征，因为股权凭证代表的是所有权，持有股权凭证的人，只能根据该凭证取得红利，而不能索要本金。

由于金融工具在流动性上的差异，各国在具体的统计操作过程中，一般都定义了反映不同流动性层次的若干口径的货币。目前，我国使用的货币供应量口径有：M_0、M_1 和 M_2。M_0 是指流通领域中以现金形式存在的货币，它是流动性最强的金融资产，它与消费物价水平的变动密切相关，是最活跃的货币，也是中央银行关注和调节的重要目标。M_1 包含流通领域中的通货，即 M_0，以及住户、非金融企业等部门的可用于转账支付的活期存款。M_1 又被称为狭义货币，其流动性仅次于 M_0，在我国是反映企业资金松紧的重要指标。M_2 包含 M_1 以及准货币。所谓的准货币，就是定期存款、储蓄存款与其他存款之和。M_2 又被称为广义货币，其流动性相对于 M_1 要弱，它能够反映社会总需求的变化。

尽管对 M_0、M_1 和 M_2 的统计是货币与银行统计的核心，但是，货币与银行统计并不是仅仅计算一下这三个总量指标就完成了统计的任务。正如前面所说的，货币与银行统计不仅要反映货币的数量，还要反映货币的创造过程以及造成货币供应量变动的原因。因此，货币与银行统计是一个既可以用于统计，又可以用于分析的完整统计体系。

三、货币与银行统计的一般结构

货币与银行统计体系立足于金融机构，通过反映金融机构与其他国民经济机构部门之间的金融交易，以及金融机构之间发生的金融交易，核算出不同层次的货币供应量，反映货币的创造过程，揭示影响货币供应量变动的原因。

要了解金融机构与其他国民经济机构单位之间发生的金融交易，首先要清楚国民经济中各类机构部门的性质。

通常，一国的金融活动是由四个机构部门，即住户、非金融企业、政府以及金融企业和国外的金融交易以及部门内部各子部门之间的金融交易组成的。货币活动作为金融活动的一个重要组成部分，同样要涉及上述各部门的金融活动。各个部门通过各自的经济行为，从不同的方面对货币运行产生着影响。例如，如果住户部门对金融资产的预期收益发生了变化，势必调整其金融资产结构，改变货币在其金融资产总量中的比例；如果企业对其经营收益的预期发生了改变，势必调整其负债行为，企业经营预期收益提高，则需要扩大生产能力投资，补充货币资金，追加银行贷款，为扩大货币供给提供基础。

尽管各个部门对货币运行都会产生影响，但是，在现代市场经济的条件下，货币是由以中央银行为核心的金融机构部门，以存在于经济生活中的信用关系为基础创造出来的。所以，货币与银行统计体系的切入点是金融机构，通过反映金融机构的资产负债行为来反映货币创造的过程和结果。

同样是金融机构，它们之间又有很大的差别。货币与银行统计体系按各种金融机构在货币创造中的作用，将金融机构下划成三个子部门：货币当局（中央银行）、存款货币银行以及非货币金融机构。各类金融机构在货币创造和对货币创造的影响上是各不相同的。对它们以其在货币创造中的作用为标志进行分类，是货币与银行统计分类的基础。这将在本章的第二节中详细阐述。在这里，为了先给出货币与银行统计体系的一个框架性概念，先简单地描述一下金融机构的分类内容及其相互关系。

货币当局（中央银行）通过向公众发行通货和吸收存款货币银行缴存的准备金等负债行为，创造基础货币；通过对存款货币银行、政府财政发生债权，以及获取储备资产等资产业务，影响基础货币的数量。中央银行的基础货币可视为商业银行的原始存款，而存款货币银行作为货币的直接供给者，在原始存款的基础上，通过自身的存贷活动及乘数效应，向全社会提供货币。非货币金融机构可以吸收某些种类的定期存款，但由于它不能经营可转账的活期存款业务，因此，非货币金融机构创造货币的能力很低，明显区别于存款货币银行。

通过对这三类金融机构资产负债的统计，可反映货币的规模以及它们对货币创造的影响。因此，构成货币与银行统计体系的三个组成部分是货币当局的资产负债表、存款货币银行的资产负债表和非货币金融机构的资产负债表。货币当局的资产负债表反映了中央银行基础货币的创造；存款货币银行的资产负债表反映了存款货币的创造；非货币金融机构的资产负债表反映了该类机构对货币创造的影响并为统计广义流动性提供更全面的基础。

在这三个资产负债表的基础上，为了更综合地反映货币创造，并得到 M_0、M_1 和 M_2 三个总量指标，还要生成两个合并账户：货币概览和金融概览。将货币当局的资产负债表与存款货币银行的资产负债表合并后得到的货币概览，反映了 M_0 和 M_1 的规模。将货币概览与非货币金融机构资产负债表合并得到金融概览，进一步得到 M_2 的规模（见本章附录中的图 1）。

这里描述的货币与银行统计体系结构基本上是国际货币基金组织推荐的货币与银行统计体系框架，它是货币与银行统计体系最一般的情形。事实上，由于各个国家的金融体系各不相同，这个统计体系在不同国家应用时，在这个一般性的基础上又具有较强的灵活性。我国的货币与银行统计体系基本上符合这个一般框架的要求，但同时也反映了我国的具体情况。另外，近些年来由于金融创新，某些金融机构的职能和某些金融工具的流动性都发生了变化，对它们对货币供给的影响以及对流动性的确认都带来了一些困难，给货币与银行统计工作带来了挑战。

四、我国货币与银行的统计结构

我国的货币与银行统计是由三个基本账户和两个合并账户组成的。三个基本账户是：货币当局资产负债表、存款货币银行资产负债表以及特定存款机构资产负债表。两个合并账户是：货币概览和银行概览。以上账户都是金融机构的人民币信贷收支活动，不包括外币账户。具体内容见本章附录中的图 2。

我国的货币与银行统计体系结构与国际货币基金组织推荐的标准结构基本类似。不同之处主要在于以下两个方面。一是我国目前在统计准货币时，尚没包括外币账户；二是目前在统计中尚没包括保险公司、证券公司、外资金融机构等非货币金融机构。因此，对货币概览与特定存款机构资产负债表合并后所得到的能够反映准货币的合并账户，称为银行概览，而不称为金融概览。

随着今后我国货币与银行统计的进一步发展，实行本外币并账，尽可能地涵盖非货币金融机构，就可编制出完整的金融概览。

五、货币与银行统计的特点

货币与银行统计具有以下特点：

1. 货币与银行统计是总量核算。设计货币与银行统计体系的目的就是要提供一整套能有效用于货币活动分析的总量指标体系。之所以称它为总量指标体系，有两方面的原因。一是该指标体系以资产负债表的形式为标准，合并了相同机构的资产负债表，生成的指标是同类机构同一指标的合计。二是该指标体系以流动性为标准，将具有相同流动性的金融交易工具加以合并，生成各类口径的货币供应量总量指标及其他总量指标。所以，这也决定了货币与银行统计是认识宏观经济活动和进行宏观经济管理的工具。

2. 利用资产负债表的形式进行核算。金融机构自身作为金融服务的生产者，在生产、收入分配、实物投资等方面，与提供其他货物与服务的生产者相比，只有行业上的差别，而没有其他什么特殊区别。但是，金融机构作为金融市场的媒介，帮助国民经济各部门在金融市场上筹集和运用资金，向国民经济提供信用和支付工具，促使储蓄向投资的转化，是其他任何行业所不具备的职能。而这些职能主要是靠金融机构扩张或收缩其金融资产与负债的规模而实现的。因此，货币与银行统计体系选择金融机构的资产负债表作为统计内容和形式的基础，不涉及反映金融机构的生产活动和收入分配等方面的会计或统计报表。

3. 货币与银行统计体系与国内其他宏观经济统计体系相互协调。货币与银行统计体系在分类方法和核算原则上，与国内其他宏观经济统计体系是相互协调的，尤其是与国民经济核算体系、国际收支平衡表统计、政府财政统计的分类方法和核算原则相互协调的。这样才能保证该体系在被应用于宏观经济分析时，顺利地与国民经济的其他总量指标相互衔接，保证数据的一致性。

4. 货币与银行统计体系具有国际可比性。在全球经济一体化的过程中，金融活动是推动该过程的诸多因素中最为活跃的因素，一国的货币运动已经离不开国际金融活动的影响。另外，对本国经济发展与货币政策关系的认识，也无不需要与其他国家的经验做对比。因此，各国在建立自己的货币与银行统计体系的时候，充分考虑到与国际标准相对应，在满足本国需要的同时，尽可能地加强该体系的国际可比性。

5. 货币与银行统计工作要求较强的时效性。货币和银行统计生成的总量指标，是反映国民经济运行的非常重要的指标，是政府进行宏观调控的重要依据。多数国家要求本国的货币与银行统计具有较强的时效性，一般公布频度要求达到月度。各国的时滞各不相同。我国的货币和银行统计时滞较短，一般为20天。

六、货币与银行统计的基本要求

为了符合货币与银行统计的特点，准确、贴切地反映货币与银行统计的内容，使统计数据尽可能地符合分析需要，在具体进行统计操作时，有关数据的性质和核算的方法必须符合相应的要求。

（一）基础数据

基础数据是一个统计体系基石，基础数据的质量及报送速度影响着整个统计体系的质量和时效。货币与银行统计体系要求其基础数据符合以下要求：

1. 基础数据要完整。由于货币与银行统计体系是一个以所有金融机构为统计对象、反映货币创造过程和结果的宏观统计工具，因此，在具体的统计工作中，能否做到包含全部金融机构的各类金融交易，是影响该体系能否准确、全面地反映货币创造的重要方面。

基础数据通常由于金融创新、法规变化、机构调整以及会计或统计科目调整等方面的因素，在满足完整性要求时遇到困难。因此，中央银行在进行货币与银行统计工作时，要密切注意金融领域内发生的各种变化，充分估计到这些变化给货币与银行统计工作带来的影响，要调查研究，及时、适时地对数据进行调整，保证体系的完整性。

但有些时候也会因为制度性和技术性原因，使得某些金融机构有可能不向负责货币与银行统计的机构（通常是中央银行）报送数据，或报送的数据不符合中央银行的要求。这对该统计体系的准确性会产生负面影响。

2. 各金融机构单位报送基础数据要及时。由于宏观经济管理对货币与银行统计体系的时效性要求很高，因此，该统计体系对各金融机构单位报送数据的及时性也要求甚高。在我国，由于明确规定了各类金融机构单位向中央银行报送金融数据的义务，我国的金融机构单位一般都能保证及时、准确地报送金融统计数据。倘若有些金融机构在个别时候发生数据报送困难，可适当采用推值、插值和替代等统计技术进行估算，以不影响整个统计工作的时效性。

3. 基础数据以提供存量数据为主，以提供流量数据为辅。货币与银行统计要求各金融机构单位报送资产负债的存量数据。这是因为：（1）从宏观经济分析的角度看，有关货币的存量数据在分析上更具有意义，因为它反映了某个时点上货币的规模；（2）有了存量数据，可以推算出流量数据，但反之则不一定亦然；（3）报送单位一般以存量的形式核算资产负债数据，较少用流量形式核算资产负债数据。如果中央银行在汇总和检查存量数据时发现了问题，应要求报送单位提供流量数据，用以进一步查对问题的根源。

4. 金融机构单位应提供详细科目的基础数据，尽量在基础数据报表中不使用合并项或轧差项。尽管中央银行在编制最终的各类合并的资产负债表时，根据需要对某些项目进行合并或轧差，但是，负责报送数据的各类金融机构单位在向中央银行报送数据时，应按中央银行的要求，提供详细科目的基础数据，其中的合并项和轧差项要尽可能的少，这样有利于中央银行深入了解、认识和掌握数据来源，当某些项目发生显著变化时，能够追踪发生这种变化的源头。

我国中央银行为了提高货币与银行统计体系的基础数据的质量，建立了一套“全科目”上报体系，这套上报体系较为有效地使基础数据满足了以上要求，从根本上提高了我国货币与银行统计体系的质量。

（二）估价方法

货币与银行统计体系对金融交易按照市场价格估价，也就是按照市场上交易发生时的成交价格估价。

（三）货币与银行统计体系的核算工具

货币与银行统计体系利用复式记账原理，以权责发生制为原则，使用账户形式进行核算。也就是说，每项金融交易要按照债权债务发生时的数量和价格，在借贷双方同时记录。

（四）项目合并与轧差

一个金融机构常与其他单位发生很多类型的资产与负债。货币与银行统计体系在对不同类别的金融机构建立资产负债表时，主要反映一些重要金融交易的科目。对那些不重要的交易科目，往往采用合并和轧差的方式处理。这样做能够更清晰地反映影响货币供应量的因素。

第二节　交易主体分类

一、国民经济机构部门分类

在现代经济社会中，几乎所有的经济活动单位都会发生金融交易行为。根据所有这些经济单位的经济活动功能，尤其是它们在资金运动中的功能进行分类，不仅是国民经济核算这样一个以全社会经济活动和经济单位为统计对象的统计体系的基础，也是主要以金融机构和货币运动为统计对象的货币与银行统计体系的基础。上一节中，已经简要地介绍了国民经济各类机构部门以及金融机构子部门的一般概念。本节将对此做详细的介绍。

货币与银行统计体系在对国民经济基本单位进行分类时，按照经济职能、行为和目的，将国民经济基本单位分别归入各机构部门，它们是：

住户部门：包括居民家庭和非法人企业的业主。该部门向全社会提供劳动力，并从事最终消费和部分生产活动。

非金融企业部门：主要是指从事生产市场性货物与非金融服务的机构单位。

政府部门：主要是指负有政治责任、经济调节以及对收入和财富进行再分配的作用、并生产用于公共消费的非市场性服务的机构单位。

金融机构部门：主要是指从事金融中介活动和辅助性金融活动的机构单位。

国外部门：与国内经济单位发生金融交易的所有非常住居民。

在货币与银行统计中，常把住户部门和非金融企业部门合并，称之为非金融部门。

为了清楚、详细地反映货币的创造过程，货币与银行统计体系按照货币创造过程的特点，对金融机构部门又进一步做了子部门的划分。

二、金融机构部门的构成

总的说来,金融机构部门是从事金融中介活动和辅助性金融活动的机构单位。进一步从货币创造的角度考察,该类机构单位又可根据它们在经济中的作用区分为两大类,一类金融机构单位创造经济生活中的支付手段,即货币,该类金融机构被称之为货币机构,通常包括货币当局和存款货币银行;另一类是不具备创造货币作用的金融机构,被称之为非货币金融机构。其中,第一类金融机构可以通过其资产负债规模的变化,直接影响全社会的总供求,这类机构对经济分析有着突出的意义。基于不同金融机构在创造货币过程中的不同作用,货币与银行统计体系将金融机构部门划分为三个子部门:货币当局、存款货币银行及非货币金融机构。

(一) 货币当局

货币当局，即中央银行。我国的中央银行是中国人民银行。根据《中华人民共和国中国人民银行法》的规定，中国人民银行履行下列职责：(1) 依法制定和执行货币政策；(2) 发行人民币，管理人民币流通；(3) 按照规定审批、监督管理金融机构；(4) 按照规定监督管理金融市场；(5) 发布有关金融监督管理和业务的命令和规章；(6) 持有、管理、经营国家外汇储备、黄金储备；(7) 经理国库；(8) 维护支付、清算系统的正常运行；(9) 负责金融业的统计、调查、分析和预测；(10) 作为国家的中央银行，从事有关的国际金融活动；(11) 国务院规定的其他职责。

(二) 存款货币银行

存款货币银行主要包括商业银行及类似机构。这些金融机构以经营存、放款，办理转账结算为主要业务，以赢利为主要经营目标。与其他金融机构相比，能吸收活期存款，创造货币，是存款货币机构最明显的特征。正是这一点，使存款货币银行具有特殊职能，它们的活期存款是货币供给的重要组成部分，也是信用扩张的源泉。

我国的存款货币银行主要由五类金融机构单位组成：国有独资商业银行、其他商业银行、信用合作社、财务公司以及作为政策性银行的中国农业发展银行。

国有独资商业银行是由过去的国家专业银行演变过来的，具体包括中国工商银行、中国农业银行、中国银行和中国建设银行。国有独资银行是我国金融体系的主体，资产占全部金融资产的70%左右。

其他商业银行主要包括一些股份制商业银行和城市商业银行。股份制商业银行主要有交通银行、中信实业银行、中国光大银行、华夏银行、深圳发展银行、招商银行、广东发展银行、福建兴业银行、上海浦东发展银行、中国民生银行等。这些商业银行的资本金结构不完全相同。像交通银行的资本金中，财政入股占很大比例；另外一些商业银行主要吸收企业法人股；也有个别银行属上市公司，如深圳发展银行和上海浦东发展银行，有一部分个人股份。城市商业银行实际上也是股份制商业银行，它是在对城市信用社清产核资的基础上，通过吸收地方财政和企业入股组建成的。

信用合作社含城市信用合作社和农村信用合作社。它们是合作金融组织，可以办理存、放款和转账结算，因此，属于存款货币银行的范围。

我国的财务公司是由企业集团内部各成员单位入股，向社会募集中长期资金，为企业技术进步服务的金融股份公司。财务公司可在其入股成员范围内，办理存、放款和转账结算，因此，也属于存款货币银行的范围。

中国农业发展银行是政策性银行，其主要业务范围是办理农副产品的国家专项储备和收购贷款、办理扶贫和农业综合开发贷款，以及国家确定的农业基本建设和技术改造贷款。中国农业发展银行在全国设有分支机构，可在其经营范围内办理转账结算，因此，其属于存款货币银行的范围。

（三）非货币金融机构

非货币金融机构向其他部门提供除可用于作为支付手段的金融工具以外的金融服务。它们不具备创造派生存款货币的机制。我国的非货币金融机构主要包括：特定存款机构、保险公司、证券公司、外资金融机构等。其中，特定存款机构指金融信托投资公司、金融租赁公司和作为政策性银行的国家开发银行和中国进出口银行。我国目前的货币与银行统计尚未涵盖保险公司、证券公司等金融机构。所以，这里主要介绍特定存款机构。

信托投资公司是一种以受托人的身份代人理财的金融机构。信托投资公司可以经营的业务有：经营资金和财产委托、金融租赁、经济咨询、证券发行及投资。信托投资公司可以吸收一年期以上的委托存款和信托存款，但不能对公众开设可用于转账的活期存款账户。

金融租赁公司从事融资性租赁。融资租赁的特点是所有权和使用权分离。具体的业务过程可表述为：金融租赁公司根据企业的要求，筹措资金，提供以“融物”代替“融资”的设备租赁；在租期内，作为承租人的企业只有使用租赁物件的权利，没有所有权，并按租赁合同规定，定期向租赁公司交付租金。金融租赁公司可以向其他金融机构借款，或经批准发行债券；也可经营一些信托存贷和其他外汇业务。

国家开发银行为确保国家重点建设贷款需要，办理政策性重点建设贷款和贴息贷款业务。它的资金主要来源于向金融机构发行政策性金融债以及财政拨付的资本金。

中国进出口银行是为了促进外贸发展而建立的政策性银行。它的资金来源是发行政策性金融债和在国际金融市场上筹集资金。其业务范围主要是为机电和成套设备等资本性货物出口提供信贷。

第三节　货币当局资产负债表

一、货币当局资产负债表的表式

货币当局的基本职能可概括地表述为：发行的银行、银行的银行和国家的银行。这三大职能无不与货币供应量密切相关。货币当局在履行这三大基本职能时，其业务活动可通过其资产负债表得到概括的反映。

我国货币当局的资产负债表表式如表2－1。它的资产方项目

表2－1　货币当局的资产负债表

单位：亿元

资产 A		负债 L	
1. 国外资产	13229	1. 储备货币	30633
（1）外汇	12649	（1）发行货币	10981
（2）黄金	12	（2）对金融机构负债	16115
（3）国际金融机构资产	568	（3）非金融机构存款	3537
2. 对政府的债权	1583	a. 邮政储蓄	2655
3. 对存款货币银行的债权	14358	b. 机关团体存款	882
4. 对非货币金融机构债权	2072	2. 债券	119
5. 对非金融部门债权	171	3. 政府存款	1486
		4. 自有资金	366
		5. 其他（净）	－1191

主要有：国外资产、对政府的债权、对存款货币银行的债权、对非金融部门的债权。它的负债方项目有：储备货币、债券、政府存款、自有资金和其他（净）。下面分别就资产方和负债方的项目，讲述相应的指标口径及其经济含义。

二、货币当局的资产业务

货币当局通过向公众发行通货和吸收存款货币银行缴存的准备金等负债行为，创造基础货币。作为负债的基础货币是通过货币当局的各种资产业务推动的。中央银行资产增加，负债方的基础货币势必增加；中央银行资产减少，也会导致基础货币的减少。因此，中央银行资产项目的变动，对货币供应量将产生很大的影响。

（一）国外资产（净）

货币当局的国外资产（净）主要包括货币当局持有的外汇、货币黄金和在国际金融机构的净头寸。它是以人民币计价的国外资产与国外负债轧抵后的净值。

货币当局持有的外汇、货币黄金和在国际金融机构的净头寸是货币当局的国际储备资产。其中，外汇和货币黄金是中央银行通过注入基础货币购买的。如果货币当局向企业和居民收购黄金并用于增加储备资产，货币当局则向企业和居民提供货币，结果是企业和居民的存款或手持现金增加，从而导致货币供应增加。如果货币当局在外汇市场上用人民币买进外汇，结果是增加货币供应量；反之，则减少货币供应量。

（二）对政府的债权

货币当局对政府的债权主要包括中央银行持有的国债，以及中央银行对政府的借款、垫款和透支。

中央银行作为国家的银行，在国家财政出现收不抵支时，一般有义务向财政提供信用支持。一是向财政提供借款，替财政垫款，以解决财政先支后收等暂时性矛盾；二是在一级市场或货币市场上购买政府债券。在一级市场上购买国债，意味资金直接流进财政；中央银行也会在货币市场上买卖国债，其目的是通过国债这个工具向其他金融机构提供或收缩流动性，是货币当局利用公开市场业务进行货币政策操作的重要途径。增加对政府的债权，就会增加货币供应量；反之，则减少货币供应量。

（三）对存款货币银行的债权

货币当局对存款货币银行的债权主要包括对存款货币银行的贷款、贴现、回购等。

如果存款货币银行把贴现票据送到中央银行要求再贴现，或是中央银行增加对存款货币银行的贷款，或是中央银行对存款货币银行做逆回购操作，货币当局则增加了对存款货币机构的债权，体现了中央银行对存款货币银行的信用支持。如果中央银行提高贴现率、收回再贷款、实行正回购操作，就表明中央银行减少对存款货币机构的信用支持。增加对存款货币银行的债权，就会增加货币供应量；反之，则减少货币供应量。

（四）对非货币金融机构的债权

货币当局对非货币金融机构的债权主要包括中央银行持有的非货币金融机构发行的债券，如中央银行持有的政策性银行发行的债券。

中央银行通常出于以下两个目的持有非货币金融机构的债券。一是在一级市场上直接购买非货币金融机构的债券，给非货币金融机构以信用支持；二是选一些非货币金融机构的债券，在货币市场上作为中央银行的公开市场操作工具。如果中央银行在货币市场上买入这类债券，则意味着央行向其他金融机构增加信用，增加对非货币金融机构的债权，就会增加货币供应量；反之，则减少货币供应量。

（五）对非金融部门的债权

货币当局对非金融部门的债权主要是指中央银行为支持老、少、边、穷地区的经济发展，直接对这些地区的企业和住户发放的专项贷款。

一般说来，货币当局不直接对企业和住户发放贷款，但是考虑到这些地区的特殊性，货币当局在信贷方面直接给予一些专门的支持。货币当局直接对企业和住户发放信贷，势必增加货币供应量。但是，由于这种专项贷款的规模与中央银行其他资产业务的规模相比非常小，因此，一般对货币供应量的变动不造成影响。

三、货币当局的负债

根据货币银行学关于货币创造的原理，货币当局是货币创造的源头。这主要是因为货币当局通过发生负债，产生具有派生货币能力的基础货币。基础货币在货币与银行统计体系中也表述为储备货币。

（一）储备货币

我国的储备货币包括中央银行发行的货币（含存款货币银行的库存现金）、各金融机构缴存中央银行的法定存款准备金和超额储备，以及邮政储蓄转存款和机关团体存款。储备货币是中央银行通过其资产业务直接创造的货币，具体包括三个部分：

1. 发行货币：人民银行期初发行货币的存量，加本期发行的货币，减本期回笼的货币，等于期末发行货币的存量。这里的货币指用于流通使用的纸钞和硬币。发行货币本身包含流通中的货币和金融机构的库存现金。

2. 对金融机构负债：主要包括存款货币银行在中央银行缴存的准备金以及非货币金融机构在中央银行的存款。

3. 非金融机构存款：这里的非金融部门指的是住户和属于

政府部门的机关团体事业单位，具体内容包括邮政储蓄存款和机关团体事业单位存款。

根据货币银行学的原理，基础货币是具有货币信贷倍数扩张能力的货币，因此对基础货币的管理是金融调控的基础。因而，它是分析中央银行资产负债表的重要方面。

（二）债券

具体指中央银行发行的中央银行债券。中央银行在某些情况下，发行中央银行债券，以解决一些特殊问题。

（三）政府存款

这里的政府存款是指各级政府在人民银行账户上的预算收入与支出的余额。

中央银行作为国家的银行，具有代理国库的职能。国家财政收支交由中央银行代理。政府的收入与支出均通过财政在中央银行内开立的各种账户进行。

（四）自有资金

这是指中国人民银行的信贷资金。

（五）其他（净）

这是一个平衡项目，是其他资产与其他负债轧抵后的差额。

第四节　存款货币银行资产负债表

一、存款货币银行资产负债表的表式

由于存款货币银行在现代金融信用体系中具有创造派生存款的能力，因此，它是最重要的金融机构。

我国的存款货币银行的资产负债表表式见表2-2。

存款货币银行资产负债表资产方项目有：国外资产、储备资产、中央银行债券、对政府债权、对非金融部门债权以及对非货

表 2-2 存款货币银行资产负债表

单位：亿元

资产 A		负债 L	
1. 国外资产	5249	1. 国外负债	4258
2. 储备资产	16275	2. 对非金融部门负债	75310
（1）准备金及在中央银行的存款	15472	（1）活期存款	23810
（2）库存现金	803	（2）定期存款	6739
3. 中央银行债券	98	（3）储蓄存款	43635
4. 对政府债权	1496	（4）其他存款	1126
5. 对非金融部门债权	70691	3. 对中央银行的负债	14003
6. 对非货币金融机构债权	2224	4. 对非货币金融机构负债	1502
		5. 债券	287
		6. 所有者权益	3311
		7. 其他（净）	-2638

币金融机构债权；负债方项目有：国外负债、对非金融机构部门负债、对中央银行负债、对非货币金融机构负债、债券、所有者权益及其他（净）。

二、存款货币银行的资产

（一）国外资产

主要包括存款货币银行持有的国外有价证券、与国外的同业往来以及外币库存现金。它是存款货币银行以人民币记值的对非居民的债权。

存款货币银行在国际金融业务中不可避免地要与国外同业发生往来，并保有部分外币库存现金。另外，存款货币银行在国家允许的范围内，可以购买一部分国外有价证券资产。

（二）储备资产

包括存款货币银行缴存中央银行的准备金、库存现金。储备资产主要是存款货币银行为应付客户提取存款和资金清算而准备的资金。

（三）中央银行债券和对政府债权

它是指存款货币银行持有的中央银行债券和政府债券。存款货币银行为了增加收益和资产的流动性，购买信用可靠、风险较小、流动性强的中央银行债券和政府债券。

（四）对非金融机构债权

它是指存款货币银行向各类非金融机构单位发放的贷款和投资。贷款是存款货币银行最重要的资产业务，它虽然风险大，但利率较高。它是金融机构向非金融机构提供信用的主要方式。

贷款业务种类很多，一般有如下几类划分方式：

1. 按有否抵押品，可将贷款划分为抵押贷款和信用贷款。

2. 按用途可将贷款划分为工商业贷款、农业贷款和消费贷款等。

3. 按期限可将贷款划分为短期贷款和长期贷款。短期贷款指期限不超过一年的贷款，长期贷款指期限在一年以上的贷款。

（五）对非货币金融机构债权

它是指存款货币银行在非货币金融机构存放的款项，以及存款货币银行拆出给非货币金融机构的款项。

非货币金融机构和存款货币银行为了便于相互间的业务往来，都会在对方开设用于存放往来资金的账户。另外，为了调节资金的临时余缺，它们之间也会发生相互拆借。

三、存款货币银行的负债

（一）国外负债

主要包括非居民外汇存款、境外筹资、委托境外借款和国外同业往来。它是存款货币银行以人民币记值的对非居民的负债，这些都是存款货币银行在国际业务中对非居民发生的负债。

(二) 对非金融部门负债

它是指存款货币银行所吸收的各项存款。

存款是存款货币银行最主要的负债业务，统计上按存款的性质做如下三类划分：

1. 活期存款：可以由存户随时存取，并可开具支票用以支付的存款。银行对这种存款不付利息。

2. 定期存款：具有确定的到期期限才可提取的存款。银行对这种存款付较高利息。

3. 储蓄存款：为满足居民个人货币积蓄的需要开办的存款业务。客户不能据此账户签发支票。储蓄存款无论定期、活期，都支付利息。

(三) 对中央银行负债

这是指存款货币银行向中央银行借入的款项。具体经济含义参见本章第三节货币当局资产项下的对存款货币银行的债权。

(四) 对非货币金融机构的负债

这是指非货币金融机构在存款货币银行的存款以及存款货币银行从非货币金融机构拆入款项。具体经济含义参见本节存款货币银行对非货币金融机构的债权。

(五) 债券

这是指存款货币银行为筹措资金而发行的债券。存款货币银行经中央银行批准后，为特定目的筹资向社会公众发行的债券。

(六) 所有者权益

这是指存款货币银行的资本金。

(七) 其他 (净)

这是指存款货币银行其他资产与其他负债轧抵后的余额。

第五节　非货币金融机构资产负债表

一、非货币金融机构资产负债表的表式

非货币金融机构基本上不创造派生存款货币。目前，涵盖于我国的非货币金融机构统计范围内的金融机构主要是特定存款机构：国家开发银行和中国进出口银行两家政策性银行，以及信托投资公司。其中，政策性银行主要靠发行债券形成资金来源，并利用筹措的资金进行信贷活动。信托投资公司主要靠吸收信托存款和委托存款，同时也依靠发行债券，形成自己的资金来源，并根据客户要求发放信托贷款和委托贷款。非货币金融机构的资产负债表表式如下（见表 2－3）：

表 2－3　IV. 特定存款机构

单位：亿元

资产 A		负债 L	
1. 国外资产	70	1. 国外负债	630
2. 储备资产	182	2. 对非金融部门负债	2025
3. 中央银行债券	0	（1）委托存款	1411
4. 国内信贷	6202	（2）信托存款	494
（1）委托贷款	1256	（3）其他存款	120
（2）信托贷款	479	3. 债券	3255
（3）其他贷款	4467	4. 对货币当局负债	36
5. 对政府债权	24	5. 对存款货币银行负债	203
6. 对存款货币机构债权	334	6. 所有者权益	975
		7. 其他（净）	－312

二、非货币金融机构的资产

（一）国外资产

它是特定存款机构在从事国际金融业务时发生的以人民币记值的对非居民的债权。

（二）储备资产

这是指特定存款机构缴存中央银行的准备金、持有的中央银行债券和库存现金。它是特定存款机构为应付客户提取存款和资金清算而准备的资金。

（三）国内信贷

它是指特定存款机构发放的委托贷款、信托贷款和其他贷款。

（四）对政府债权

这是指特定存款机构持有的国家债券。特定存款机构为了增加收益和资产的流动性，购买信用可靠、风险较小、流动性强的政府债券。

（五）对存款货币银行债权

这是指特定存款机构存入和拆借存款货币银行的款项。

三、非货币金融机构的负债

（一）国外负债

它是特定存款机构以人民币记值的对非居民的负债，包括境外发行债券、境外委托借款等。

（二）对非金融部门负债

它是特定存款机构按规定吸收的信托存款、委托存款和其他存款。

（三）债券

特定存款机构为筹措资金发行的债券。

（四）对中央银行负债

特定存款机构从中央银行借入的款项。具体经济含义参见本章第三节货币当局资产项下的对非货币金融机构的债权。

（五）对存款货币银行负债

存款货币银行在特定存款机构存放以及拆入的款项。具体经济含义参见本章第四节存款货币银行资产项下的对非货币金融机构的债权。

（六）所有者权益

特定存款机构的实收资本。

（七）其他（净）

特定存款机构其他资产与其他负债轧抵后的差额。

第六节　货币概览与银行概览

一、货币概览与银行概览的表式

货币概览和银行概览的核心任务是反映全社会的货币供应量。货币供应量是指在某个时点上全社会承担流通手段和支付手段职能的货币总额，它是一个存量概念，反映了该时点上的全社会总的购买力。流通中的现金是购买力，可以购买商品和劳务；由存款人开出的支票或信用卡同样可以购买商品和劳务，也是购买力。本章第一节在讲述货币的定义时，已给出货币供应量三个层次的概念，本节就是要具体讲述如何通过货币概览和银行概览统计 M_0、M_1 和 M_2。

货币概览是由货币当局的资产负债表和存款货币银行的资产负债表合并生成的，它的目的是要统计 M_0 和 M_1。银行概览是由货币概览与特定存款机构的资产负债表合并生成的，它的目的是进一步全面统计 M_2。货币概览和银行概览的具体表式见表 2－4、

表2－5。由于将货币当局的资产负债表与存款货币银行的资产负债表合并为货币概览的过程，以及货币概览与特定存款机构资产负债表合并得到银行概览的过程都非常复杂，这里关键讲解M_0、M_1和M_2的统计过程，省略了对其他项目统计过程的讲解。

货币概览和银行概览都是在货币当局资产负债表、存款货币银行资产负债表和特定存款机构资产负债表的基础上生成的合并账户，M_0、M_1和M_2与上述三个资产负债表都有密切的关系。在下面讲述M_0、M_1、M_2的推算过程时，建议参考附录中的图2，以便于理解。

表2－4　II. 货币概览

单位：亿元

资产A		负债L	
1. 国外资产（净）	14220	1. 货币和准货币	89025
2. 国内信贷	75250	（1）货币	34870
（1）对政府债权（净）	1593	a. 流通中现金	10178
（2）对非金融部门债权	70862	b. 活期存款	24692
（3）对非货币金融机构债权（净）	2795	（2）准货币	54155
		a. 定期存款	6739
		b. 储蓄存款	46290
		c. 其他存款	1126
		2. 债券	287
		3. 中央银行债券（净）	20
		4. 所有者权益	3678
		5. 其他（净）	－3540

表 2－5　V. 银行概览

单位：亿元

资产 A		负债 L	
1. 国外资产（净）	13661	1. 货币和准货币	91050
2. 国内信贷	78681	（1）货币	34870
（1）对政府债权（净）	1617	a. 流通中现金	10178
（2）对非金融部门债权	77064	b. 活期存款	24692
		（2）准货币	56180
		a. 定期存款	6739
		b. 储蓄存款	46290
		c. 其他存款	3151
		2. 债券	3542
		3. 所有者权益	4653
		4. 其他（净）	－6903

二、M_0

M_0 的定义是流通中的货币，它来源于中央银行发行的纸钞和辅币。但是，中央银行发行的用于流通的货币并非全部进入流通领域，其中有一小部分成为存款货币银行的库存现金。所谓的库存现金就是存款货币银行为了满足办理现金业务的需要储备的现金业务库存。库存现金是不进入流通领域的，因此，它不在 M_0 统计的范围内。

然而，中央银行在编制货币当局的资产负债表时，并不了解自己发行的货币有多少库存在存款货币银行，有多少在金融流通领域。因此计算 M_0 时，要用货币当局资产负债表中的发行货币扣除存款货币银行资产负债表中的库存现金，才能得到流通中的货币 M_0。

结合附录中图 2 的具体数字，其计算过程如下：

II. L. 1. （1）a. 流通中现金 M_0 10178
=I. L. 1. （1）发行货币 10981
−III. A. 2. （2）库存现金 803

三、M_1

M_1 由流通中的现金和活期存款两部分组成。其中，流通中的现金即 M_0；活期存款指可用于转账支付的存款。在我国，一般只有单位和个体工商户有可用于转账支付的活期存款账户，普通居民尚无该类账户。因此，需要特别指出的是这里的活期存款概念决不是居民储蓄存款中的活期存款概念，居民储蓄存款中的活期存款不是用于转账支付的活期存款账户，而是可用于随时提现的储蓄账户。

结合附录中图 2 的具体数字，活期存款的计算过程如下：

II. L. 1. （1）b. 活期存款 24692
=I. L. 1. （3）b. 机关团体事业单位存款 882
+III. L. 2. （1）活期存款 23810

因此，M_1 的计算过程为：

II. L. 1. （1）货币 M_1 34870
=II. L. 1. （1）a. 流通中现金 M_0 10178
+II. L. 1. （1）b. 活期存款 24692

四、M_2

M_2 是由货币 M_1 和准货币组成。准货币的流动性低于货币，它主要包括定期存款、储蓄存款，以及信托存款、委托存款等其他类存款。

准货币是通过三个途径产生的。第一是邮政部门划缴中央银行的邮政储蓄存款；第二是存款货币银行吸收的定期存款、储蓄存款和其他存款；第三是特定存款机构吸收的委托存款、信托存款和其他存款。

对附录中图 2 的数字，准货币的计算过程如下：

V. L. 1. （2）准货币 56180

= V. L. 1. （2）a. 定期存款 6739

+ V. L. 1. （2）b. 储蓄存款 46290

+ V. L. 1. （2）c. 其他存款 3151

其中，

V. L. 1. （2）a. 定期存款 6739

= II. L. 1. （2）a. 定期存款 6739

= III. L. 2. （2）定期存款 6739

V. L. 1. （2）b. 储蓄存款 46290

= II. L. 1. （2）b. 储蓄存款 46290

= I. L. 1. （3）a. 邮政储蓄存款 2655

+ III. L. 2. （3）储蓄存款 43635

V. L. 1. （2）c. 其他存款 3151

= II. L. 1. （2）c. 其他存款 1126

+ IV. L. 2 特定存款机构对非金融部门负债 2025

= III. L. 2. （4）其他存款 1126

+ IV. L. 2. （1）特定存款机构吸收的委托存款 1411

+ IV. L. 2. （2）特定存款机构吸收的信托存款 494

+ IV. L. 2. （3）特定存款机构吸收的其他存款 120

根据 M_2 的定义，

V. L. 1 货币和准货币 M_2 91050

= V. L. 1. （1）货币 M_1 34870

+ V. L. 1. （2）准货币 56180

= II. L. 1. （1）货币 M_1 34870

+ V. L. 1. （2）准货币 56180

第七节 货币需求与货币供给统计分析

一、货币需求与货币供给统计分析的理论依据

（一）货币政策与货币供应量

在市场经济条件下，社会总需求（具体指消费需求、投资需求、政府支出和出口）的实现手段和载体是货币，而货币供给受控于中央银行的货币政策。所谓的货币政策，就是中央银行采用各种工具调节货币供求，以实现宏观调控目标的方针和策略，是国家宏观经济政策的重要组成部分。

在现代银行体制和信用制度下，基础货币派生货币供应量的规律已成为不争的事实。基础货币是“源”，货币供应量是“流”。基础货币主要是通过中央银行的资产业务创造出来的，派生的货币主要是通过存款货币银行的资产业务创造出来的。图2－1概括总结了中央银行和存款货币银行通过资产业务创造货币的过程。

中央银行通过资产业务的操作调整基础货币的过程可简要概括如下：

如果中央银行要增加基础货币，它可以：（1）降低再贷款和再贴现利率，对金融机构增加再贷款和再贴现的规模，为金融机构提供信用支持，使金融机构增加发放贷款的数量，从而达到增加货币供应量的目的；（2）在公开市场上增加买进外汇的规模，直接增加企业、单位的存款，增加货币供应量；（3）通过公开市场或一级市场购买政府财政债券，或直接给财政提供借款和垫款，财政在得到中央银行的信用后，可增加财政支出，增加财政对单位的拨款，进而增加货币供应量。如果中央银行要减少基础货币，就会采取反向操作。

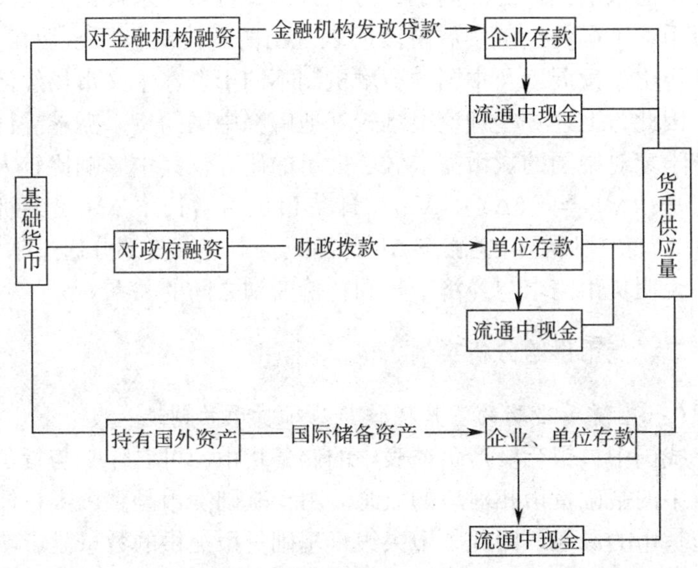

图 2-1　基础货币与货币供应量

当然，中央银行也可通过变动存款准备金率的方法，直接影响货币乘数的大小。在这时，中央银行的资产负债即使不发生变化，商业银行创造货币的能力也会受到影响。

本节第二部分通过实例说明了如何利用货币与银行统计分析货币供应量的变动。

（二）货币需求理论

货币政策选择的出发点是货币需求。经济学史上曾产生的重要的货币需求理论有马克思的货币必要量公式、费雪方程式与剑桥方程式、凯恩斯的货币需求理论、弗里德曼的货币需求理论以及资产选择对货币需求的影响理论等。

这些关于货币需求理论的演变和发展，一方面表明经济学家对货币需求的认识更深刻了；另一方面，货币需求理论的发展也与货币在不同的经济发展阶段所表现出的不同的作用密切相关。由于历史的发展以及中国的金融机制不同于资本主义市场经济国家，因此，上述一些理论很难较好地解释中国的货币需求。许多经济学家对中国的货币需求做了大量的研究，其中影响比较大的公式是：$\Delta M = f(\Delta Y, \Delta P)$，即货币供给增长率 ΔM 是经济增长率 ΔY 和预期物价上涨率 ΔP 的函数。本节第三部分通过举例，简单说明货币需求与经济增长和物价变动之间的关系。

二、货币供给分析实例

（一）货币当局的资产操作与基础货币的创造

我国中央银行资产负债表中的储备货币，可看作是与货币银行学中的基础货币相对应的概念。由于基础货币是整个银行体系创造货币的源泉，因此，中央银行基础货币提供的数量是影响全社会货币供应量的关键。由于中央银行资产负债表中除储备货币以外的负债项目的规模较小，因此，中央银行储备货币的创造主要取决于中央银行的资产操作。中央银行资产总额增加，则储备货币增加；反之，则减少。如果中央银行的各项资产有增有减，则储备货币是否增减，取决于各项资产增减变动的相互作用。比较下面两个不同时点的中央银行的资产负债表（见表 2－6）。

从表 2－6 可看出，1997 年货币当局的基础货币比 1996 年增加了 3744 亿元。在增加的 3744 亿元中，发行货币增加 1546 亿元，占全部增量的 41%；对金融机构负债增加 1760 亿元，占全部增量的 47%；非金融机构存款增加 438 亿元，占全部增量的 12%。1997 年中央银行国外资产增加 3667 亿元。中央银行主要通过其中的两项资产操作放出基础货币：一是大量增加外汇资产。增加外汇资产的含义是货币当局买进外汇，放出人民币。1997 年货币当局外汇资产增加 3319 亿元，占全部资产增量的

67%。二是增加对非货币金融机构的债权。1997年货币当局对非货币金融机构的债权增加了1954亿元，占全部资产增量的40%。

表2-6 货币当局资产负债表

单位：亿元

	1996	1997	比上年增加	增量结构%	
资产	26467	31413	4946	100	
1. 国外资产	9562	13229	3667	74	100
（1）外汇	9330	12649	3319	67	91
（2）黄金	12	12	0	0	0
（3）国际金融机构资产	220	568	348	7	9
2. 对政府的债权	1583	1583	0	0	
3. 对存款货币银行债权	14518	14358	-160	-3	
4. 对非货币金融机构债权	118	2072	1954	40	
5. 对非金融部门债权	686	171	-515	-10	
负债	26467	31413	4946	100	
1. 储备货币	26889	30633	3744	76	100
（1）发行货币	9435	10981	1546	31	41
（2）对金融机构负债	14355	16115	1760	36	47
（3）非金融机构存款	3099	3537	438	9	12
2. 债券	0	119	119	2	
3. 政府存款	1225	1486	261	5	
4. 自有资金	367	366	-1	0	
5. 其他（净）	-2014	-1191	823	17	

（二）存款货币银行与派生货币

在现代金融体制下，存款货币银行在原始存款的基础上创造派生存款。尽管通过具体的统计手段无法准确统计存款货币银行的原始存款的规模，但是，原始存款基本取决于流通中货币的规模；另外，经过派生后的存款总额，即存款货币银行资产负债表中负债方的对非金融部门的负债，是可以明确统计的。根据存款货币银行创造派生存款的基本原理，经派生后的存款总额与原始存款成正比，与法定存款准备率成反比。因此，简单说来，如果中央银行增加流通中货币或扩大对存款货币银行的贷款以增加存款货币银行的原始存款，降低法定存款准备率，会给存款货币银行创造扩张派生存款的条件，增加经济中的流动性；反之，会给存款货币银行创造派生存款紧缩的条件，减少经济中的流动性。

在考察存款货币银行创造派生存款时，要将存款货币银行的资产负债表与货币当局的资产负债表相结合。参见表 2－7。

表 2－7　存款货币银行资产负债分析表

单位：亿元

	1996	1997	比上年增加	增量结构%	
资产	78707	96032	17325	100	
1. 国外资产	4200	5249	1049	6	
2. 储备资产	13695	16275	2580	15	100
（1）准备金及在中央银行存款	13062	15462	2400	14	93
（2）库存现金	633	803	170	1	7
3. 中央银行债券	0	98	98	1	
4. 对政府债权	1804	1496	－308	－2	
5. 对非金融部门债权	58232	70690	12458	72	
6. 对非货币金融机构债权	776	2224	1448	8	

续表

	1996	1997	比上年增加	增量结构%	
负债	78707	96032	17325	100	
1. 国外负债	4240	4258	18	0	
2. 对非金融机构部门负债	61716	75310	13594	78	100
（1）活期存款	18765	23810	5045	29	37
（2）定期存款	5042	6739	1697	10	12
（3）储蓄存款	36373	43635	7262	42	53
（4）其他存款	1536	1126	-410	-2	-3
3. 对中央银行的负债	14210	14003	-207	-1	
4. 对非货币金融机构负债	579	1501	922	5	
5. 债券	288	287	-1	0	
6. 所有者权益	3298	3311	13	0	
7. 其他（净）	-5624	-2638	2986	17	

1997 年，存款货币银行经派生后的存款总额为 75310 亿元，比上年增加 13594 亿元。其中，增加数量最多的是储蓄存款，增量为 7262 亿元，占全部增量的 53%；其次是活期存款，增量为 5045 亿元，占全部增量的 37%。1997 年，存款货币银行创造存款增加的主要原因是：第一，流通中货币有所增长，具体见货币当局资产负债表中的发行货币，1997 年比 1996 年发行货币增加 1546 亿元，增长速度为 16%；第二，存款货币银行对非金融部门的债权增加较多，增量为 12458 亿元，具体见存款货币银行资产负债表中的对非金融部门的债权。存款货币银行通过加大对非金融部门的贷款，向非金融部门提供了大量的信用。上述两个因素导致存款货币银行原始存款增加，在货币创造的乘数效应下，多倍创造出存款货币。

三、货币需求的实例分析

（一）利用简单回归分析法分析影响货币需求的因素

表2－8根据我国公布的统计资料，分别选择了以下自变量分析我国的 M_0、M_1 和 M_2 的需求。这些变量有：GDP 增长率、生产资料购进价格指数和消费者价格增长指数。变量的时间期限为 1994 年 1 季度到 1998 年 4 季度。由于自变量和因变量的样本点都是季度同期比，所以基本上消除了季节因素的影响。另外，GDP 的增长率是按可比价格计算的。

表 2－8 GDP、价格指数与货币供应量

同期比增长率%

	GDP	生产资料购进价格指数	消费者价格指数	M_0	M_1	M_2
1994.1	12.7	19.1	22.4	28.01	17.14	25.63
1994.2	11.6	15.3	22.6	18.87	20.24	29.74
1994.3	11.4	12.8	27.3	26.37	31.8	33.71
1994.4	11.8	13.1	25.5	24.28	26.17	34.53
1995.1	11.2	11.7	21.3	24.62	27.92	35.9
1995.2	10.3	11.3	18.2	21.14	21.18	32.74
1995.3	9.8	9.7	13.2	14.91	18.33	33.64
1995.4	10.2	8.3	10.1	8.19	16.78	29.47
1996.1	10.2	4.7	9.8	27.63	13.71	28.26
1996.2	9.8	1.3	8.6	30.24	14.94	28.19
1996.3	9.6	0.3	7.1	27.92	17.09	26.81
1996.4	9.6	−0.2	7	29.07	18.88	25.26
1997.1	9.4	0.2	4	9.92	23.92	23.36
1997.2	9.5	−0.6	2.8	6.56	26.22	21.54
1997.3	9	−0.3	1.8	11.69	22.44	19.22
1997.4	8,8	−0.4	0.4	15.63	20.24	19.58
1998.1	7.2	−1.5	0.7	9.92	11.75	15.65
1998.2	7	−3	−1.3	6.56	8.69	14.3
1998.3	7.2	−5	−1.5	11.69	13.2	16.19
1998.4	7.8	−4.6	−1	10.09	13.61	14.84

在对变量做线性回归之前，通过仔细观察变量的趋势图（见图2－2、图2－3和图2－4），可以发现，各口径的货币供应量与GDP、生产资料购进价格指数和消费者价格指数的走势是基本一致的。其中，M_2 的走势比较平稳，M_0 和 M_1 的波动较大。

表2－9是各因变量与各自变量的相关系数矩阵。从相关系数矩阵中可以发现，GDP和两个价格指数与 M_2 的相关程度较高，与 M_0 的相关程度明显低于与 M_2 的相关程度，但要略高于与 M_1 的相关程度。

表2－9 GDP、价格指数和各层次货币供应量之间的相关系数

R	GDP	生产资料价格指数	消费者价格指数
M_0	0.6348	0.4774	0.6092
M_1	0.6063	0.4673	0.5872
M_2	0.8243	0.7954	0.8654

趋势图和相关系数矩阵为判断货币供应量与GDP和价格变动之间的关系奠定了基础。在这个初步判断的基础上，可进一步做线性回归。

表2－10列出了利用最小二乘法进行线性回归的结果。

（二）对回归模型和参数的评价

第一组方程利用GDP做自变量，M_0、M_1 和 M_2 分别做因变量，观察GDP与不同口径货币供应量之间的关系。

比较第一组方程中的三个方程，可以发现，GDP与 M_2 的线性回归方程效果最好，主要体现在回归系数t值显著水平高，方程拟合优度高，方程回归标准差低。GDP与 M_0 和 M_1 的线性回归方程的回归系数t值虽然显著，但由于 M_0 和 M_1 的波动较大，方程的拟合优度较低，回归系数标准差也较大。

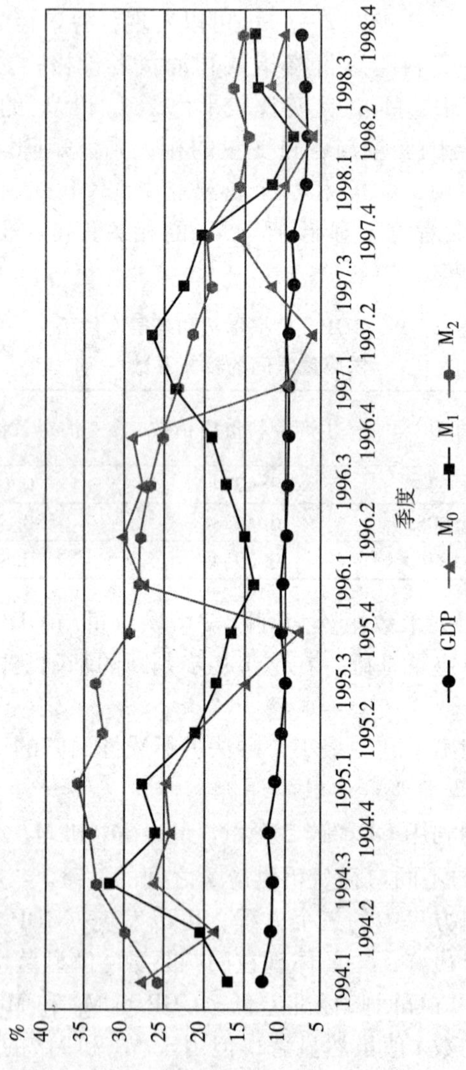

图2-2 GDP增长与货币供应量

%
40
30
20
10
0
-10
1994.1
1994.2
1994.3
1994.4
1995.1
1995.2
1995.3
1995.4
1996.1
1996.2
1996.3
1996.4
1997.1
1997.2
1997.3
1997.4
1998.1
1998.2
1998.3
1998.4
季度
消费者价格指数
M_0
M_1
M_2

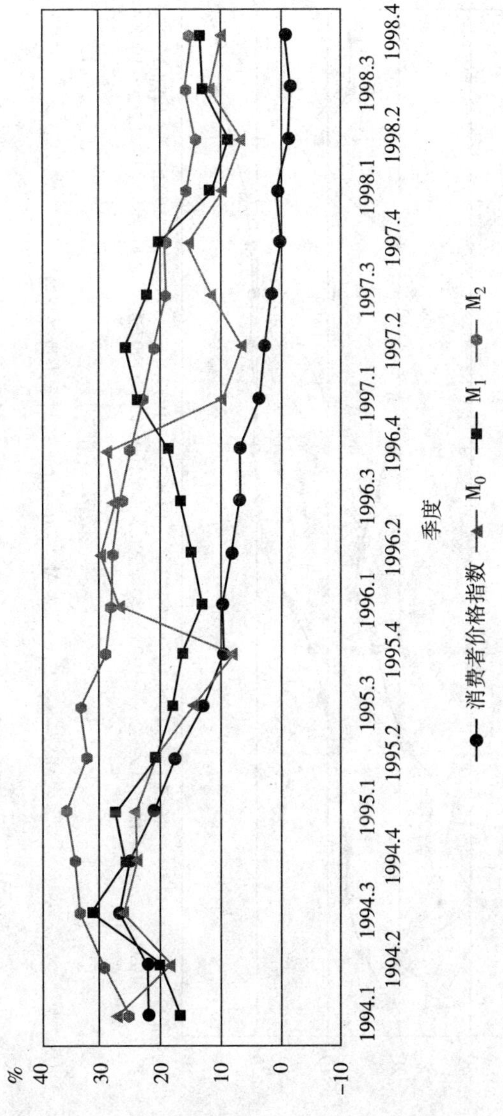

图2-3　消费者价格指数

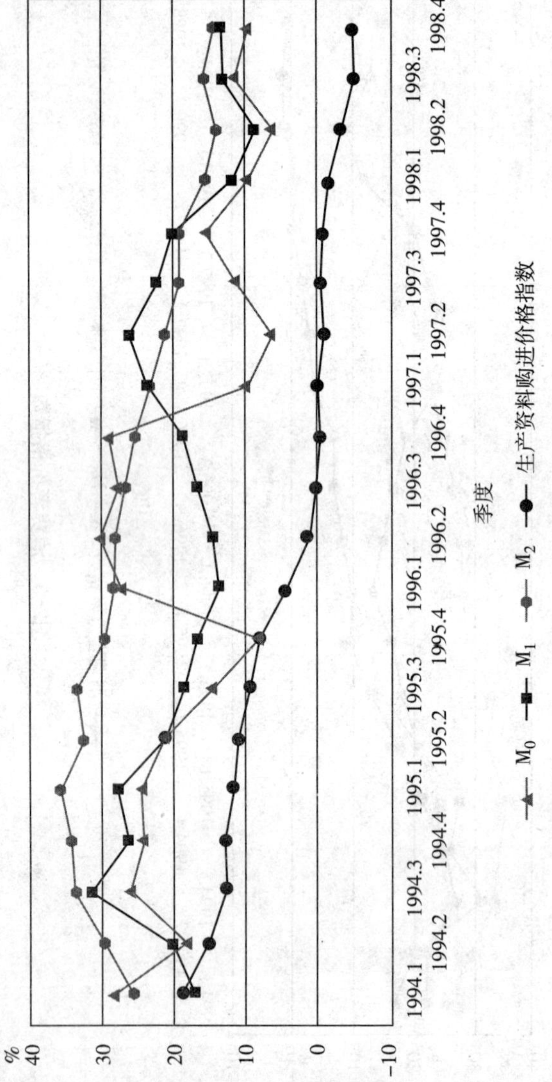

图2-4 生产资料购进价格指数与货币供应量

表 2－10　GDP、价格指数与货币供应量的回归方程

组别	自变量 X	因变量 Y	回归方程	回归系数 t 值	拟合优度 R^2	回归标准差 S_y
第一组	GDP	M_0	Y = －14. 82 +3. 40X	3. 49	0. 40299	6. 7475
	GDP	M_1	Y = －2. 77 +2. 26X	3. 23	0. 3676	4. 8458
	GDP	M_2	Y = －10. 08 +3. 66X	6. 176	0. 6794	4. 099
第二组	生产资料购进价格指数	M_0	Y =15. 61 +0. 55X	2. 271	0. 2279	7. 6734
	生产资料购进价格指数	M_1	Y =17. 47 +0. 38X	2. 242	0. 2184	5. 3871
	生产资料购进价格指数	M_2	Y =21. 10 +0. 77X	5. 568	0. 6327	4. 3875
第三组	消费者价格指数	M_0	Y =12. 86 +0. 53X	3. 26	0. 3711	6. 9251
	消费者价格指数	M_1	Y =15. 64 +0. 36X	3. 078	0. 3448	4. 9321
	消费者价格指数	M_2	Y =19. 18 +0. 63X	7. 328	0. 7489	3. 6272

第二组方程利用生产资料购进价格指数做自变量，M_0、M_1 和 M_2 分别做因变量，观察生产资料购进价格指数与不同口径货币供应量之间的关系。

比较第二组方程中的三个方程，可以发现，生产资料购进价格指数与 M_2 的线性回归方程效果最好，主要体现在回归系数 t 值显著水平高，方程拟合优度高，方程回归标准差低。生产资料购进价格指数与 M_0 和 M_1 的线性回归方程的回归系数 t 值虽然显著，但由于 M_0 和 M_1 的波动较大，方程的拟合优度较低，回归系数标准差也较大。

第三组方程利用消费者价格指数做自变量，M_0、M_1 和 M_2 分别做因变量，观察消费者价格指数与不同口径货币供应量之间的关系。

比较第二组方程中的三个方程，可以发现，消费者价格指数与 M_2 的线性回归方程效果最好，主要体现在回归系数 t 值显著水平高，方程拟合优度高，方程回归标准差低。消费者价格指数与 M_0 和 M_1 的线性回归方程的回归系数 t 值虽然显著，但由于 M_0 和 M_1 的波动较大，方程的拟合优度较低，回归系数标准差也较大。

（三）线性回归模型的实证结论

1. 在各口径的货币供应量中，与 GDP 和物价变动最为密切相关的是 M_2，它与 GDP 的边际倾向为 3. 66，与生产资料购进价格指数的边际倾向为 0. 77，与消费者价格指数的边际倾向为 0. 63。这意味着 GDP 和物价指数的变动会对 M_2 的变动产生较大的同向影响。

2. M_0 和 M_1 与 GDP 和物价变动也有一定程度的正相关关系，但比较 M_2 而言，则有较大差距。它们与 GDP 和价格指数的边际倾向也低于 M_2 方程中的相应参数。在我国金融市场多元化发展的影响下，由于 M_0 和 M_1 具有高度的流动性，其变动不仅受生产、物价水平的影响，而且还受到其他因素，尤其是资本市场价格因素的影响。

3. 中央银行在进行货币政策操作时，可以以 M_2 为中介目标，同时密切关注 M_0 和 M_1 的变化，以达到“稳定货币，支持经济健康、稳定增长”的货币政策目标。

第八节　对货币与银行统计中其他重要指标的统计分析

一、基础货币统计分析

基础货币是具有货币信贷扩张或收缩能力的货币，又称为高能货币。对应到货币银行统计当中，就是货币当局的资产负债表中负债方的储备货币，具体包括中央银行发行的货币、金融机构在中央银行的法定准备金和超额准备金（即金融机构在中央银行的存款），以及机关团体事业单位在中央银行的存款和邮政储蓄存款（即非金融机构在中央银行的存款）。表 2－11 反映了 1993 年至 1999 年我国货币当局基础货币的数量和结构。

表 2－11　基础货币表

年份	基础货币		其中：发行货币		金融机构在中央银行存款		非金融机构在中央银行存款	
	总量（亿元）	结构（%）	总量（亿元）	结构（%）	总量（亿元）	结构（%）	总量（亿元）	结构（%）
1993	13146	100	6314	48	5541	42	1291	10
1994	17217	100	7883	46	7468	43	1866	11
1995	20760	100	8574	41	9673	47	2513	12
1996	26889	100	9435	35	14355	53	3099	12
1997	30733	100	10981	36	16115	52	3637	12
1998	31334	100	12064	39	14744	47	4526	14
1999	33620	100	15069	45	14729	44	3822	11

从表2－11中可以看出，发行货币和金融机构在中央银行的存款是构成基础货币的主要部分，相对于这两者，非金融机构在中央银行的存款在基础货币中的比重较小。基础货币中的现金和非金融机构在中央银行的存款不仅本身是基础货币，而且也是货币供应量的一部分，它们本身的扩张和收缩会直接导致货币供应量的扩张和收缩。它们只有在转化为商业银行的存款后，才具有派生存款的能力。而金融机构在中央银行的存款则不同，它是已经通过货币乘数扩张或收缩后派生的货币，是派生存款的一部分。所以，在基础货币总量既定时，现金和非金融机构在中央银行的存款比重下降，金融机构在中央银行的存款比重上升，货币供应量则扩张；现金和非金融机构在中央银行的存款比重上升，金融机构在中央银行的存款比重下降，货币供应量则收缩。

二、货币乘数统计分析

货币乘数是基础货币和货币供应量之间存在的倍数关系。它在货币供应量增长和紧缩时，分别起扩大和衰减作用。使用的计算公式为：$m = M_2/MB$，其中，MB表示基础货币，m表示货币乘数。中央银行制定货币政策从而确定了货币供应量控制目标后，有两条途径来实现目标，一是前面所说的变动基础货币的数量，二是调节基础货币乘数。理论上认为，货币乘数主要受四个因素的影响，即：现金比率（流通中的现金与各项存款的比率）、法定存款准备率、超额准备率和非金融机构在中央银行的存款与中央银行全部存款的比率。其中，法定存款准备率、超额准备率和非金融机构在中央银行的存款与中央银行全部存款的比率对货币乘数的影响是反方向的。也就是说，准备率越高、中央银行发生的对非金融机构的存款越多，货币乘数的放大作用就越受到限制，反之，货币乘数的放大作用将越得到发挥。现金比率对货币乘数的影响方向不是完全确定的。

表2－12反映了我国1993年至1999年的货币乘数。

表2－12　1993～1999年我国的货币乘数

年　份	基础货币（MB）	货币供应量（M_2）	货币乘数（m）
1993	13146	34880	2.65
1994	17217	46924	2.73
1995	20760	60751	2.93
1996	26889	76095	2.83
1997	30733	90995	2.96
1998	31334	104498	3.33
1999	33620	119898	3.57

从表2－12中可以看出，1998年以后，货币乘数有显著提高。货币乘数提高的主要原因是中央银行于1998年3月改革了金融机构存款准备金制度，将各金融机构的法定存款准备金账户和备付金账户合一，法定存款准备金率由15%下调到8%。由于中央银行降低了准备金率，导致货币乘数放大，加强了货币乘数放大基础货币的效果。

三、信贷总量统计分析

信贷总量又称贷款总量，是国内所有金融机构对非金融机构发放的各类贷款之和，统计上与此概念相对应的是银行概览资产方国内信贷项下的对非金融部门的债权。贷款是我国最主要的信用形式，是商业银行最主要的资产，是企业最重要的资金来源。银行信贷与股票、企业债券一道，形成企业在国内筹资的主要渠道。企业能否筹集到资金，直接关系到它的生产和投资。在目前我国股票市场和企业债券市场都尚未充分发展的情况下，银行贷款就成为企业最重要的资金来源渠道。因此，银行信贷总量的多少直接影响全社会固定资产投资和产出。表2－13反映了我国1994年到1999年国内信贷总量的规模和增长速度。从表中可以看出，银行信贷增速下滑，这主要是因为：第一，1997 年以后，国内需求不足，企业经济效益较差，缺乏投资动力，因此，对资金的需求也相应减少；第二，商业银行在改革的过程中，在管理上改变了过去只注重资产规模，不注重资产的效益和安全性的做法，在发放贷款时比较谨慎，避免产生大量新的不良资产。

表 2－13 信贷总量及其变动

	信贷总量（亿元）	信贷增长速度（%）	信贷总量/全金融机构资金运用总额（%）
1994	43104	24	88
1995	53334	24	85
1996	66411	25	86
1997	78681	18	84
1998	94420	20	86
1999	105844	12	86

四、储蓄存款统计分析

储蓄存款是一个非常重要的指标，一方面，因为它是金融机构最重要的资金来源，在我国，金融机构近 50% 的资金来源于居民储蓄存款（见表 2－14 储蓄存款/全部金融机构负债指标）；另一方面，它是居民最重要的金融资产。表 2－14 计算了储蓄存款的增长速度，其中的数字表明，在 1996 年以前居民储蓄增长速度处于较高的水平上，1997 年以后，居民储蓄存款增长速度开始下降。影响居民储蓄存款变动的因素比较复杂，从实物经济运行看，主要受居民可支配收入、消费、住房投资、征收利息税等因素的影响；从金融市场看，它还受利率水平、证券市场的发展、其他金融资产的收益率以及居民对流动性的偏好等多种因素的影响。造成 1997 年以后居民储蓄增长速度下降的主要原因有：第一，由于经济增长速度下降，居民收入的增长也受到影响；第二，自 1996 年以来储蓄存款利率连续 7 次下调，储蓄资产的收益明显下降；第三，安全性很高的国债，由于其利率高于同期储蓄利率，吸引了居民大量的投资；第四，股票市场的发展较快，尽管风险很大，但由于市场上有可观的收益率，也分流了大量储蓄资金；第五，1999 年起，政府对储蓄存款利率开征利息税，使储蓄的收益在利率下调的基础上，又有所降低。

表 2－14　储蓄存款及其变动

	储蓄存款（亿元）	储蓄存款增长速度（%）	储蓄存款/全部金融机构负债（%）
1994	21519	42	44
1995	29662	38	47
1996	38520	30	50
1997	46280	20	49
1998	53408	15	48
1999	59622	12	48

五、通货膨胀与货币供应量关系分析

在通货膨胀分析中，其形成因素分析是一个重要方面。统计分析的主要任务就是从实际出发，运用统计数据分析通货膨胀形成的影响因素间作用的稳定数量关系和关于通货膨胀过程的实证解释。下面通过通货膨胀形成因素模型来分析我国经济体制改革以来通货膨胀形成与货币供应量等因素的主要数量关系。

由于通货膨胀中存在预期因素，在通货膨胀分析中应考虑其历史影响因素。经典的分析方法考虑的是同时点的多个变量对某一变量或多个变量的关系，并未将历史因素考虑进去，因此不适用于通货膨胀分析。通货膨胀形成分析可采用向量自回归模型，该模型既考虑了变量自身的历史演化，又考虑了与其密切相关的其他变量的影响。利用向量自回归的方法之一——协整与误差修正模型，对我国的通货膨胀率（ΔP_t，用零售物价上涨率反映）与几个宏观经济变量，即工业总产值（Z_t）、货币供给量（M_1）、固定资产投资（G_t）以及滞后的零售物价指数（P_{t-1}、P_{t-3}）进行建模。所建立的模型为季度模型采样区间为1983年第一季度到1993年第四季度。建立的向量自回归模型如下：

$$\Delta P_t = -0.01 + 0.0639\Delta Z_{t-1} + 0.1204\Delta\log(M_1)_{t-4} + 0.0064\Delta\log G_t + 0.6814\Delta\log P_{t-1} + 0.4418\Delta\log P_{t-3}$$

$$R^2 = 0.6754, D.W. = 2.0009, F-\text{统计量} = 11.0994$$

由模型可以看到，滞后1期的零售物价指数和滞后3期的零售物价指数对通货膨胀影响较大，这说明通货膨胀由于其自身的特性，其变化在很大程度上要受到其本身前几期的影响。即由于惯性的作用，一旦物价上涨以后，一般很难在短时期内平抑下来，而会继续保持上升的趋势。另一方面，通货膨胀会受到经济增长、投资波动和货币供给变化的影响。由模型可以看到，经济过热、投资膨胀以及货币供给增长过快都会导致通货膨胀。从模型中我们可以看到一个重要现象，即固定资产投资虽然是引发通货膨胀的一个重要因素，但其并非通常所认为的决定性因素。通货膨胀率关于固定资产投资的弹性系数仅为0.0064，该系数远远低于通货膨胀率关于货币供给量M_1的弹性系数0.1204。固定资产投资的直接效果是引起货币供给变动，而过量的货币发行才是导致通货膨胀的真正原因。其他研究利用格朗哥尔的因果分析方法也证明：在我国，货币供给、投资及居民未实现购买力的增长都显著地构成价格上涨的原因，而其中最重要的因素是货币供给①。现阶段我国的投资增长导致货币的财政发行，主要是由于我国目前的市场体系不发达，投资的监督机制、约束机制不健全所导致的。因此，要治理通货膨胀，不能单一地依靠压缩投资规模，而应该不断提高投资效益，加强市场对企业投资的约束力，防止过度增发货币。

---

① 厉以宁：《中国宏观经济的实证分析》，340页，北京大学出版社，1992。

附录　货币与银行统计体系结构模拟图

货币当局资产负债表

资　产		负　债	
国外资产	400	储备货币	850
对政府的债权	515	流通中货币	(650)
对存款货币银行的债权	85	储备	(200)
		国外负债	40
		政府存款	70
		其他(净)	40

货币概览

资　产		负　债	
国外资产(净)	320	货币	1130
国内信贷	1620	准货币	630
对政府债权(净)	(510)	其他(净)	180
对其他部门债权	(1090)		
对非货币金融机构债权	(20)		

存款货币银行资产负债表

资　产		负　债	
储备	200	活期存款	480
国外资产	380	定期、储蓄及外币存款	630
对政府债权	110	国外负债	420
对其他部门债权	1090	政府存款	45
对非货币金融机构债权	20	对中央银行的负债	85
		其他(净)	140

非货币金融机构

资　产		负　债	
储备	35	定期、储蓄及外币存款	300
对政府债权	55	债券及货币市场工具	150
对其他部门债权	410	对货币当局及存款货币银行的负债	20
		其他(净)	30

金融概览

资　产		负　债	
国外资产(净)	320	广义流动性	2025
国内信贷	2065	债券和货币市场工具	150
对政府债权(净)	(565)	其他(净)	210
对其他部门债权	(1500)		

单位：亿元

图1　货币与银行统计体系一般结构模拟图

I. 货币当局的资产负债表

资产 A		负债 L	
1. 国外资产	13229	1. 储备货币	30633
(1) 外汇	12649	(1) 发行货币	10981
(2) 黄金	12	(2) 对金融机构负债	16115
(3) 国际金融机构资产	568	(3) 非金融机构存款	3537
2. 对政府的债权	1583	a. 邮政储蓄	2655
3. 对存款货币银行的债权	14358	b. 机关团体存款	882
4. 对非货币金融机构债权	2072	2. 债券	119
5. 对非金融部门债权	171	3. 政府存款	1486
		4. 自有资金	366
		5. 其他(净)	－1191

II. 货币概览

资产 A		负债 L	
1. 国外资产（净）	14220	1. 货币和准货币	89025
2. 国内信贷	75250	(1) 货币	34870
(1) 对政府债权（净）	1593	a. 流通中现金	10178
(2) 对非金融部门债权	70862	b. 活期存款	24692
(3) 对非货币金融机构债权（净）	2795	(2) 准货币	54155
		a. 定期存款	6739
		b. 储蓄存款	46290
		c. 其他存款	1126
		2. 债券	287
		3. 中央银行债券（净）	20
		4. 所有者权益	3678
		5. 其他（净）	－3540

III. 存款货币银行资产负债表

资产 A		负债 L	
1. 国外资产	5249	1. 国外负债	4258
2. 储备资产	16275	2. 对非金融部门负债	75310
(1) 准备金及在中央银行的存款	15472	(1) 活期存款	23810
		(2) 定期存款	6739
(2) 库存现金	803	(3) 储蓄存款	43635
3. 中央银行债券	98	(4) 其他存款	1126
4. 对政府债权	1496	3. 对中央银行的负债	14003
5. 对非金融部门债权	70691	4. 对非货币金融机构负债	1502
6. 对非货币金融机构债权	2224	5. 债券	287
		6. 所有者权益	3311
		7. 其他(净)	－2638

续图

IV. 特定存款机构

资产 A		负债 L	
1. 国外资产	70	1. 国外负债	630
2. 储备资产	182	2. 对非金融部门负债	2025
3. 中央银行债券	0	（1）委托存款	1411
4. 国内信贷	6202	（2）信托存款	494
（1）委托贷款	1256	（3）其他存款	120
（2）信托贷款	479	3. 债券	3255
（3）其他贷款	4467	4. 对货币当局负债	36
5. 对政府债权	24	5. 对存款货币银行负债	203
6. 对存款货币机构债权	334	6. 所有者权益	975
		7. 其他(净)	－312

V. 银行概览

资产 A		负债 L	
1. 国外资产(净)	13661	1. 货币和准货币	91050
2. 国内信贷	78681	（1）货币	34870
（1）对政府债权(净)	1617	a. 流通中现金	10178
（2）对非金融部门债权	77064	b. 活期存款	24692
		（2）准货币	56180
		a. 定期存款	6739
		b. 储蓄存款	46290
		c. 其他存款	3151
		2. 债券	3542
		3. 所有者权益	4653
		4. 其他(净)	－6903

单位：亿元

图 2　我国货币与银行统计体系结构模拟图

第三章　证券市场统计分析

第一节　证券市场的基本概念

一、证券

证券是商品经济和社会化大生产发展的产物，一般意义上的证券指用来证明或设定一定权利的书面凭证，它表明证券持有人或第三者有权取得该证券拥有的特定权益。

证券按其性质的不同，可以分为凭证证券和有价证券。凭证证券又称无价证券，指本身不能使持券人或第三者取得一定收入的证券。有价证券是指标有票面金额，证明持券人有权按期取得一定收入并可以自由转让和买卖的所有权或债权凭证。这类证券本身没有价值，但有着一定量的财产权利，持有者可凭以直接取得一定量的商品、货币，可以在证券市场上流通和买卖。

有价证券按经济性质可以分为股票、债券和其他证券（如基金等）三大类。其中股票、债券和基金是最活跃的投资工具，适销性强，是证券市场的主要交易对象，也是证券理论和实务研究的重点。

二、证券市场

证券市场是股票、债券和基金等有价证券发行和交易的场所。

广义的金融市场包括货币市场和资本市场。货币市场是融通短期资金的市场，资本市场是融通长期资金的市场。资本市场又可以进一步分为中长期信贷市场和证券市场。证券市场可以通过证券信用的方式来融通资金，有效合理地配置社会资源，支持和推动经济发展，它是资本市场的核心和基础，是金融市场的重要组成部分。

证券市场按照市场的职能分类可以分为证券发行市场和证券流通市场。证券发行市场又称一级市场，是发行人以筹集资金为目的，按照一定的法律规定和发行程序，向投资者出售新证券所形成的市场。证券流通市场又称二级市场，是已发行的证券通过买卖交易实现流通转让的场所，证券流通市场一般包括两个子市场：一是证券交易所，其交易有固定场所和固定的交易时间，是最重要的集中的证券流通市场；二是场外交易市场，是证券经营机构开设的证券交易柜台，不在交易所上市挂牌的证券可申请在场外进行交易。

证券市场按证券的性质不同，可分为股票市场、债券市场和基金市场等。

股票市场是股票发行和买卖交易的场所。股票的发行人是股份有限公司，股份有限公司通过发行股票在股票市场上筹集资金用于扩大再生产。股票市场的交易对象是上市公司的股票，上市公司是股票市场的基石，上市公司质量的好坏，决定着股票市场的发展前途。虽然股票的市场价格受到政治、经济、社会等诸多因素的影响，但上市公司的经营状况和盈利水平最终决定着股票的市场价格。

债券市场是债券发行和买卖交易的场所。债券的发行人有中央政府、地方政府、金融机构、公司和企业等。债券发行人通过发行债券筹集的资金一般都有期限，债券到期时债务人须按时归还本金并支付约定的利息。债券持有者和发行人之间是债权债务关系。债券市场交易的对象是债券。债券有固定的票面利率和期限，因而其市场价格相对股票价格而言比较稳定。

基金市场是基金证券发行和流通的市场。根据基金单位是否可增加和赎回，投资基金可以分为开放式基金和封闭式基金。开放式基金在基金设立后，投资者可以随时申购和赎回基金单位，基金规模不固定。封闭式基金的基金规模在基金发行前就已确定，在发行完毕后的规定期限内，基金规模固定不变。我国现在所发行的基金都是封闭式基金。封闭式基金在证券交易所挂牌交易，开放式基金通过投资者向基金管理公司申购和赎回实现流通。

本章下面各节将围绕股票、债券及基金市场，介绍各自市场的统计分析内容和方法。

第二节　股票市场统计分析

股票市场统计分析从狭义上是指根据金融学理论，特别是现代金融学理论，运用统计学的方法，对整个股市、个别股票和股票组合的现有风险与收益水平的评价，通过进一步分析，估计股票本身的特有风险与收益水平两者之间关系，从而合理地给股票定价。股票市场统计分析不仅希望确定股票的特有风险和收益水平，更希望估计股票在未来对各种主要因素反应的灵敏度等某些特征，并试图辨别定价失当的股票。因此从广义来说，股票市场统计分析还包括基本分析和技术分析。本节的股票市场统计分析从基本分析、技术分析以及股票及其组合的风险与收益水平关系分析三个角度展开。

一、基本分析

与技术分析相比，基本分析更为流行。所谓基本分析，是对影响股票市场的许多因素如宏观因素、产业和区域因素、公司因素等的分析，分析它们对证券发行主体（公司）经营状况和发展前景的影响，进而分析它们对公司的市场价格的影响。由于这些因素存在于股票市场之外，因而被称为基本因素。基本分析是对基本因素的分析，分析的最终目的是对一特定股票，或者一定的产业，或者股票市场自身预期收益的估计。这种分析有两种方法，一种方法是由上至下预测分析方法（top-down forecasting approach），即分析人员首先要对整个经济作出预测分析，然后是产业，最后是公司。产业预测分析是以整个经济的预测分析为基础的，接下来公司预测分析是以它所处产业和整个经济的预测分析为基础的。另一种方法是与之相反的方法——由下至上预测分析方法（bottom-up forecasting approach）。实际中，这两种方法经常组合使用。基本分析主要包括宏观经济因素分析（也称基本面分析）、产业分析和公司分析。

（一）宏观经济因素分析

影响股票市场的宏观因素有宏观经济因素、政治因素、法律因素、军事因素、文化因素、自然因素等。其中最重要是宏观经济因素，它对股票市场的影响具有全局性和长期性的特征。宏观经济因素对股票市场的影响主要体现在宏观经济运行和宏观经济政策调整对股票市场趋势的影响方面。统计分析就是要分析这些因素与股票市场的关系以及这些因素对股票市场影响的时效、方向和程度。常用的方法主要有相关分析、回归分析、因果分析和协整关系分析。

具体来说有以下几个主要方面：

1. 经济增长与经济周期分析。经济运行具有周期性，股票市场作为经济的晴雨表，将提前反映经济周期变化。一般而言，从经济繁荣初期开始，人们对未来经济形势持有好的预期，投资者开始购入股票，股价上扬。当经济走向繁荣时，更多的投资者认识到良好的经济形势已经到来，尤其是上市公司的利润迅速增加，得到投资者完全认同，市场必将呈现大牛市走势。当经济繁荣接近顶峰时，意识到这一点的投资者开始撤离股市，股市成交减少直至逆转。到经济开始衰退时，股市将加速下跌。

表 **3－1** 反映了美国股票价格变动与经济周期高峰和谷底的关系。

表 3－1　美国股票价格变动与经济周期的关系

经济周期高峰—收缩开始月份①	股票价格下跌开始月份②	提前月数	经济周期谷底—扩张开始月份①	股票价格上升开始月份②	提前月数
1920 年 1 月	1919 年 10 月	3	1921 年 7 月	1921 年 8 月	－1
1923 年 5 月	1923 年 3 月	2	1924 年 7 月	1923 年 10 月	10
1926 年 10 月	1926 年 2 月	8	1927 年 11 月	1926 年 12 月	11
1929 年 8 月	1929 年 9 月	－1	1933 年 3 月	1932 年 6 月	9
1937 年 5 月	1937 年 3 月	2	1938 年 6 月	1938 年 6 月	1
1947 年 11 月	1946 年 5 月	18	1949 年 10 月	1949 年 6 月	4
1953 年 7 月	1953 年 1 月	6	1954 年 8 月	1953 年 9 月	11
1957 年 7 月	1956 年 7 月	12	1958 年 4 月	1957 年 12 月	5
1960 年 5 月	1959 年 7 月	10	1961 年 2 月	1960 年 10 月	5
1969 年 11 月	1968 年 12 月	11	1970 年 11 月	1970 年 6 月	5
平均提前月数		7			6

资料来源：

①C. A 多顿和 L. M. 瓦伦丁：《经济周期及其预测》，英文版，252 页，1974。

②J. H. 洛里和 MT 汉密尔顿：《股票市场》，英文版，24～25 页，1973。

借助统计平均数，从平均意义来说，股价下跌早于经济收缩约 7 个月，股价上涨早于经济扩张约 6 个月。

2. 通货膨胀分析。一般说，适度的通货膨胀对证券市场有利，过度的通货膨胀必然恶化经济环境，而且人们将资金用于囤积商品保值，对股票将产生极大的负面影响。

以中国为例，将1993年1月到1999年8月的月底居民消费价格指数分别与深市、沪市价格综合指数进行相关分析，发现该物价指数与深圳、上海两市价格指数的相关系数分别为-0.7681和-0.7782，这表明在中国通货膨胀与股市价格变化之间存在着负相关关系，通货膨胀对股票市场的负面作用影响较大。

3. 利率水平分析。贷款利率的提高，增加了上市公司的成本，从而降低了利润；存款利率的提高，增加了股票投资者的机会成本，两者均会使股票价格下跌。反之，存款利率和贷款利率下调会使股票价格上涨。

4. 汇率水平分析。汇率变动对国际化程度较高的股票市场影响较大，币值大幅波动会影响国际投资者对该国的信心，造成资本外流，导致股价下跌。汇率变动对国际化程度较低的证券市场影响较小。

5. 货币政策分析。当中央政府采取紧缩性的货币政策时，货币供应量减少，市场利率上升，公司资金困难，运行成本加大。盈利预期下降甚至亏损，居民收入下降，失业率增加，从而股市下跌。反之，当中央银行采取扩张性的货币政策时，股市上涨。

6. 财政政策分析。当政府通过增加财政支出刺激经济时，将增加上市公司的利润和股息；当税率降低时，将降低公司的税后利润和股息水平，使股市上涨；反之，当政府减少财政支出或提高税率时，股市会下跌。

（二）产业分析

产业是指一个企业群体，由于产业的发展不平衡，有的产业的增长高于国民经济的增长，有的则与国民经济增长同步，而有的则低于国民经济增长。因此在进行股票投资的时候需要选择适当的产业，选择的依据和前提是进行产业分析。

针对股票市场的产业分析的主要任务是：依据产业的分类，利用统计学的方法，主要是综合指标评价方法和判别分析方法，对产业发展的过去和现状进行评价分析以及结合国家的产业政策对产业未来的发展方向和目标进行分析，把握产业发展的脉搏。其主要的内容有以下几个方面：

1. 产业的生命周期阶段分析。与世界上的万事万物一样，产业也会经历一个由产生到成长再到衰落的发展演变过程。这个过程便称为产业的生命周期。产业的生命周期可分为四个阶段，即初创阶段、成长阶段、成熟阶段和衰退阶段。处在不同阶段，其产业特征不一样，收益和风险状况也不一样（见表3－2）。不仅如此，处在不同周期阶段的产业在证券市场上的表现也不同（见表3－3）。因此，产业分析的首要任务是判断和分析产业处在产业生命周期的哪个阶段，一般情况是借助收益、价格、成本、市场需求、市场规模等敏感指标进行判别分析。

表3－2　产业生命周期各阶段的收益和风险

	初创期	成长期	成熟期	衰退期
厂商数量	很少	增加	减少	很少
利润	亏损	增加	较高	减少甚至亏损
风险	较高	较高	较少	较低
风险形态	技术风险 市场风险	市场风险 管理风险	管理风险	生存风险

表3－3　产业生命周期各阶段的市场表现

	初创期	成长期	成熟期	衰退期
市场表现（价格）	大幅波动	快速上扬长期性 中短期波动	适度成长	低价

2. 产业的业绩状况分析。与产业生命的周期性相对应，产

业的业绩也呈周期性变化，其收益和风险的周期性变化如表 3－2 所示。产业的业绩分析主要是评价整个产业的收益和风险状况以及两者之间的关系，及其变化状况。下面以通信业为例加以说明。

通信业是国民经济的基础产业，随着改革开放的深入和信息革命的到来，通信业是极少数持续保持高速成长的产业之一。在一个如此高成长的产业里，按道理应该有众多的上市公司，而且随着产业的高速成长，作为业内杰出代表的上市公司也应飞速发展。但由于诸多方面的原因，我国目前通信业上市公司仅有 11 家，而且主要是在 1996 年以后发行上市的，较早的通信业上市公司如粤 TCL、国脉通信、邮通设备等也没有表现出高速成长的特点，倒是一些新生的上市公司成长迅速，其中的代表是中兴通讯。

目前的通信业上市公司大体上分为两类，一类是提供通讯服务的上市公司，有广西斯壮、中信国安、国脉通信 3 家；另一类是除以上 3 家公司之外的生产通信设备的上市公司。此外，还有一些公司兼有部分通信类业务，如华光科技除生产中文排版系统外，也生产程控交换机，但由于业务比重不突出，本案例并未涉及这类公司。表 3－4 是通信业上市公司近三年的业绩状况。

根据表 3－4，通信业上市公司 1996～1998 年的净利润总额依次为 103579 万元、112647 万元和 114639 万元，净利润总额变异系数依次为 93.14%、91.05% 和 92.59%，各年并不均衡。虽然没有全产业业务量那样强劲增长，但在老上市公司收益大幅滑坡时依然保持成长态势，特别是在 1998 年上市公司业绩大面积滑坡的情况下，通信业依然一枝独秀地保持增长，实属不易。1996～1998 年的平均每股收益依次为 0.46 元、0.36 元和 0.3359 元，平均净资产收益率为 29.85%、18.2% 和 11.83%，均为逐年减小，上市公司的获利能力似乎在逐渐减弱。不仅如此，平均每股收益变异系数依次为44.28%、45.85%和77.92%，平均净资产收益率变异系数为69.57%、70.65%和73.12%，都逐渐在加大，说明整个通信业内部差异在加大。仔细分析表3－4，可以发现依然是老上市公司的滑坡拖累了通信业上市公司的总体水平，如粤TCL1998年比1997年滑坡90%以上，邮通设备滑坡87%，国脉通信也有不小的滑坡，深桑达则起伏不定。扣除这些老上市公司拖累的因素，通信业上市公司的获利能力仍然十分强大。

表3－4　通信业上市公司经营业绩

年份 / 业绩 / 公司名称	1996			1997			1998		
	净利润（万元）	每股收益（元）	净资产收益率（%）	净利润（万元）	每股收益（元）	净资产收益（%）	净利润（万元）	每股收益（元）	净资产收益（%）
中兴通讯	9906	0.63	76.33	11706	0.47	16.83	31379	0.97	33.09
粤TCL	7440	0.48	18.67	4843	0.309	10.82	304	0.016	0.48
广西斯壮	2259	0.326	21.43	2963	0.248	12.29	3027	0.254	11.15
中信国安	8566	0.571	47	10406	0.52	16.79	10918	0.27	14.96
深桑达	1311	0.1	4.91	523	0.04	1.95	1817	0.139	6.36
永鼎光缆	4851	0.485	28.03	5719	0.423	13.33	7006	0.519	15.61
上海贝岭	10915	0.50	52.26	10953	0.33	51.14	13370	0.40	12.78
大唐电信	4460	0.25	26.20	7000	0.22	29.27	10987	0.351	10.67
国脉通信	16984	0.55	22.53	19843	0.54	18.1	12935	0.35	11.3
东方通信	32218	0.85	20.69	33510	0.59	19.45	22206	0.39	12.37
邮通设备	4669	0.32	10.28	5181	0.272	10.24	690	0.036	1.342

资料来源：《'98上市公司年报汇编与选股技巧》，北京，《中国金融信息》，1998。

在11家通信业上市公司中，3家通信服务公司业绩相对平稳，广西斯壮、中信国安稳中有涨，国脉通信1997年比1996年有较大的增幅，1998年则有较大回落，这与通信服务业最早放开和竞争激烈密切相关。通信设备制造业的上市公司则逐步分化，中兴通讯、永鼎光缆、大唐电信、上海贝岭等强劲增长，奥TCL、邮通设备等则逐年滑坡，而东方通信由于1998年巨额罚款也有一定程度的下滑，但似乎不应影响该公司的成长。总的来看，通信设备制造业已初步出现强者恒强的现象。

3. 产业的市场表现分析。由于产业生命周期各阶段的风险和收益的状况不同，而股票投资目的就在于在尽可能小的风险条件下获取最大的收益。因此，处于产业生命周期不同阶段的产业在证券市场上的表现就会有较大的差异（见表3-3），产业的市场表现分析就是要分析整个行业在市场上量价走势，主要从趋势和波动性两个角度进行分析。

4. 产业发展的趋势分析。产业发展的趋势分析是产业分析的重点和难点，产业发展的趋势分析主要是分析整个产业未来的规模（占整个国民经济的比重）和效益，对整个国民经济的推动力和受其他行业发展的影响力。对产业发展的趋势分析要注重把握以下几点：（1）产业结构演进和趋势对产业发展的趋势影响；（2）产业生命周期的演变对于产业发展的趋势影响；（3）国家产业改革对产业发展趋势的导向作用。

（三）公司分析

公司分析包括公司基本素质分析和公司财务分析。基本素质分析主要是一个定性分析的过程，分析的重点放在公司潜在竞争力分析上。包括一家公司在所处行业的竞争优势和劣势分析。

上市公司财务分析主要是财务业绩的比较分析。这种比较分析包括纵向比较分析、横向比较分析和标准比较分析。纵向比较分析是将本期财务指标与其他时期的财务指标进行比较分析，以研究财务状况和经营情况的发展趋势，有助于对上市公司的未来财务进行预测。横向比较分析是将本上市公司的财务指标与同行业其他上市公司的财务指标进行比较、分析和评价。标准比较分析是将本上市公司的财务报表与同行业标准水平的财务报表进行对比。这些方法都是选择对比的参照物，以便发现本上市公司存在的问题和查找差距。

比较分析法按其包括的财务数据范围可分为个别分析法和综合分析法。个别分析法是根据财务报表的要素信息或个别财务比率，进行个别指标的分析和判断的方法。综合分析法是将财务报表作为一个整体，进行综合分析判断的方法，亦即将本期的全部财务指标作为一个整体来进行分析判断的方法。综合分析法一般大量采用的具体方法是因素分析法、指数法和雷达图法。

1. 因素分析法。因素分析法是利用各种财务比率的内在联系，借以综合评价上市公司财务状况的综合分析方法。该方法由美国上市公司杜邦化学公司首先倡导使用而闻名。实际上这种方法是利用假定的各个因素变动的先后顺序，采用连环替代的方法，计算出各个因素对总指标的影响方向和影响大小。因素分析的关键是建立一套完整和连贯的财务比率体系，并确定一个总指标（净资本利润率），然后利用指标分解的方法建立起各个指标的相互联系，通过数据的替代，确定各从属指标变动对总指标的影响，它的基本指标关系如下：

净资本利润率 = 销售利润率 × 总资本周转率 × 权益乘数

通过分解，找出销售净利润率、总资本周转率、权益乘数等指定指标对净资本利润率的影响方向和影响大小。这种方法本身比较简洁、直观，利用得出的结论可以发现财务状况和经营情况存在的问题。但由于这种方法假定条件太理想化，因此得出结论的准确性难以把握。

【例 1】四川长虹公司 1996 年（基期）、1997 年（报告期）的财务数据见表 3 – 5（经会计数据调整）所示，下面利用因素分析法来分析各个因素的影响大小和影响方向。

$$\text{销售净利润率的影响率}=\left(\frac{\text{报告期销售}}{\text{净利润率}}-\frac{\text{基期销售}}{\text{净利润率}}\right)\times\text{基期}$$

总资本周转率×基期权益乘数

=（17.27% -16.67%）×1.11×1.96

=1.31%

$$\text{总资本周转率的影响率}=\frac{\text{报告期销售}}{\text{净利润率}}\times\text{（报告期总资本周}$$

转率-基期总资本周转率）×基期权益乘数

=17.27%×（0.65-1.11）×1.96

=-15.57%

权益乘数的影响率=报告期销售净利润率×报告期总资本周转率×（报告期权益乘数-基期权益乘数）

=17.27%×0.65×（2.27-1.96）

=3.48%

净资本收益率的变化率=报告期净资本收益率-基期净资本收益率

=销售净利润率的影响率+总资本周转率的影响率+权益乘数的影响率

=25.48% -36.27%

=1.31%+（-15.57%）+3.48%

=-10.79%

表3-5　四川长虹财务分析表

指标名称	1997年	1996年
销售净利润率（%）	17.27	16.67
总资本周转率（次/年）	0.65	1.11
权益乘数	2.27	1.96
净资本收益率（%）	25.48	36.27

综合以上分析，可以看到：四川长虹的净资产收益率1997年相对1996年降低了10.79个百分点，其中由于销售净利润率

的提高使净资产收益率提高了 1.13 个百分点，由于权益乘数的提高使净资产收益率提高了 3.48 个百分点，而由于总资产周转率的速度慢了一半多，使得净资产收益率下降了 15.57 个百分点，该因素对净资产收益率的下降影响较大，需要进一步分析原因。

2. 指数法。指数法是将各种比率根据其重要性的大小，标定一个重要性系数（权数），以各自比率的实际数值与标准数值（可取行业数值）相比，求出关系比率。关系比率乘以重要性系数即可进行各种能力和综合判断。指数法比较简单，但这种方法需要解决两个问题：其一是权数的大小，通常可以采用主观赋权和客观赋权。主观赋权可以根据不同财务主体的评价目标分别给予各种指标（能力）不同的权数；客观赋权采用类似层次分析法的赋权办法。其二是要处理得到的关系比率中的异常值。这种方法存在着一个缺陷，正如前面分析的，由于财务指标之间的相关性，因此存在着评价信息的冗余问题，这是该方法本身无法解决的。但多元统计分析方法可以解决这一问题。

下面仍以表 3－4 中的通信业为例来评价 1998 年各个公司业绩排名。选择的指标为净利润、每股收益、净资产收益率，指标采用与总体平均数对比，权数为各占三分之一，其计算结果见表 3－6，从表中结果可以验证前面的分析。

表 3－6 1998 年上市通信业公司业绩排名

公司名称	得 分	排 名	公司名称	得 分	排 名
中兴通讯	2.90	1	大唐电信	1.00	7
东方通信	1.45	2	广西斯壮	0.66	8
上海贝岭	1.18	3	深桑达	0.38	9
永鼎光缆	1.18	4	邮通设备	0.10	10
国脉通信	1.08	5	粤 TCL	0.04	11
中信国安	1.04	6			

3. 雷达图法。依照惯例，雷达图由三个同心圆组成，最小圆代表最低水平（可取同行业水平的50%），中间圆代表同行业的平均水平，称作标准线，最大圆代表最好水平（可取同行业水平的150%）。

从圆心开始，以放射线的形状将各种财务比率数值标在各直线上，并画出一多边形，看此多边形位于标准圆的内外即可以综合判断。该方法是用图形方式实现标准比较分析。

【例2】反映某上市公司各种能力的财务指标及其与行业标准水平对比的有关数据见表3－7所示，我们以该公司的财务指标和同行业标准水平作出雷达图（图3－1），利用这个雷达图能够很直观地进行对比分析：该上市公司的速动比率、存货周转率、总资本周转率三个指标明显好于同行业的标准水平，而应收账款周转率与同行业的标准还有一段距离，需要今后加以解决。从整体上来看，该上市公司业绩超过同行业的标准水平，而且大多数指标都处于行业水平1和1.5的同心圆之间，说明该公司各方面业绩比较均衡。

表3－7　某公司的财务指标及其与行业标准水平的对比

指标名称	公司水平	行业标准	与行业标准水平相比
主营业务利润率	8.63%	9.85%	0.88
净资本收益率	16.36%	14.50%	1.13
总资本收益率	9.14%	7.03%	1.30
应收账款周转率	3.77（次/年）	8.20（次/年）	0.46
存货周转率	6.14（次/年）	3.91（次/年）	1.57
流动资本周转率	0.32（次/年）	0.30（次/年）	1.09
总资本周转率	0.19（次/年）	0.20（次/年）	0.95
流动比率	1.68	1.69	0.99
速动比率	2.19	1.18	1.85
产权比率	1.42	1.11	1.29

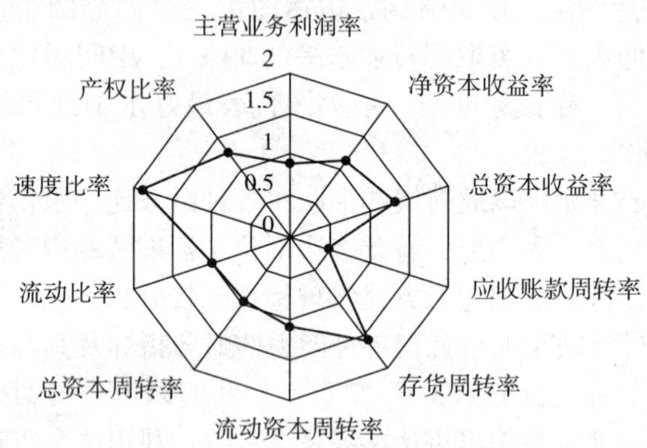

图 3－1　某上市公司财务雷达图

二、技术分析

与基本因素不同，市场因素主要是通过投资者的买卖行为来影响股票市场，可以归结为股票交易量和股票价格水平，或者更一般地归结于市场创造的统计信息的总和，它存在于股票市场的内部，与基本因素没有直接关联，因而被称为技术因素，技术分析就是对技术因素的分析。与基本分析完全相反，技术分析的理论与有效市场的理论是完全矛盾的。

技术分析是对市场的未来价格变化趋势进行预测的研究活动。技术分析有它赖以生存的理论基础——三大假设：

假设 1：市场行为包括一切信息；

假设 2：价格沿趋势波动，并保持趋势；

假设 3：历史会重复。

技术分析方法大致可以分为以下六类：技术指标法、切线法、形态法、K 线法、波浪法、周期法，其中与统计分析最为密切的是技术指标法，技术指标是按一定的统计方法对行情数据进行处理，用以反映市场某一方面的深层内涵。

常见的技术指标主要有以下几种：

（一）趋向指数（Directional Movement Index，简称 DMI）

1. 用途。该指标可以用作买卖讯号，也可辨别行情是否已经发动。但必须注意，当市场的上升（下跌）趋势非常明显时，利用该指标进行买卖指标效果较好，当市场处于盘整时，该指标会失真。

2. 计算公式。先求 TR1 值。

计算方法如下：

（1）今天收盘 - 今天最低价

（2）今天最高 - 昨天收盘价

（3）今天最低 - 昨天收盘价

三者价差绝对值较大者为 TR1。

+DM = 今天最高 - 昨天最高（差值≤0，则记成 0）

-DM = 昨天最低 - 今天最低（差值≤0，则记成 0）

TR7 = 7 天的 TR1 总和

+DM7 = 7 天的 +DM1 值总和

-DM7 = 7 天的 -DM1 值总和

+DI7 = +DM7 ÷ TR7

-DI7 = -DM7 ÷ TR7

DI 差 = +DI7 - （-DI7）

DI 和 = +DI7 + （-DI7）

DX = DI 差 - DI 和

第 15 天开始计算 ADX：

ADX = [（第 14 天的 ADX ×6）+第 15 天的 DX] ÷7

注意：每一次计算时，第 14 天的 ADX 以第 8 天至第 14 天 DX 的总和平均值代替，第 16 天以后都恢复成以前一天的 ADX 为计算因子。

第21天开始计算ADXR：

（第21天的ADX+第15天的ADX）÷2

从第21天起，每天都可以得到+DI、-DI、ADX、ADXR四个值，分别制成曲线，即构成一幅DMI图表。

本公式的参数是7天，可以改成14天。

3. 使用方法。该指标共有+DI、-DI、ADX、ADXR四条线。

（1）行情的上升（下跌）趋势相当明显时，当+DI向上交叉-DI，则买进，当+DI向下交叉-DI，则卖出。

（2）当ADX数值降低到20以下，且显现横盘时，此时股价处于小幅盘整中，当ADX突破40并明显上升时，股价上升趋势确立。

（3）如果ADX在50以上反转向下，此时，不论股价正在上涨或下跌，都预示行情即将反转。

（4）当4根线间距收窄时，表明行情处于盘整中，这时该指标会失真。

（二）异同移动平均数（Moving Average Convergence and Divergence，简称MACD）

1. 用途。该指标主要是利用长短期两条平滑平均线，计算两者之间的差离值。该指标可以去除掉移动平均线经常出现的假讯号，又保留了移动平均线的优点。但由于该指标对价格变动的灵敏度不高，属于中长线指标，所以在盘整行情中不适用。

2. 计算公式。

（1）MACD由正负差（DIF）和异同平均数（DEA）两部分组成，当然，正负差是核心，DEA是辅助。先介绍DIF的计算方法。

DIF是快速平滑移动平均线与慢速平滑移动平均线的差，DIF的正负差的名称由此而来。快速和慢速的区别是进行指数平滑时采用的参数大小不同，快速是短期的，慢速是长期的。以现在常用的参数 12 和 26 为例，对 DIF 的计算过程进行介绍。

①快速平滑移动线（EMA）是 12 日的，计算公式为：

今日 EMA（12）=2÷（12+1）×今日收盘价+11÷（12+1）×昨日 EMA（12）

②慢速平滑移动平均线（EMA）是 26 日的，计算公式为：

今日 EMA（26）=2÷（26+1）×今日收盘价+25÷（26+1）×昨日 EMA（26）

以上两个公式是指数平滑的公式，平滑因子分别为 2/13 和 2/27。如果选别的系数，则可照此法办理。

DIF=EMA（12）－EMA（26）

有了 DIF 之后，MACD 的核心就有了。单独的 DIF 也能进行行情预测，但为了使信号更可靠，我们引入了另一个指标 DEA。

（2）DEA 是 DIF 的移动平均，也就是连续数日的 DIF 的算术平均。这样，DEA 自己又有了个参数，那就是作算术平均的 DIF 的个数，即天数。

对 DIF 作移动平均就像对收盘价作移动平均一样，是为了消除偶然因素的影响，使结论更可靠。

（3）此外，在分析软件上还有一个指标叫柱状线（BAR）。

BAR=2×（DIF－DEA）

3. 使用方法：

（1）DIF 与 DEA 均为正值时，大势属多头市场；

（2）DIF 与 DEA 均为负值时，大势属空头市场；

（3）DIF 向上突破 DEA 时，可买进；

（4）DIF 向下突破 DEA 时，应卖出。

（三）相对强弱指数（Relative Strength Index，简称 RSI）

1. 用途。该指标根据股价“择强汰弱”的原理，以一特定时期内股价的变动情况推测价格未来的变动方向，并根据股价涨跌幅度显示市场的强弱。

2. 计算公式：

（1）先介绍 RSI 的参数，然后再讲 RSI 的计算。

参数是天数，即考虑的时间长度，一般有 5 日、9 日、14 日等。这里的 5 日与 MA 中的 5 日线是截然不同的。下面以 14 日为例具体介绍 RSI（14）的计算方法，其余参数的计算方法与此相同。

（2）先找到包括当天在内的连续 15 天的收盘价，用每一天的收盘价减去上一天的收盘价，我们会得到 14 个数字。这 14 个数字中有正（比上一天高）也有负（比上一天低）。

A = 14 个数字中正数之和

B = 14 个数字中负数之和 ×（−1）

A 和 B 都是正数。这样，我们就可能算出 RSI（14）：

RSI（14）＝［A ÷（A + B）］×100

（3）从数学上看，A 表示 14 天中股价向上波动的大小；B 表示向下波动的大小；A + B 表示股价总的波动大小。RSI 实际上是表示上波动的幅度占总的波动的百分比，如果占的比例大就是强市，否则就是弱市。

很显然，RSI 的计算只涉及收盘价，并且可以选择不同的参数。RSI 的取值介于 0 ~ 100 之间。

3. 使用方法：

（1）RSI 取值超过 50，表明市场进入强势。RSI 低于 50，表明市场处于弱市。

（2）从 RSI 与股价的背离方面判断行情：

①RSI 处于高位，并形成一峰比一峰低的两个峰，而此时，股价对应的却是一峰比一峰高，这叫顶背离。股价这一涨是最后的衰竭动作，这是比较强烈的卖出信号。

②RSI在低位形成两个依次上升的谷底，而股价还在下降，这是最后一跌或者说是接近最后一跌，是可以开始建仓的信号。

（3）短天期的RSI在20以下的水平，由下往上交叉长期的RSI时，为买进讯号。

（4）短天期的RSI在80以上的水平，由上往下交叉长期的RSI时，为卖出讯号。

（5）连接RSI连续的两个底部，画出一条由左向右上方倾斜的切线，当RSI向下跌破这条切线时，是一个很好的卖出讯号。

（6）连接RSI连续的两个峰顶，画出一条由左向右下方倾斜的切线，当RSI向上突破这条切线时，是一个很好的买进讯号。

（四）威廉指标（WMS%）

1. 用途。该指标表示的涵义是当天的收盘价在过去一段日子的全部价格范围内所处的相对位置，是一种兼具超买超卖和强弱分界功能的指标。它主要的作用在于辅助其他指标确认讯号。

2. 计算公式：

n日WMS% = [（Hn - Cn）÷（Hn - Ln）] ×100%

式中：Cn——当天的收盘价；Hn和Ln——最近n日内（包括当天）出现的最高价和最低价。

3. 使用方法：

（1）从WMS%的绝对取值方面考虑：

①当WMS%高于80，即处于超卖状态，行情即将见底，应当考虑买进。

②当WMS%低于20，即处于超买状态，行情即将见顶，应当考虑卖出。

（2）从WMS%的曲线形状考虑：

①在WMS%进入高位后，一般要回头，如果这时股价还继

续上升，这就产生背离，是卖出的信号。

②在 WMS% 进入低位后，一般要反弹，如果这时股价还继续下降，这就产生背离，是买进的信号。

③WMS% 连续几次撞顶（底），局部形成双重或多重顶（底），则是卖出（买进）的信号。

（五）随机指标（KD）

1. 用途。KD 是在 WMS 的基础上发展起来的，所以 KD 就有 WMS 的一些特性。在反映股市价格变化时，WMS 最快，K 其次，D 最慢。在使用 KD 指标时，我们往往称 K 指标为快指标，D 指标为慢指标。K 指标反应敏捷，但容易出错，D 指标反应稍慢，但稳重可靠。

2. 计算公式：

（1）产生 KD 以前，先产生未成熟随机值 RSV。其计算公式为：

n 日 RSV = ［（Ct - Ln）÷（Hn - Ln）］×100

（2）对 RSV 进行指数平滑，就得到如下 K 值：

今日 K 值 = 2/3 × 昨日 K 值 + 1/3 × 今日 RSV

式中，1/3 是平滑因子，是可以人为选择的，不过目前已经约定俗成，固定为 1/3 了。

（3）对 K 值进行指数平滑，就得到如下 D 值：

今日 D 值 = 2/3 × 昨日 D 值 + 1/3 × 今日 K 值

式中，1/3 为平滑因子，可以改成别的数字，同样已成约字，1/3 也已经固定。

（4）在介绍 KD 时，往往还可以计算一个 J 指标，计算公式为：

J = 3D - 2K = D + 2（D - K）

可见 J 是 D 加上一个修正值。J 的实质是体现 D 和 D 与 K 差值的共同影响。此外，J 指标的计算公式也可以为：J = 3K - 2D。

3. 使用方法：

（1）从KD的取值方面考虑，80以上为超买区，20以下为超卖区，KD超过80就应该考虑卖了，低于20就应该考虑买入了。

（2）从KD指标的交叉方面考虑，K上穿D是金叉，为买入信号。金叉的位置应该比较低，是在超卖区的位置，越低越好。交叉的交数以2次为最少，越多越好。

（3）从KD指标的背离方面考虑：

①当KD处在高位，并形成两个依次向下的峰，而此时股票价格还在一个劲地上涨，这叫顶背离，是卖出的信号。

②当KD处在低位，并形成一底比一底高，而股价还继续下跌，这构成底背离，是买入信号。

（4）J指标取值超过100和低于0，都属于价格的非正常区域，大于100为超买，小于0为超卖，并且，J值的讯号不会经常出现，一旦出现，则可靠度相当高。

（六）平衡成交量（On Balance Volume，简称OBV）

1. 用途。该指标通过统计成交量变动的趋势来推测股价趋势。OBV以“N”字型为波动单位，并且由许许多多“N”型波构成了OBV的曲线图。我们对一浪高于一浪的“N”型波，称其为“上升潮”（Up Tide），至于上升潮中的下跌回落则称为“跌潮”（Down Field）。

2. 计算公式。OBV的计算公式很简单，首先我们假设已经知道了上一个交易日的OBV，就可以根据今天的成交量以及今天的收盘价与上一个交易日的收盘价的比较计算出今天的OBV。用数学公式表示如下：

今日OBV = 昨天OBV + sgn × 今天的成交量

其中sgn是符号的意思，sgn可能是+1，也可能是-1，这由下式决定：

sgn = +1　今收盘价≥昨收盘价

sgn = -1　今收盘价<昨收盘价

成交量指的是成交股票的手数，不是成交金额。

3. 使用方法：

（1）OBV 线下降，股价上升，表示买盘无力，为卖出信号。

（2）OBV 线上升，股价下降，表示有买盘逢低介入，为买进信号。

（3）当 OBV 横向走平超过 3 个月时，需注意随时有大行情出现。

（七）AR、BR 指标

1. 用途。BR 指标为买卖意愿指标，AR 指标为买卖气势指标，AR 可单独使用，BR 必须与 AR 并用。

BR 是一种“情绪指标”，就是以“反市场心理”的立场为基础，当众人一窝蜂地买股票，前途似乎一片光明时，你应该断然离开市场。相反地，当众人已经对行情失望，市场出现一片看坏的声浪时，你应该毅然决然地进场默默承接。

AR 是一种“潜在动能”。由于开盘价乃是股民经一夜冷静思考后，共同默契的一个合理价格，那么，从开盘价向上推升至当日最高价之间，每超越一个价位都会损耗一分能量。当 AR 值升高至一定限度时，代表能量已经消耗殆尽，缺乏推升力道的股价，很快地就会面临反转危机。相反地，股价从开盘之后并未向上冲高，自然就减少能量的损耗，相对地也就囤积保存了许多累积能量，这一股无形的潜能，随时都有可能在适当成熟的时机暴发出来。

2. 计算公式：

（1）BR 的计算公式：

①多头力道强度 = 今天最高价 - 昨天收盘价

②空头力道强度 = 昨天收盘价 - 今天最低价

如果①和②≤0，则一律记录成0。

③多头总强度=26天的多头力道总和

④空头总强度=26天的空头力道总和

BR=③÷④×100

注：BR一旦超过300以上持续上升，则其数据会以三级跳的方式前进，此为其计算公式的特征。

（2）AR的计算公式：

①向上推力=今天最高价-今天开盘价

②向下重力=今天开盘价-今天最低价

③26天的向上推力总和

④26天的向下重力总和

⑤AR=③÷④×100

注：除权除息不影响AR的计算数据，所以不需要做调整。

3. 使用方法：

（1）BR介于70~150间属于盘整行情；

（2）BR高于400时，需注意股价可能回档；

（3）BR低于50时，需注意股价可能反弹；

（4）AR、BR急速上升，意味着距股价高峰已近，可获利了结；

（5）BR值低于AR值时，可逢低买进；

（6）BR急速上升，而AR盘整或小回时，应逢高出货；

（7）BR由高档下降一半，此时选择股价回档买进，成功率可以高达95%。

（八）CR指标

1. 用途。该指标用于判断买卖时机，能够测量人气的热度和价格动量的潜能：显示压力带和支撑带，以辅助BRAR的不足。

2. 计算公式：

（1）CR 的计算公式和 BR 相同，只是把公式中昨天的收盘价改成昨天的中间价。

昨日中间价 =（昨日最高 + 最低价）÷2

（2）图表上须另外画出 CR 本身的 10、20、40、62 日移动平均线。

CR 的 10 天平均线应较 CR 本身提前 5 天，称为 a 线。

CR 的 20 天平均线应较 CR 本身提前 9 天，称为 b 线。

CR 的 40 天平均线应较 CR 本身提前 17 天，称为 c 线。

CR 的 62 天平均线应较 CR 本身提前 26 天，称为 d 线。

3. 使用方法：

（1）a、b 两线所夹的区域称为“副地震带”，当 CR 由下往上欲穿越副地震带时，股价相对将遭次级压力干扰；当 CR 欲由上往下贯穿副地震带时，股价相对将遭遇次级支撑干扰。

c、d 两线所夹成的区域称为“主地震带”，当 CR 由下往上欲穿越主地震带时，股价相对将遭遇强大压力干扰；当 CR 由上往下欲贯穿主地震带时，股价相对将遭遇强大支撑干扰。

（2）CR 相对股价也会产生背离现象，特别是在股价的高价区。

（3）CR 跌至 a、b、c、d 四条线的下方，再度由低点向上爬升 160% 时，为短线获利卖出时机。例如从 CR100 上升到 160。

（4）CR 下跌至 40 以下时，股价形成底部的机会相当高。

（5）CR 高于 300 ~ 400 之间时，股价很容易向下反转。

（九）成交量比率（Volume Ratio，简称 VR）

1. 用途。该指标主要的作用在于以成交量的角度测量股价的热度，表现股市的买卖气势，以利于投资者掌握股价可能的趋势走向。该指标以“反市场操作”的原理为出发点。

2. 计算公式：

（1）24 天以来凡是股价上涨那一天的成交量都称为 AV，将

24 天内的 AV 总和相加后称为 AVS。

（2）24 天以来凡是股价下跌那一天的成交量都称为 BV，将 24 天内的 BV 总和相加后称为 BVS。

（3）24 天以来凡是股价不涨不跌的那一天的成交量都称为 CV，将 24 天内的 CV 总和相加后称为 CVS。

（4）24 天开始计算：

VR =（AVS - 1/2CVS）÷（BVS + 1/2CVS）

（5）计算例参数 24 天可以修改，但是周期不宜小于 12，否则，采样天数不足容易造成偏差。

3. 使用方法：

（1）VR 的分布如下：

①低价区域：70 ~ 40——为可买进区域

②安全区域：150 ~ 80——正常分布区域

③获利区域：450 ~ 160——应考虑获利了结

④警戒区域：450 以上——股价已过高

（2）在低价区域中，VR 值止跌回升，可买进。

（3）在 VR > 160 时，股价上扬，VR 值见顶，可卖出。

（十）乖离率（BIAS）

1. 用途。乖离率是价格与价格的移动平均的偏离程度。在股价图上，乖离率是指 K 线偏离其运动平均线的比率。

2. 计算公式：

BIAS（n）=［收盘价 - 移动平均（n）］÷ 移动平均（n）

3. 使用方法：

（1）股价的 6 天乖离率在 5% 与 -5% 之间，属于正常状态。如果连续数日超出这个范围，说明股市行情已处于不正常时期。

（2）如果乖离率值在 0 与 5% 之间波动，说明投资者正在下跌行情中采取“高进低出或杀涨追跌”方式，股价短期内上涨的可能性不大，股价走出低谷时会有大幅度的涨升行情。

（3）欲买股票的投资者应选择当时乖离率较小的股票；欲卖股票的投资者应选择乖离率较大的股票。因为乖离率越小的股票，获利越小，将来可能上涨的机会也越大，而乖离率越大的股票，获利已经较多，未来下跌的可能性较大。

（4）不同股票，乖离率标准也不同。投机性强的股票，可能出现的乘离率也偏大，必须有较大的乖离率出现时，才会出现转机或反弹。

（十一）心理线（Psychological Line，简称 PSY）

1. 用途。PSY 以投资者买卖趋势的心理因素为目标，从人气和升降比率入手，对乐观与悲观进行描述，对多空双方的力量对比进行探索。

2. 计算公式：

PSY（n） = A/n

式中：n 为 PSY 的参数，表示天数；A 表示在这 n 天中价格上涨的天数。

3. 使用方法：

（1）PSY 以 0 与 100% 为变化范围，以 50% 为中心。50% 以上是多方市场，50% 以下为空方市场。

（2）一般可将 80% 以上区域设为超买区，而将 20% 以下区域设为超卖区，当 PSY 在超买区反复出现时，大市转头向下的可能性很大，而 PSY 在超卖区低点密集时，大市调头向上的几率也很大。

（3）n 的取值一般为 10，参数选得越大，PSY 的取值范围越集中；参数选得小，PSY 的取值范围上下波动就大。

应该指出，技术指标是一批分析工具，每个指标因其涵义不同，在预测行情方面的能力大小和准确程度上是会有所区别的，因此，在实际应用过程中，要注意每个指标选用范围和选用环境，每个指标都有失效的时候，切勿机械地照搬结论。同时，在分析过程中，应结合多个技术指标进行市场预测和判断。

三、股票市场风险与收益的统计分析

股票市场统计分析的核心内容就是对股票市场上的风险与收益分析，它包括股票组合的分析、资本资产定价模型和套利定价模型应用研究。

（一）股票组合的统计分析

股票组合的统计分析，是在已知个体资产的风险和收益特征的前提下，以资产组合整体为对象，以资产组合整体效用最大化（收益最大化）为目标，分析资产之间的相互关系、组合整体的风险、收益特征以及寻求最优组合。

1. 股票收益和风险的度量

（1）股票收益的度量。股票投资的收益来源于两个方面：股票所带来股息、红利和股票买卖的溢价收入。在分析中，采用收益率（Return）来衡量股票的收益，有以下两种计算方法：

$$R_p = (P_1 + D - P_0) \div P_0 \tag{3.1}$$

$$r_p = \ln(P_1 + D) - \ln P_0 \tag{3.2}$$

上式中，R 表示收益率；P_1 表示期末的股票价格；P_0 表示期初的股票价格；D 表示期间所支付的股票的红利（股息）。

例如：某只股票年初每股市场价值为 25 元，年底的市场价值为 28 元，年终分红为每股 2 元，则该股票每股收益率按照公式（3.1）计算得：

$$R_p = (28 + 2 - 25) \div 25 = 20\%$$

按照公式（3.2）计算得：

$$r_p = \ln(28 + 2) - \ln 25 = 29.96\%$$

对于股票而言，由于将来实现的收益是不确定，因此，在估计股票在一个持有期的收益率时，必须考察这种不确定性。通常是考虑各种不同可能及其概率，用一个期望值来表示。更明确地说，一个股票的预期收益可以通过以概率为权重，将不同可能收益率加权平均来计算。例如：

表3－8 某股票收益分布情况表

可能性	A（0.5）	B（0.3）	C（0.2）
收益率	0.10	0.15	0.20

$$\begin{aligned}\overline{r_p} &= \sum p_i r_i = p_A r_A + p_B r_B + p_C r_C \\ &= 0.5 \times 0.1 + 0.3 \times 0.15 + 0.2 \times 0.2 \\ &= 0.135\end{aligned}$$

（2）股票风险的度量。股票风险一般定义为股票价格或收益风险，是由于未来的价格或者收益的不确定性，从而造成未来价值偏离预期或预计价值的程度，通常用收益分布的标准差或者变异系数来描述。

由于存在风险，因此通常在衡量股票的收益时，也需要考虑经过风险调整后的收益，如夏普比率，它是用单位风险的超额收益来表示，一般用超额收益率除以标准差。

2. 股票组合的收益率

（1）股票组合的收益率。一个股票组合是各种股票的聚集，其组合的预期收益率受组合中各种股票的预期收益率和组合中各种股票收益的初始比重的影响。用公式表示如下：

$$\overline{r_p} = \sum_{i=1}^{N} x_i \overline{r_i} \tag{3.3}$$

式中：$\overline{r_p}$：组合的预期收益率；x_i：组合中的股票初始投资比重；$\overline{r_i}$：股票 i 的预期收益率；N：组合中的股票种类。

表3－9

股票种类	A	B	C
投资（比例）	0.5	0.3	0.2

例如：某人投资三种股票，投资状况如表 3－9 所示，这三种股票的年预期收益率分别为 15%、10% 和 5%，则

$$\overline{r_p} = \sum_{i=1}^{3} x_i \overline{r_i} = 0.5 \times 15\% + 0.3 \times 10\% + 0.2 \times 5\% = 11.5\%$$

（2）股票组合的风险。股票组合的风险（标准差）用公式表示为：

$$\sigma_p = \left(\sum_{i=1}^{N} \sum_{j=1}^{N} x_i x_j \sigma_{ij} \right)^{\frac{1}{2}} \tag{3.4}$$

式中：σ_{ij} 表示股票 i 和股票 j 的收益的协方差。

根据统计学知识，有：

$$\sigma_{ij} = \rho_{ij} \sigma_i \sigma_j \tag{3.5}$$

式中：ρ_{ij} 为股票 i 和股票 j 的收益率之间的相关系数。

例如：有人投资三种股票，这三种股票方差—协方差矩阵如表 3－10 所示，矩阵第（I，j）位置上的元素为股票 I 与股票 j 的协方差，已知此人投资这三种股票的比例分别为 x_1 等于 0.2325，x_2 等于 0.4770，x_3 等于 0.3605。则

表 3－10

方差—协方差	A	B	C
A	146	187	145
B	187	854	104
C	145	104	289

$$\sigma_p = [x_1 x_1 \sigma_{11} + x_1 x_2 \sigma_{12} + x_1 x_3 \sigma_{13} + \cdots + x_3 x_3 \sigma_{23}]^{\frac{1}{2}}$$
$$= 16.65\%$$

通过以上分析，发现：

第一，一个股票组合的期望收益率是组合中股票的期望收益率的加权平均，以股票在组合中的相对比重为权数。

第二，股票组合的标准差依赖于各股票的标准差、投资比重以及同其他股票之间的协方差。

3. 股票有效组合。在构造资产组合时，投资者谋求在既定风险水平下具有最高预期收益的证券组合，满足这一要求的组合

称为有效组合，也称为马柯维茨有效组合。为了构造马柯维茨有效组合，组合理论对投资者的资产选择行为作出了一些假设：（1）假设只有预期收益和风险这两个参数影响投资者；（2）假设投资者是规避风险的；（3）假设投资者谋求的是在既定风险的水平下获得最高的预期收益率。

马柯维茨有效组合的构造在实际应用中，是在给定证券组合风险水平的条件下，来确立是最大的预期收益率，是运用二次非线性规划得到有效组合。如图 3-2 所示。

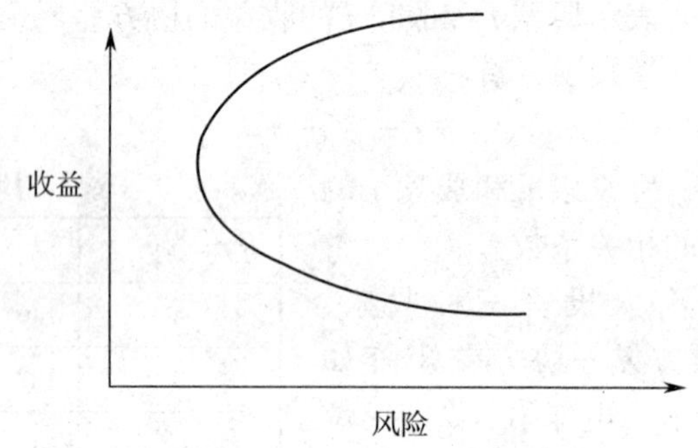

图 3－2　马柯维茨有效组合

可行的证券组合是抛物线及其内部，马柯维茨有效组合是均值—方差有效证券组合，是可行的证券组合边界的上半部分。这是因为上半部分边界上的每一点在给定的风险水平上都有着最大的预期收益率，马柯维茨有效证券组合的集合有时又叫作马柯维茨有效边界。

在构建出马柯维茨有效证券组合的集合后，如何确立最优股票组合，取决于投资者对于风险和预期收益之间的交换关系偏好或效用，即如何估计投资者的效用函数从而确立出最优的股票组合。

4. 市场模型。假设一种普通股票在一定时期内收益率与某一市场指数的收益率相联系，用数学模型表示如下：

$$r_i = \alpha_i + \beta_i \overline{r_0} + \varepsilon_i \tag{3.6}$$

式中：r_i：股票 i 的回报率；$\overline{r_0}$：某一市场指数的回报率；α_i：截矩项；β_i：斜率项；ε_i：随机误差项。

市场模型中的斜率项 β_i 常常被称为贝塔值（Beta），它等于：

$$\beta_i = \sigma_{i0}/\sigma_0^2 \tag{3.7}$$

式中：σ_{i0}：股票 i 与市场指数回报率的协方差；σ_0^2：市场指数回报率的方差；β_i：股票 i 相对于市场指数收益率的敏感性。

5. 分散化。根据市场模型，任何股票的总风险都用方差来测定。它由两个部分组成：（1）市场风险（或系统风险）；（2）个别风险（或非系统风险）。即：

$$\sigma_i^2 = \beta_i^2 \sigma_0^2 + \sigma_{\varepsilon i}^2$$

式中：σ_0^2：市场指数回报率的方差；$\beta_i^2 \sigma_0^2$：股票 i 的市场风险；$\sigma_{\varepsilon i}^2$：股票 i 的个别风险。

组合的总风险表示为：

$$\sigma_p^2 = \beta_p^2 \sigma_0^2 + \sigma_{\varepsilon p}^2 \tag{3.8}$$

式中：$\beta_p^2 = [\sum_{i=1}^{N} \beta_i]^2$。

假设各股票的随机误差项之间是不相关的，即：

$$\sigma_{\varepsilon p}^2 = \sum_{i=1}^{N} x_i^2 \sigma_{\varepsilon i}^2 \tag{3.9}$$

如果投资于每种股票相等的资金数，则比例 x_i 等于 $1/N$，则：

$$\sigma_{\varepsilon p}^2 = \sum_{i=1}^{N} \left[\frac{1}{N}\right]^2 \sigma_{\varepsilon i}^2 = \frac{1}{N}\left[\frac{\sigma_{\varepsilon 1}^2 + \sigma_{\varepsilon 2}^2 + \cdots + \sigma_{\varepsilon N}^2}{N}\right]$$

当 N 变得很大时，组合的个别风险在降低。这意味着总风险在降低（见图形3－3）描述，当N大于30时，组合将有一个相对很小的个别风险，总风险略微大于市场风险。

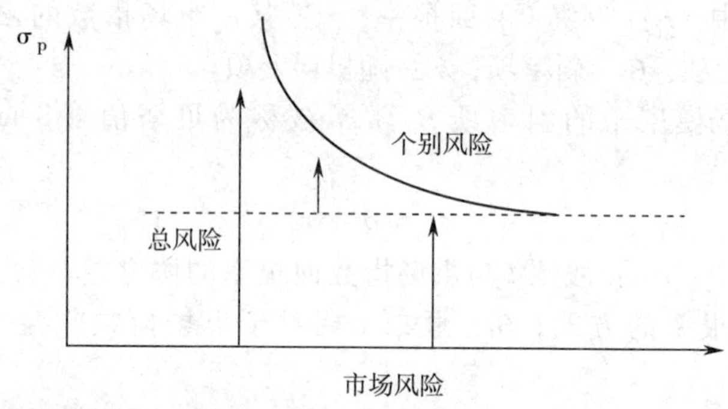

图3－3　风险与分散化

结论：（1）分散化可导致市场风险的平均化；（2）分散化可以减少个别风险。

（二）资本资产定价模型

资本资产定价模型是提供资产定价的描述性模型。它的主要含义是一个资产的预期收益率与衡量该资产风险的一个尺度贝塔值相联系。在这个均衡模型中，说明资产的价格是如何依风险而确定的。

1. 资本资产定价模型的隐含基本假设：

（1）投资者通过投资组合在某一段时期内的预期收益率和标准差来评价这个投资组合。

（2）投资者永不满足，因此，当面临其他条件相同的两种选择时，他们将选择具有较高预期收益率的那一种。

（3）投资者是厌恶风险的，因此，当面临其他条件相同的两种选择时，他们将选择具有较小标准差的那一种。

（4）每一个资产都是无限可分的，这意味着如果投资者愿意的话，他可以购买一个股份的一部分。

（5）投资者可以以一个无风险利率贷出（即投资）或借入资金。

（6）税收和交易成本均忽略不计。

（7）所有投资者都有相同的投资期限。

（8）对于所有投资者，无风险利率相同。

（9）对于所有投资者，信息是免费的并且是立即可得的。

（10）投资者具有相同预期。即他们对预期收益率、标准差和证券之间的协方差具有相同的理解。

通过考察这些假设，可以看到，资本资产定价模型将情况简化为一个极端的情形，每一个人拥有相同的信息，并且对证券的前景具有一致的看法。毫无疑问，这意味着投资者以同一种方式来分析和处理信息，证券市场是完全市场，意味着没有任何摩擦阻碍投资。潜在的阻碍，假如有限可分、税收、交易成本和无风险借入和贷出的不同利益已经被假设消除，这些假设把我们的注意力从单一的投资者转移到如果每个人采取同样的投资态度，证券价格将会是怎样的。通过考察市场上所有投资者的集体行为，我们可以获得每一种证券的风险和收益之间均衡关系的特征。

2. 资本市场线。在前面，我们解释了投资者在给定风险水平（风险用证券组合的标准差衡量）的条件下会构造具有最高预期收益率的股票组合，但我们并没有考虑在存在无风险资产（即收益率确定的资产）的条件下构造有效证券组合的可能性。

在不考虑无风险利率的条件下，证券组合的理论告诉我们，根据预期收益率和方差能够构造出马柯维茨有效证券组合。一旦引入无风险资产并假定投资者可以按无风险利率进行借贷，证券组合理论的结论就可以用图 3－4 表示出来。无风险资产和马柯维茨有效证券组合 M 的全部组合如图中切线所示，这条线从纵轴上的无风险利率引出并与马柯维茨有效边界相切，切点用 M

表示。直线上的所有证券组合对于投资者来说都是可行的，M点以左的证券组合代表风险资产和无风险资产的组合；M点以右的证券组合包括用无风险利率借入资金来购买的风险资产。

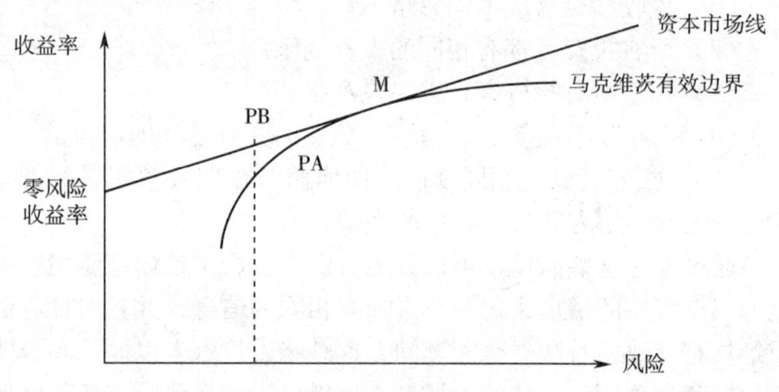

图3-4 资本市场线

现在比较一下直线上的证券组合和马柯维茨有效边界上具有相同风险的证券组合。例如，比较一下处于马柯维茨有效边界上的证券组合的PA和处于直线上的证券组合PB，它是风险资产和马柯维茨有效证券组合M的某种组合，可以看到，对于相同风险的PB预期收益率要高于PA。事实上，除了同处于马柯维茨有效边界上的M点，直线上所有的点都是如此。

认识到这一点后，我们必须对证券组合理论得出的结论——投资者在马柯维茨有效边界上选取证券组合，具体的证券组合取决于投资者的风险偏好——进行修正。在引入无风险资产后，我们现在的结论是：投资者将选择位于直线上的证券组合，这代表了按无风险利率进行的借贷和对马柯维茨有效证券的组合M进行购买的一种组合，投资者在直线上选择的具体的有效证券组合取决于投资者的风险偏好。

威廉·夏普、约翰·林特勒、杰克·特雷勒以及简·莫森等人证明了如果存在按无风险利率借款或贷款的机会，在资本市场中投资者就会更愿意持有由无风险资产和马柯维茨有效的边界上某一证券组合 M 组成的证券组合，夏普把这条从无风险利率到证券组合 M 的直线称为资本市场线（Capital Market Line, CML），这一名称在金融界沿用至今。

资本市场线的斜率等于市场组合的预期收益率的无风险利率的差（$\bar{r}_m - r_f$），除以它们风险的差（$\sigma_m - 0$），即（$\bar{r}_m - r_f$）$/\sigma_m$，因为资本市场的截距为 r_f，资本市场线具有如下方程式：

$$\bar{r}_p = r_f + \left[\frac{\bar{r}_m - r_f}{\sigma_m}\right]\sigma_p \tag{3.10}$$

在这里，$\bar{r}_p$ 和 σ_p 表示一个有效组合中的预期收益率和标准差。例如，与无风险利率 4% 相联系的市场组合的预期收益率和标准差分别为 22.4% 和 15.2%，最终的资本市场线的方程式为：

$$\bar{r}_p = 4 + [(22.4 - 4) \div 15.2]\sigma_p = 4 + 1.21\sigma_p$$

证券市场的均衡可以用两个关键数字来描述，一个是资本市场线的截距（也就是无风险利率），另一个是资本市场线的截距，它常被称为承担每单位风险的回报。本质上，证券市场提供了一个场所，在这里，时间和风险都有价格可循，可以进行交易，而它们的价格将由供需力量的对比决定。因此，资本市场线的截距和斜率可以分别看作时间和风险的价格，在此例中，它们分别等于 4% 和 1.21%。

3. 证券市场线。资本市场线代表有效组合预期收益率和标准差之间的均衡关系。单个的风险证券始终将位于该线的下方，因为单个的风险证券本身是一个非有效的组合，资本资产的定价模型没有暗示任何单个证券的预期收益率与标准差之间的分析。在资本资产定价模型中，每一投资者持有市场组合的资金比例，每一证券对市场的斜率，进一步影响到其他投资市场的资金比例。每一证券对市场组合标准差的贡献取决于它同市场组合协方差的关系。相应地，每一个投资者也将发现，对每一个证券的相对风险的度量是它与市场组合风险的协方差。这意味着，具有较大协方差值的证券将被投资者认为对市场组合的风险有较多的贡献；它同样意味着，不能认为那种具有较大标准差的证券，相对于那种具有较小标准差的证券，必然就会给市场组合增加更多的风险。

从这样的分析中可以得出结论，那些具有较大协方差值的证券必须按比例地提供更大的预期收益率以吸引投资者。为了弄清其原因，考虑如果有某种股票没有给投资者提供相应比例的预期收益率的话，将会发生什么样的情况呢？此时，这些证券将给市场组合带来风险，但同时，却没有按相应的比例给市场组合提供预期收益率；还意味着，如果将这些证券从市场组合中删除的话，将会导致市场组合的预期收益率相对于其标准差出现上升。由于这一原因，市场组合将不再是最佳风险组合，于是证券价格将偏离均衡。

风险和收益率之间的均衡关系的公式如下：

$$\bar{r}_i = \bar{r}_f + \left[\frac{\bar{r}_m - r_f}{\sigma_m^2}\right]\sigma_{im} \tag{3.11}$$

(3.11）式代表一条直线，其截距为 r_f。斜率为［$(\bar{r}_m - r_f)/\sigma_m^2$］，斜率为正。这个等式表明，那些与市场有较大协方差（σ_{im}）的证券将被认为具有较高的预期收益率（r_i）之间的关系即为大家所知的“证券市场线”。(SML)

$$\beta_i = \frac{\sigma_{im}}{\sigma_m^2}$$

则：

$$\bar{r}_i = \bar{r}_f + (\bar{r}_m - r_f)\beta_i \tag{3.12}$$

即为贝塔系数。对于证券而言，β_i 也是表示证券的协方差的另一种方法，公式是证券的市场信息线的另一表达形式，这就是 CAPM 的形式。与前一种表达式不同的是它的斜率不同，前者是（$\bar{r}_m - r_f$）$/\sigma_m^2$，后者是（$\bar{r}_m - r_f$）。一个组合的贝塔值是它的各成分证券的贝塔值的加权平均，而权数即为各成分证券的比例。

从理论上说，CAPM 至少可以有两种用途，即资产估值和资源配置。

（1）资产估值，在 SML 线上的各点，或者说根据 CAPM 计算出来的资产预期收益，是资产的均衡价格，即市场处于均衡毕竟是相对的，在竞争因素的推动下，市场永远处于由不均衡向均衡转化，再到均衡被打破的过程中。因此实际市场中的资产收益率往往并非均衡收益率，可能比其高，也可能比其低。如果我们相信用 CAPM 计算出来的预期收益是均衡收益的话，我们就可以拿它与实际资产收益率进行比较，从而发现价值高估或低估的资产，并根据低价买入、高价卖出的原则来指导投资行为。

（2）资源配置。CAPM 的思想在消极的和积极的组合管理中应用。在消极的资产组合管理中，根据 CAPM，投资者可以按照自己的风险偏好，选择一种或几种无风险资产和一个风险资产的市场组合进行资源配置，只要投资偏好不改变，资产组合的风险就可以不变。

（三）套利定价模型（APT）

资本资产定价模型描述了预期收益率与风险（贝塔值）之间的关系，它要求大量的假设。而由罗斯于 1976 年建立的套利定价理论则使用较少的假设来解释资产定价的理论模型。

1. 因素模型。因素模型是一种统计模型，这是将现象的变化和与之有联系的因素建立一种模型，在套利定价模型中是将股票的收益率与未知数量的未知因素相联系，即利用因素模型来描述资产价格的决定因素和均衡价格的形成机理，这在套利定价理论的假设条件和套利定价模型中都清楚地体现出来了。

2. 套利组合。根据套利定价理论，投资者会竭力发掘构造一个套利组合的可能性，以使在不增加风险的情况下，增加组合的预期收益率。那么，如何才能构造一个套利组合呢？一般而言，套利组合必须同时具备以下三个特征。

（1）它是一个不需要投资者任何额外资金的组合。

（2）套利组合对任何因素都没有敏感性，因为套利组合没有因素风险。严格地讲，除了因素风险等于零以外，一个套利组合的非因素风险也应该等于零。但是，套利组合的非因素风险实际上常常会大于零，只是其数量非常小，套利定价理论认为可以忽略不计。

（3）套利组合的预期收益率必须是正值。

当一个组合的投资权重可以同时满足上述三点要求时，该组合就是一个套利组合。这样一个套利组合对任何一个渴望高收益且不关心非因素风险的投资者都是有吸引力的。因为这不需要任何额外资金，没有任何因素风险，却可以带来正常预期收益率。

3. 套利定价模型的假设。套利定价模型的假设条件和价格形成过程与 CAPM 不同，但两者也有相同的假设，包括：投资者都有相同的预期；投资者追求效用最大化；市场是完美的；收益由一个因素模型产生。

APT 的最基本假设就是投资者都相信证券 i 的收益随意受 k 个共同因素的影响，证券 i 的收益与这些共同因素的关系可以用下面这个 k 因素模型来表示：

$$r_i = E(r_i) + \beta_{i1}F_1 + \beta_{i2}F_2 + \cdots\cdots + \beta_{ik}F_n + \varepsilon_i \quad (3.13)$$

（3.13）式中，r_i 是任意一种证券 i 的收益，$E(r_i)$ 是证券 i 的预期收益，包含了到目前为止所有可知的信息；β_i 是证券 i 相对于 k 因素的敏感度；ε_i 是误差项，也可认为是只对个别证券收益起作用的非系统因素：F 是对所有资产都起作用的共同因素，也称系统因素。

由于已知的信息都已包含在 $E(r_i)$ 之中，所以，这里的 F 因素都是不可测的，如果有意外发生，就会改变 r_i 和 $E(r_i)$ 之间的关系，如果没有意外发生，从 $\beta_{i1}F_1$ 到 $\beta_{ik}F_n$ 就将都是零。由于是随机变量，所以 $E(F_n)=0$。不过，APT 模型并不限制有多少因素以及这些因素是什么类型的问题。

4. 套利定价模型和因素模型并没有对均衡状态进行描述。当我们把上述因素模型转换成一个均衡模型的时候，我们讨论的就是证券的预期收益，根据上述对市场套利行为及其影响的分析，罗斯是基于以下两个基本点来推导 APT 模型的。

（1）在一个有效率的市场中，当市场处于均衡状态时，不存在无风险的套利机会。

（2）对于一个高度多元化的资产组合来说，只有几个共同因素需要补偿，证券 i 与这些共同因素的关系为：

$$E(r_i) = \lambda_0 + \beta_{i1}\lambda_1 + \beta_{i2}\lambda_2 + \cdots\cdots + \beta_{ik}\lambda_k \qquad (3.14)$$

这便是套利定价模型，其中 λ_k 是投资者承担一个单位 K 因素风险的补偿额，风险的大小由 β_{ik} 表示，当 K 因素都不敏感时，这个资产或资产组合就是零 β 资产或资产组合。假设资产组合 p_1 只与因素有 1 个单位的敏感度，即 $\beta_{i1}=\beta_{i2}=\wedge=\beta_{ik}=0$，则

$$E(r_{p1}) = \lambda_0 + \lambda_1$$
$$\lambda_1 = E(r_{p1}) - \lambda_0 \qquad (3.15)$$

这就是说，风险补偿可以被理解为预期收益超过零 β 资产组合，p_1 被称为单因素资产组合，以此类推其他 λ 值后，我们可以把上面的 APT 模型改写为下式：

$$E(r_i) = \lambda_0 + \beta_{i1}[E(r_{p1}) - \lambda_0] + \beta_{i2}[E(r_{p2}) - \lambda_0] + \cdots\cdots + \beta_{ik}[E(r_{pk}) - \lambda_0] \qquad (3.16)$$

显然，资产 i 预期收益的计算取决于以下两点：

（1）确定系统因素，准确估计各 β 值；

（2）确定各单因素资产组合的预期收益。

下面是建立单因素资产组合的例子。

在一个多元化的资产组合中，由于各资产的某种因素有着不同的敏感度，因此，从理论上说，我们可以通过对资产进行适当的组合而使资产组合对这一因素的敏感度即β值为1或0。

已知A、B、C、D四个资产的β值如表3-11所示。

表3-11 A、B、C、D四个资产的β值

	A	B	C	D
β_1	0.5	-1.9	-3.3	3
β_2	0.7	-2.9	2.3	-0.4

我们可以通过$x_a=10\%$，$x_b=10\%$，$x_c=29\%$，$x_d=60\%$的组合，使该资产组合对第一个因素的β值等于1，即：

$$B_{p1}=0.5\times0.1+(-1.97)\times0.1+(-3.3)\times0.2+3\times0.6=1$$

这样的组合还可以使资产组合对第二个因素的敏感度为零。即：

$$B_{p2}=0.7\times0.1+(-0.9)\times0.1+2.3\times0.2+(0.4)\times0.6=0$$

5. 因素个数确立。套利定价理论没有回答的问题是确定被定价的因素的个数，以及有哪种因素在估计预期收益率时必须被包含进去。起初，有几位研究人员对证券的收益率进行了研究，估计一般需要3~5个因素，紧接着，有许多人试图确定这些因素。比如，陈罗尔和罗斯在一篇论文中确定了下列因素：（1）工业产值增长率；（2）通货膨胀率；（3）长期和短期利率的差额；（4）低级和高级债券的差别。

在另一篇由伯雷、鲍梅斯特和麦克埃罗依所写的论文中，确定了5个因素，其中有3个因素接近于上面的后3个因素，另外2个因素是社会总销售增长率和标准普尔500指数的收益率。

还有所罗门公司所用的5个因素，他们用这些因素建立了他们所称作的基本因素模型。其中只有一个因素，即通货膨胀率与其他人确定的因素相同，其余的因素是：（1）国民生产总值；

（2）利率；（3）石油价格变化率；（4）国防开支增长率。

综合起来看，这三组因素有一些共同的特征。首先，它们包括一些总体经济活动指标（工业产值、总销售额和国民生产总值）；其次，它们包括通货膨胀因素；第三，它们包括利率因素（或差额或利率本身）。之所以如此，是因为考虑到这样一个事实，证券价格被视为等于未来红利的贴现值，通过因素，将这种直觉得以实现，未来红利将与总体经济活动相联系，而用来计算现值的贴现率将与通货膨胀和利率相关。

6. 套利定价理论的作用。如果把套利定价理论用于消极的组合管理的话，投资者可以在已确定因素的情况下，建立一个最佳风险组合的资产组合，即β值的最佳组合。这种策略对只包含几种不同资产的组合合适，因为它充分利用了不同类型资产对不同因素变动具有不同敏感度的特点。例如，债券和股票的收益率一般对利率因素的反应是相反的，零售业的股票比一般股票对通货膨胀率更敏感等。所以，当资产组合很大的，各组合部分的特殊风险就可以被分散掉了。

在积极的资产组合管理中，可以利用对因素非预期波动的挖掘，判断资产价值是被高估还是低估来选择资产，调整资产组合。例如，如果公认的通货膨胀率为3%，而组合管理者预测其应该为1%的话，对该组合的管理者来说，意外的通货膨胀率是-2%，投资者依此估算的资产收益率就会低于市场公认的收益率。投资者要据此调整资产组合，卖出价值被高估的资产，如果该组合管理者的预测被证明是正确的，他获得的利润就是超额利润。

第三节　债券市场统计分析

对于债券市场的统计分析表明，在投资债券前期和后期的任务并不相同。在投资前推算债券的真正价值或内在价值，进而与债券的市场价格相比较，计算预期收益率并同时估算投资债券的风险；而在投资后期则要更多地对投资收益进行评价。因此，债券市场统计分析包括债券的内在价值的统计确定、债券风险的统计测定，以及债券投资收益统计评价和分析。债券投资收益统计评价和分析与后面将要讲述的基金业绩评价类似，这里就不再展开了。

一、债券的内在价值的统计分析

影响债券定价的内部因素主要有：债券发行主体的信用水平、债券期限的长短、票面利率、提前赎回规定、税收待遇、流通性等。影响债券定价的外部因素主要有银行利率、市场利率等。

（一）债券的定价原理

1. 对于付息债券而言，若市场价格等于面值，则其到期收益率等于票面利率；如果市场价格低于面值，则其到期收益率高于票面利率；如果市场价格高于面值，则其到期收益率低于票面利率。

2. 债券的价格上涨，到期收益率必然下降；债券的价格下降，到期收益率必然上升。

3. 如果债券的收益率在整个时期内没有变化，则说明其市场价格日益接近面值，且接近的速度越来越快。

4. 债券收益的下降会引起债券价格的提高，且提高的金额在数量上会超过债券收益率以相同幅度提高时所引起的价格下跌金额。

5. 如果债券的息票利率较高，则因收益率变动而引起的债券价格变动百分比会较小（注意：该原理不适用于1年期债券或终生债券）。

（二）债券的基本价值评估

收入的资本化定价方法认为，资产的内在价值是投资者预期所获货币收入的现值，即投资者未来所获的预期收入按某一适当折算率折算的现值。债券的预期货币收入有两个来源：持有期所获息和票面额。

1. 按单利计算且一次还本付息债券的价格决定公式：

（1）设债券的票面价格为 M，票面利率为 i，所持期间为 n 年，则该债券的未来预期货币的收入为到期所获利息 M_{in} 与票面额 M 的和，即：

$$M + M_{in} = M(1 + in) \tag{3.17}$$

（2）投资者认为的合适折算率为 r，则该债券的内在价值为（贴现值）P：

$$P = \frac{M(1 + in)}{(1 + r)^n} \tag{3.18}$$

若上述债券的利息按复利计算，且仍一次还本付息，则债券的价格决定公式为：

$$P = \frac{M(1 + i)^n}{(1 + r)^n} \tag{3.19}$$

2. 一年付息一次债券的估价公式：

对于按期付息的债券来说，预期货币收入有两个来源，到期日前定期支付的息票利息和票面额。对于一年付息一次的债券来说，若所余的利息支付次数为 n，则为：

单利计算，其价格决定公式为：

$$P = \frac{Mi}{1 + r} + \frac{Mi}{(1 + r)^2} + \frac{Mi}{(1 + r)^3} + \cdots\cdots + \frac{Mi}{(1 + r)^n} + \frac{M}{(1 + r)^n}$$

$$= Mi\sum_{t=1}^{n} \frac{1}{(1 + r)^t} + \frac{M}{(1 + r)^n} \tag{3.20}$$

若按复利计算，其价格决定公式为：

$$P=\frac{Mi}{1+r}+\frac{M(1+i)^2-M(1+i)}{(1+r)^2}+\frac{M(1+i)^3-M(1+i)^2}{(1+r)^3}$$

$$+\cdots\cdots+\frac{M(1+i)^n-M(1+i)^{n-1}}{(1+r)^n}+\frac{M}{(1+r)^n}$$

$$=M\sum_{t=1}^{n}\frac{(1+i)^t-(1+i)^{t-1}}{(1+r)^t}+\frac{M}{(1+r)^n}$$

$$=Mi\sum_{t=1}^{n}\frac{(1+i)^{t-1}}{(1+r)^t}+\frac{M}{(1+r)^n} \tag{3.21}$$

3. 一年付息多次债券的估价公式。对于一年付息多次的债券来说，由于每年会收到多次利息支付，因此，在计算其价格时，要根据其年利率和年折算率计算每次的付息利率和折算率。

在实际中，若已知每次的付息利率和折算率，则可先将每次付息的间隔视为一年，按上述一年付息一次的估价公式计算，然后再进行相应的换算即可。

若某债券一年付息 q 次，每次付息利率为 i，折算率为 r，则以单利计算利息的债券价格决定公式为：

$$P=Mi\sum_{t=1}^{n}\frac{1}{(1+r)^t}+\frac{M}{(1+r)^n} \tag{3.22}$$

注意：这里的 i 为每次付息利率，r 为一年付息多次的折算率，n 为总的付息次数。

若设年利率为 I，相应折算率为 R，剩余年数为 N，则有：

$$N=\frac{q}{n}$$

$$I=ni$$

$$R=(1+r)^q-1 \tag{3.23}$$

对于复利计算利息的债券，可以进行同样的处理。若某债券一年付息 q 次，每次付息利率为 i，折算率为 r，利用（3.21）式的基本原理可以推出其计算公式，即：

$$P = Mi\sum_{t=1}^{n}\frac{(1+i)^{t-1}}{(1+r)^{t}} + \frac{M}{(1+r)^{n}} \tag{3.24}$$

一年付息 q 次的复利情况也可以转换成年度参数来计算，但要保持一年付息 q 次的计算参数与年度计算参数的内在关系的一致。它们之间的换算关系是：

$$N = qn, I = \left(\sum_{m=1}^{q}(1+i)^{m}\right)-1, R = (1+r)^{q}-1 \tag{3.25}$$

下面举一个例子说明。

有四种债券 A、B、C、D，面值均为 1000 元，期限都是 3 年。其中，债券 A 以单利每年付息一次，年利率 8%；债券 B 以复利每年付息一次，年利率为 4%；债券 C 以单利每年付息 2 次，每次利率为 4%；债券 D 以复利每年付息两次，每次利率为 2%，试比较这几种债券的投资价值。

投资者认为未来 3 年的年折算率（贴现率）为 $r=8\%$。

债券 A 的投资价值为：

$$\begin{aligned} P_{\mathrm{A}} &= Mi\sum_{t=1}^{n}\frac{1}{(1+r)^{t}} + \frac{M}{(1+r)^{n}} \\ &= 1000 \times 8\%\left(\sum_{t=1}^{3}\frac{1}{(1.08)^{t}}\right) + \frac{1000}{1.08^{3}} \\ &= 206.16 + \frac{1000}{1.08^{3}} \end{aligned}$$

债券 B 的投资价值为：

$$\begin{aligned} P_{\mathrm{B}} &= Mi\sum_{t=1}^{n}\frac{(1+i)^{t-1}}{(1+r)^{t}} + \frac{M}{(1+r)^{n}} \\ &= 107.05 + \frac{1000}{1.08^{3}} \end{aligned}$$

债券 C 的投资价值为：

由 $R=(1+r)^{q}-1$，$R=0.08$ 得债券 C 的每次计息折算率 $r=0.03923$，从而：

$$P_C = Mi\sum_{t=1}^{n}\frac{1}{(1+r)^t}+\frac{M}{(1+r)^n}$$

$$=1000\times 0.04\times\sum_{t=1}^{6}\frac{1}{(1+0.03923)^t}+\frac{1000}{(1.08)^3}$$

$$=210.21+\frac{1000}{(1.08)^3}$$

债券 D 的投资价值为：

由 $R=(1+r)^q-1$，$R=0.08$ 得债券 D 的每次计息折算率 $r=0.03923$，从而：

$$P_D = Mi\sum_{t=1}^{n}\frac{(1+i)^{t-1}}{(1+r)^t}+\frac{M}{(1+r)^n}$$

$$=1000\times 0.02\sum_{t=1}^{6}\frac{(1+0.02)^{t-1}}{(1+0.03923)^t}+\frac{1000}{(1+0.08)^3}$$

$$=110.2584+\frac{1000}{(1+0.08)^3}$$

可见，四种债券的投资价值由高向低依次为 C、A、B、D。

二、债券的违约风险的统计测度

某些财务比率和现金流量一直被认为是可以作为预测企业债务违约的指标。有统计分析表明，预测企业债务违约的最精确的方法涉及到用企业的某些财务的比率来计算企业的违约风险等级，这一违约风险等级被称为 Z 指标，其计算公式如下：

$$Z = 1.2X_1+1.4X_2+3.3X_3+0.6X_4+0.99X_5 \tag{3.26}$$

其中 X_i 的数值可以从企业最近的财务报表中计算获得，其含义如下：

X_1 = （流动资产 - 流动负债）/总资产

X_2 = 留存收益/总资本

X_3 = 税息前利润/总资本

X_4 = 股票市值/总债务账面值

X_5 = 销售收入/总资本

当一个企业的 Z 指标低于1.8时，就可以认为该企业很有可能违约，企业的指标越低，其违约的可能性也就越大。

第四节　基金市场统计分析

在基金市场上选择基金投资时，基金资产净值和它的历史业绩是重要的参考依据。因此，基金市场的统计分析的内容就是基金资产净值统计和基金的业债评价。主要从以下几个方面衡量。

一、基金资产净值统计

基金资产净值指某一时点上某一投资基金每份基金单位实际代表的价值，是衡量一个基金经营好坏的主要指标。基金资产净值反映了基金单位价格的内在价值，是决定基金市场价格的最主要因素。

基金资产净值的计算包括基金资产净值总额的计算和基金单位资产净值的计算。

1. 基金资产净值总额的计算：

基金资产净值总额 = 基金资产总额 - 基金负债总额

基金资产总额包括基金投资资产组合的所有内容：

（1）对于基金持有的上市股票，以计算日的收盘价计算；对于持有的未上市股票，由指定的有资格的会计师事务所或资产评估机构测算。

（2）基金持有的债券，已上市的，以计算日的收盘价为准；未上市的，一般以面值加上至计算日的应收利息为准。

我国对于证券投资基金资产计算的规定是，对于已上市交易的股票和债券，按计算日的平均价计算；对于未上市的股票，按成本价计算。

基金负债总额包括的内容有：

（1）以基金契约规定至计算日为止，对基金托管人和基金管理人应付而未付的报酬。

（2）其他应付款，如应付税金等。

2. 基金单位资产净值的计算：

基金单位资产净值 = 基金资产净值总额 ÷ 基金发行总量

下面举一个例子加以说明。

某证券投资基金的基金规模为 20 亿份基金单位。若某时点该基金有现金 5.4 亿元，其持有的股票 A（3000 万股）、B（1500 万股）、C（1000 万股）的市价分别为 15 元、20 元、30 元。同时，该基金持有的 5 亿元面值的某种国债的市值为 5.6 亿元。另外，该基金对其基金管理人有 100 万元应付未付款，对其基金托管人有 50 万元应付未付款，则该基金的单位资产净值的计算步骤如下：

（1）基金总资产：

$$54000+15\times3000+20\times1500+30\times1000+56000=215000（万元）$$

（2）基金总负债：

$$100+50=150（万元）$$

（3）基金总净值：

$$215000-150=214850（万元）$$

（4）基金单位净值：

$$214850\div200000=1.0743（元）$$

二、基金的业绩评价

（一）资产的净增长率分析

比较某特定期间同类型基金自期初至期末的资产净值涨跌幅，是衡量基金业绩的最基本方法。另外，还可以以股票指数在该期间的涨跌变化为基础，比较基金资产净值的涨跌幅是否高于股票指数的涨跌幅，即是否可以“打败指数”。如果某基金在指数上扬时，资产净值涨幅均能超过同类型的基金和指数的涨幅，反之，在指数下跌时，净值跌幅又低于同类型基金及指数的跌幅，那么，说明该基金的管理人对于市场行情的掌握及选股方面有独到之处，投资者应该选择其管理的基金。

（二）风险分析

基金同其他投资一样，是风险与收益并存。因此单独的资产净值增长率指数不能反映基金的投资风险，不能全面衡量基金的业绩，因此，还要引入一个反映基金投资风险的指数，即风险平均数。

至于风险平均数，先用过去36个月的净收益率减去国库券月收益率以计算出基金的超常收益率，然后将负的超常收益额加总后取绝对值除以36就得到基金收益下滑风险的测度值。

例如，假设某风险测度值仅算6个月的，并有如表3－12所示的收益率：

表3－12　某基金的收益率

月　份	基金收益率（%）	国库券收益率（%）	收益率差额（%）
1	4.0	0.5	3.5
2	－2.0	0.5	－2.5
3	0.4	0.6	－0.2
4	5.0	0.6	4.4
5	－3.0	0.6	－3.6
6	1.0	0.7	0.3

3 个负的超额收益率 -2.5%、-0.2% 和 -3.6% 加起来得到 -6.3%，用 6 除就得到下跌的风险 1.05。

晨星公司利用它的风险评价系统为所有相似基金计算下跌风险，于是可以得到这些基金的总平均值，然后用基金的下跌风险除以这一总平均值，结果就是基金相对风险测度值。假设上例中，该测度值为 0.65，表明在 3 年期中该基金比平均风险水平低 35%。再根据基金的风险在所有相似基金中的排名，利用晨星评级系统的 5 种级别（见表 3-13），例如该基金排名 30，则风险星级为 4 组，属于风险较小的基金。

表 3-13 晨星评级系统的 5 种级别表

星 级	百 分 级	收益率级	风 险 级
5	1~10	最高或高	最低或低
4	11~32.5	平均水平上	平均水平以下
3	33.5~67.5	平均水平上	平均水平
2	68.6~90	平均水平以下	平均水平以上
1	91~100	最低或低	最高或高

另外，利用现代资产组合理论，反映股票市场的 α、β 和 R^2 等统计量也可以作为评价基金业绩的尺度，如夏普比率即单位风险的超额收益率，它说明单位风险的收益率越高其经营越好。

（三）单位风险报酬率分析

单位风险报酬率等于资产净值增长率除以资产净值标准差，表示投资者每承担一单位风险所得到的报酬。单位风险报酬率越高，说明基金的经营越好。

第四章　外汇市场与汇率统计分析

第一节　外汇市场和外汇收支统计

一、外汇的概念

外汇有动态和静态两种表述形式。外汇的动态含义，是指一个国家（或地区）的货币借助于各种国际结算工具，通过特定的金融机构，兑换成另一个国家（或地区）的货币，以清偿国际间债权债务关系的一个交易过程。这是最初的外汇概念，但现在人们提到外汇时，通常指它的静态含义。

外汇的静态含义，也有广义和狭义之分。广义的静态外汇，指一切用外币表示的资产，包括：外国货币，如钞票、铸币等；外币有价证券，如政府公债、国库券、公司债券、股票、息票等；外币支付凭证，如外国汇票、本票、支票；外币存款凭证，如银行存款凭证、邮政储蓄凭证；其他外汇资金。狭义的静态外汇是指以外币表示的可用于进行国际间结算的支付手段。按照这一概念,只有存放在国外银行的外币资金,以及将对银行存款的索取权具体化了的外币票据,才构成外汇。人们通常所说的外汇就是指这一狭义的概念,包括以外币表示的银行汇票、支票、银行存款等。

二、外汇市场

（一）外汇市场的概念与分类

外汇市场是指进行外汇买卖的交易场所或网络，是外汇供给者、外汇需求者以及买卖外汇的中介机构所构成的买卖外汇的交易系统的整体。

外汇市场按组织形式可以划分为无形市场和有形市场。无形市场也叫抽象市场，因为它没有具体的交易场所，没有统一的交易时间，买卖双方也不需要面对面交易，所有交易都是通过电话、电报、电传等通讯工具来完成。英国、美国、加拿大、瑞士等国家的外汇市场都采取这种方式，所以这种方式也叫做英美体系，是外汇市场的主要组织形式。有形市场也叫大陆体系，因其主要流行于欧洲大陆而得名，如法国、荷兰、意大利等国的外汇市场均采用此方式。这种交易有具体的交易场所，交易双方于每个营业日规定的营业时间集中在交易所进行交易。这种方式的外汇市场交易目的非常有限，主要用于调整即期的外汇头寸，决定对顾客交易的公定汇率，所以不是外汇市场的主要组织方式。

外汇市场按经营范围的不同，可以划分为国内市场和国际市场。国内市场的外汇交易仅限于国内银行彼此之间或者国内银行与国内居民之间，不允许国外银行或其他机构参与，当地中央银行的管制较严，在市场上使用的货币也仅仅局限于本币与少数几种外币。国际市场则是各国银行或企业按规定均可参加外汇交易，而且交易的币种多，交易规模大，市场网络辐射面广。纽约、伦敦、东京、法兰克福、新加坡等就属于国际外汇市场。

外汇市场按外汇买卖双方性质的不同，可以划分为外汇批发市场和外汇零售市场。外汇批发市场指银行同业之间的外汇交易市场，包括同一市场上各银行之间的外汇交易、不同市场上各银行之间的外汇交易、中央银行同商业之间的外汇交易，以及各国中央银行之间的外汇交易。外汇零售市场指银行同一般客户间的外汇交易市场，交易额一般相对较小。

（二）外汇市场的参与者

1. 中央银行。各国政府为了防止国际短期资金大量流动对外汇市场的猛烈冲击，往往通过中央银行对外汇市场进行干预，即在市场外汇短缺时大量抛售，外汇过多时大量买入，从而使本币汇率不至于发生过于剧烈的波动。因此中央银行不仅是外汇市场的参与者，而且还是实际操纵者。

2. 外汇银行。外汇银行也叫外汇指定银行，指经过本国中央银行批准，可以经营外汇业务的商业银行或其他金融机构。可以分为三种类型：专营或兼营外汇业务的本国商业银行；在本国的外国商业银行分行；其他经营外汇买卖业务的本国金融机构，如信托投资公司等。外汇银行在外汇市场上既可以通过尽可能地为客户提供全面的服务如代客户进行外汇买卖等从中获益，也可以用自有的外汇资金或银行信用在外汇市场上直接进行买卖，以调整本身的外汇头寸或进行外汇投机买卖，使外汇资产保持在合理的水平，或赚取投机的利润。

3. 外汇经纪人。外汇经纪人指为外汇交易双方介绍交易以获得佣金的中间商人，其主要是利用自身掌握的外汇市场各种行情和与银行的密切关系，向外汇买卖双方提供信息，以促进外汇交易的顺利进行。外汇经纪人有三种类型：（1）一般经纪人，指那些充当外汇交易的中介同时又亲自参与外汇买卖以赚取利润者；（2）经纪公司，指那些资本实力雄厚，既充当商业银行间外汇买卖中介，又从事外汇买卖业务的公司；（3）跑街经纪人，指那些本身不参与外汇买卖而只充当中介赚取佣金的经纪人。

4. 外汇交易商。外汇交易商是专门经营外汇交易的商号，其业务大多由信托公司或银行兼营。其交易大部分是通过外汇经纪人接洽，少数直接向银行买卖。它的经营方式主要有先买后卖、先抛后补以及同时买入和卖出。经营目的是通过外汇汇率的时间差和空间差赚取外汇。

5. 外汇投机者。外汇投机者是预计国际市场外汇汇率的变动趋势，用买空卖空的方式或买卖远期外汇的方式进行外汇交易，从中获利的机构或个人。当投机者预计某一货币的汇价将要上升，就预先买入，待上升后卖出或买入远期外汇，到期后再卖出现汇；反之，如果某一种货币汇价将要下跌，就预先卖出，待下跌后再补进或卖出远期外汇。外汇投机者既可以是外汇供给者，又可以是外汇需求者。

6. 进出口商及其他外汇供求者。进出口商从事进出口贸易活动，是外汇市场上外汇主要的和实际的需求者和供应者。出口商出口后要把外汇收入卖出，进口商则要为进口支付而购买外汇，这些都要在外汇市场上进行。其他的外汇供求者是指银行、进出口商以外的客户，主要指由运费、保险费、旅费、留学费、赠款、外国有价证券买卖、外债本息收付及其他原因引起的外汇供给者和需求者。

7. 贴现公司。贴现公司也叫贴现商号，是以买卖远期票据为主要业务的公司。票据贴现业务中，外国汇票的贴现占主要部分。贴现商号在需要资金时还将此类汇票再贴现。

（三）外汇市场的功能

1. 国际清算。国际经济交易的结果需要债务人向债权人进行支付，若债务人以债务国货币支付，则债权人需要在外汇市场上兑换成债权国货币；若债权人只接受债权国货币，则债务人需要先将债务国货币在外汇市场上兑换成债权国货币再进行支付。由此可见，外汇市场为这种国际清算提供了便利。

2. 套期保值。进出口商从签订进出口合约到实际付款或收款，通常要经过一段时间。由于外汇市场中汇率的易变性，外币债权人和债务人都要承担一定的风险，他们若不愿投机，只想用本币保持资产，就需要对这些货币资产套期保值，以确保该项资产没有头寸。套期保值就是通过卖出或买入等值远期外汇，轧平外汇头寸来保值的一种外汇业务。

3. 投机。外汇投机指根据对汇率变动的预期，有意保持某种外汇的多头或空头，希望从汇率变动中赚取利润的行为。其主要特征是，投机者进行外汇交易，并没有商业或金融交易与之对应。外汇投机利润具有不确定性，当投机者预期准确时可以赚取利润，但如果预期失误则要蒙受损失。

三、我国的外汇市场

（一）我国外汇市场的产生与发展

在改革开放以前，我国没有外汇市场。1980 年我国开办了外汇调剂业务，建立起外汇调剂市场。从严格意义上说，外汇调剂市场并不是真正的、规范化的市场，它只是一种初级形态的外汇市场。1993 年 11 月 14 日中共中央发布了《关于建设社会主义市场经济体制若干问题的决定》，明确指出“改革外汇管理体制，建立以市场供求为基础的有管理的浮动的汇率制度和统一规范的外汇市场，逐步使人民币成为可兑换货币。”按照这一总要求，1994 年外汇体制进行了重大改革。实行银行结售汇制，建立以中国外汇交易中心为运作机构的银行间外汇交易市场，统一了以前区域性分割状态的外汇调剂市场，并形成了单一的市场汇率。1994 年 4 月，我国银行间外汇市场正式运行，并在上海成立中国外汇交易中心，形成统一的外汇市场。它无论从结构、组织形式、还是交易内容和交易方式，以及管理和调控等方面都较外汇调剂市场大大向前迈进了一步，与国际规范化的外汇市场更加接近。中国外汇市场机制实行了一次质的飞跃。

（二）现阶段中国外汇市场的基本框架

从市场结构来看，它分为两个层次，一是外汇指定银行与企业之间的结售汇市场，亦称外汇零售市场，在这个零售市场，企业的外汇供求在符合国家规定的政策内均可进行买卖交易（结售汇统计将在第五章中详细介绍）；二是通过中国外汇交易系统进行的银行间的外汇交易市场，主要为银行实行结售汇后的头寸买卖服务，并生成人民币市场汇率，这是一个批发市场。在这个市场上，中央银行作为市场的会员进行公开市场操作，以实现货币政策要求和保持人民币汇率基本稳定。其运行的基本结构是：

1. 全国性的计算机网络交易系统。同国际外汇市场一样，现代化的计算机和通讯技术是银行间外汇交易市场的支撑点，通过计算机联网促成交易。目前中国外汇交易系统已连通全国 37 个中心城市，基本形成了一个覆盖全国的外汇交易系统，同时，参照国际惯例，部分地区和会员正在推行远程柜台交易，以逐步实行外汇市场的无形化。

2. 入市主体采取会员制。经国家外汇管理局批准的经营外汇业务的银行、非银行金融机构包括外资银行均可申请成为市场会员。截至 1996 年 1 月 2 日的统计显示，中国外汇交易中心经批准的入市会员有 396 家，其中自营兼代理业务的会员 235 家（包括国有商业银行 85 家，外资银行 131 家，非银行金融机构 19 家），纯代理业务会员 161 家（其中国有银行 145 家，非银行金融机构 16 家），中央银行公开市场操作室作为特殊会员，参加交易。

3. 交易币种。1994 年 4 月 1 日银行间外汇市场投入运行时，外汇市场开办了人民币对美元和港币的即期交易。为适应我国对外贸易的发展，服务于外贸、外资企业，1995 年 3 月，银行间外汇市场又开办了人民币对日元的即期交易。随着我国国际贸易的发展和外汇市场的完善，外汇市场将会不断地增开新币种和品种。

4. 交易方式。银行间外汇交易采取分别报价、撮合成交的竞价交易方式，参加交易各方并不知交易对手，由计算机交易系统按照价格优先、时间优先的原则对交易各方进行撮合。这一交易方式有利于在交易主体实力悬殊过大的情况下，保证外汇交易的公平和公正，实行价格最优化。

5. 清算方式。金融机构的外汇交易实行本外币集中清算原则。人民币实行两级清算，即各分中心负责当地会员间的清算，总中心负责各分中心的差额清算。人民币资金清算渠道通过人民银行开立的账户办理。外汇资金实行一级清算，即由总中心直接负责各交易会员之间的清算。本外币资金清算时间均为“T+1”原则。

四、外汇收支统计

（一）外汇收支统计的概念

外汇是指以外币表示的可以用作国际清偿的支付手段和资产。我们这里所指的外汇包括两部分内容：一是自由外汇，即在国际外汇市场能够自由流通转让兑换的外币或外币的支付凭证；二是记账外汇，是指为了便于两国交往结算时使用的，不能自由流通和自由兑换的支付凭证。

外汇收支是指一个国家在一定时期内（通常为一年）用对方可接受的货币必须同其他国家立即结清的各种到期支付的款项。它是以支付为基础的国际收支，是狭义的国际收支。与广义的国际收支不同的是，它只包括各种收支中必须立即结清和支付的那一部分款项。对于国际贸易和国际信贷中尚未到期和并不需要用货币计算的部分，则不列入。也就是说，它仅以有外汇收支的国际交易为对象，并不包括没有外汇收支的交易。

外汇收支统计就是一国为全面了解其在一定时间内的外汇收支平衡状况而设立的一种统计制度。自新中国建立以来，外汇一直作为经济发展中宝贵的资源倍受重视，建立在严格的外汇收支计划基础上的外汇收支统计一直作为国家经济决策的主要依据。在推进外汇体制改革不断深入的过程中，我们一直将加强外汇收支统计工作作为重要的基础性工作。随着我国国际经济环境的变化，外汇收支统计在不同的历史阶段有着不同的内涵。

（二）我国外汇收支统计制度的历史沿革

我国的外汇收支统计工作始于1950年。我国外汇收支统计制度的建立，包括外汇收支统计报表、统计指标的设置等，都与我国对外经济贸易发展状况以及当时的外汇管理方针政策密切相关。从新中国成立到目前为止，我国外汇收支统计制度的发展大致可划分为三个阶段。

第一阶段：1950年至1978年。

自新中国成立起，我国实行外汇垄断制，国家对外汇资金的收付买卖、调拨转移、进出国境实行严格管制。这一时期，我国外汇管理的重点对象是国家单位和集体组织。对这些单位的外汇收支实行计划管理，外汇资金由国家集中保管，统一支配，各单位的外汇收支均须通过银行账户，接受外汇管理机关的监管。

新中国成立后，中央人民政府指定中国人民银行为外汇管理机关，指定中国银行为外汇专业银行，办理外汇结算业务。由于中国银行是国家指定的、唯一的外汇专业银行，掌握外汇收支的资料，因此，我国的外汇收支统计最早是由中国银行建立并实行的。最初统计的报表名称为“国家外汇收支表”、“国家外汇非贸易收支情况表”。国家外汇收支统计分现汇外汇和记账外汇两部分内容，统计项目仅设置了“出口收汇”、“进口用汇”、“非贸易收入”、“非贸易支出”几大项，其中非贸易收入主要以侨汇为主。我国在50年代到60年代初的10年，正处于经济建设初期，并且由于帝国主义和资本主义国家对我国实行经济封锁，我国的对外经贸事业发展非常缓慢，年外汇收支和外汇储备的规模都很小。

第二阶段：1979年至1993年。

1979年3月国务院正式批准设立国家外汇管理局。1980年末，经国务院批准，公布实施了《中华人民共和国外汇管理暂行条例》。根据职责分工，国家外汇管理局将原来属中国银行负责汇总编报的国家外汇收支统计报表工作接管过来。为了适应新时期外汇管理的需要，国家外汇管理局进一步完善了统计指标的设置。

在这一时期，以国家外汇收支统计为基础的我国国际收支统计制度开始建立并逐步发展。随着 1980 年我国相继恢复了在国际货币基金组织和世界银行的合法地位，我国作为成员国有义务按基金要求定期向其报送数据，又由于同期我国对外经贸关系发展迅速，国际收支统计有着外汇收支统计难以替代的作用，它们分别从不同角度反映我国的对外经济状况。从 1980 年起，国家外汇管理局着手试编国际收支平衡表。1985 年 9 月，正式对外公布了我国 1982～1984 年的国际收支概览表。从这个时期起，外汇收支统计与国际收支统计两套体系并存，共同构成国家宏观经济决策的信息支持。

第三阶段；1994 年 4 月 1 日至今。

从 1994 年 1 月 1 日起，取消了外汇留成及上缴制度，实行外汇指定银行结售汇制度，实行人民币汇率并轨，并成立全国统一的银行间外汇市场。外汇指定银行依据有关外汇管理法规为境内单位及个人办理结售汇业务。外汇管理局受中国人民银行的委托，对外汇指定银行实行每日结售汇外汇周转头寸限额管理。若头寸超出管理限额，银行则须到银行间外汇市场进行平补交易，中国人民银行在银行间外汇市场设立公开市场操作室，为了货币政策及汇率政策目标实施市场干预，最终形成国家外汇储备余额的变化。与此同时，为方便企业外汇收支和资金运营，可以或经批准可以将外汇存入其在境内金融机构开立的外汇账户，这部分外汇的所有权虽然属于账户的所有者，但其保留和使用是受国家外汇管理规定制约的。根据这一制度的设计，我们不难看出，境内机构及个人外汇收支的变化就构成了我国现时期外汇市场供求以及国家外汇储备增减变化的直接原因。为此，我国先后建立了全国银行结售汇业务统计及所有境内机构及个人在境内金融机构的外汇账户的余额统计。这两套统计的项目设置，是根据新的外汇管理政策要求，划分为经常项目、资本项目等大项，下设子项。这一不同于历史的统计体系构成了我国现行的外汇收支统计体系的内容。

(三) 银行结售汇统计

银行结售汇统计是我国外汇收支统计最重要的组成部分，它是基于我国外汇管理中的银行结售汇制度而建立的。

1. 银行结售汇的概念。结汇是指外汇收入所有者将其外汇收入出售给外汇指定银行，外汇指定银行按一定汇率付给等值的本币的行为。结汇有强制结汇、意愿结汇和限额结汇等多种方式。强制结汇是指所有外汇收入必须卖给外汇指定银行，不允许保留外汇。意愿结汇是指外汇收入可以卖给外汇指定银行，也可以开立外汇账户保留，结汇与否由外汇收入所有者自己决定。限额结汇是指外汇收入在国家核定的数额内可不结汇，超过限额的必须卖给外汇指定银行。

售汇是指外汇指定银行将外汇卖给用汇单位和个人，按一定的汇率收取本币的行为。从用汇单位和个人的角度来讲，售汇又称为购汇。

付汇是指经营外汇业务的金融机构根据用汇单位和个人提供的合同或协议规定的结算方式、日期、金额，从其外汇账户或将其买入的外汇支付境外的行为。

结售汇差额是指结汇收入与售汇支出轧差后的金额。结汇收入大于售汇支出，即为顺差；结汇收入小于售汇支出，即为逆差。

2. 银行结售汇制度。1994 年初我国外汇管理体制进行了重大改革，取消外汇留成与上缴，实行银行结售汇制度；1996 年将外商投资企业纳入银行结售汇体系，年底实现人民币经常项目可兑换；1997 年 4 月起在中国银行试点远期结售汇办法，同年 10 月允许符合一定条件的中资企业保留部分经常项目外汇收入。在现行“人民币经常项目可兑换，资本项目外汇严格管理”的外汇管理框架下，我国对于经常项目和资本项目下的银行结售汇管理采取了不同的形式。

（1）除外商投资企业和部分符合条件的中资企业可保留一定限额经常项目外汇收入，居民个人、驻华机构和来华人员可保留经常项目外汇收入，以及部分经批准可以保留外汇周转金的非贸易外汇收入外，其他主体或者形式的经常项目外汇收入必须强制结汇，全部卖给外汇指定银行。

（2）境内机构可持规定的有效商业单证到外汇指定银行办理经常项目下进口和非贸易的售汇和付汇。

（3）对外借债、发债或募股和外商投资企业外汇资本项目下外汇收入可以不结汇，开立外汇专用账户或外汇资本金账户保留外汇。需要结汇时，须经外汇局审核、批准。

（4）归还外债本息、履行对外担保义务、外商投资清盘后外方资本的撤回等资本项下外汇支付实行外汇局事前核准的管理方式，凭外汇局的核准件到外汇指定银行办理售付汇。

3. 银行结售汇统计的内容。银行结售汇统计包括结汇收入和售汇支出两部分。

（1）结汇收入：是指境内机构（指所有企事业单位、机关和社会团体，含外商投资企业，下同）及个人按规定将所取得的外汇售给外汇指定银行（含外资银行，下同）及各类非银行金融机构的外汇收入。既包括直接结汇部分，也包括从外汇账户中转出后结汇部分。其主要项目有：

贸易收入：包括出口或先支后收转口货物及其他贸易行为收入的外汇；境外贷款项下国际招标中标收入的外汇；加工装配收入（指来料、来件、来样加工装配的工缴费收入和补偿贸易的外汇手续费收入）的外汇；赴境外参展样品的外汇收入；开证保证金利息收入的外汇；海关监管下境内经营免税商品收入的外汇。该项目下设国内企业和外商投资企业两个子项。

非贸易收入：包括交通运输及港口、邮电（不包括国际汇兑款）、旅游、广告、咨询、展览、寄售、维修等行业及各类代理业务提供商品或服务收入的外汇；行政、司法机关收入的各项外汇规费、罚没款；土地所有权、著作权、专利权、非专利技术、商誉等无形资产转让收入的外汇；境外投资企业汇回的利润、股息、利息等；境外资产所取得的外汇收入；国外捐赠、资助及援助收入的外汇；劳务承包收入的外汇；出租土地等房地产收入的外汇；外国驻华使领馆、国际组织、外国商社、金融、新闻等其他境外法人驻华机构的外汇收入；经营免税商品收入的外汇；保险机构受理外汇保险所取得的外汇收入；旅游行业的外汇收入；税务部门及海关的外汇税款收入；以及其他非贸易外汇收入。该项目下设以下子项：运输及港口、劳务及承包工程、国内居民外汇、房地产租赁、利润、利息、政府机构交往、外国驻华商务机构、旅游、税款收入、外商投资企业、其他非贸易收入。

资本收入：包括外汇借款（含以各种形式从境内外借入的外汇资金），发行外币债券、股票的外汇收入；出售房地产收入的外汇；境外法人或自然人作为投资汇入的外汇；外商投资企业作为投资的外汇收入。该项目下设以下子项：境外借款、出售有价证券、房地产出售、外商投资、其他资本收入。

其他收入：指不属于上述归类的外汇收入。

（2）售汇支出：指各外汇指定银行及各类非银行金融机构按规定为境内机构及个人兑付外汇的支出。其主要项目有：

贸易支出：包括实行进口配额管理或特定产品进口管理的货物进口，实行自动登记制的货物进口和其他符合国家进口管理规定的货物进口及上述进口项下的预付款、开证保证金、尾款、运保费和从属费；进料加工生产复出口商品的进口支出；转口贸易项下发生的对外支付；从保税区、保税库购买商品以及购买国外入境展品的用汇。该项目下设国内企业和外商投资企业两个子项。

非贸易支出：包括民航、海运、铁路、邮电部门的外汇支出；境外承包工程所需的投标保证金、履约金及垫付工程款；在境外举办展览、招商、培训及拍摄影视片等用汇；对外宣传费、对外援助费、对外捐赠外汇、国际组织会费、参加国际会议的注册费、报名费；缴纳国际组织会费、在境外设立代表处或办事机构的开办费和经费；国家教委国外考试协调中心支付境外的考试费；个人的非经营性非贸易用汇；外国驻华使领馆、国际组织、外国商社等境外法人或自然人的合法人民币收入要求汇出境外时的兑付；专利权、著作权、商标、计算机软件等无形资产的进口支付；临时来华的外国人、华侨、港澳台同胞出境时未用完人民币兑回外汇的支出；外商投资企业向境外汇出的利润以及其他非贸易外汇支出。该项目下设以下子项：运输及港口、劳务及承包工程、国内居民外汇、政府机构交往、外国驻华商务机构、因公出国、知识产权、外商投资企业、其他非贸易外汇支出、利息支出。

资本支出：包括偿还境内金融机构自营外汇贷款本金的兑付；偿还直接外债和外汇转（贷）款本金的兑付；境外投资资金的汇出；外商投资企业的中方投资者经批准需以外汇投入的注册资本金的外汇支付。该项目下设以下子项：偿还境外借款、偿还国内外汇贷款、购买有价证券、境外投资、外商投资企业资本汇出、其他资本支出。

其他支出：指不属于上述归类的外汇支出。

4. 数据来源渠道。设在各省、自治区、直辖市的各外汇指定银行（含外资银行，以下同）及非银行金融机构负责汇总本行及辖内分支行的统计数据（以行政区域划分），报当地外汇分局。国家外汇管理局各分局将辖内各外汇指定银行和非银行金融机构的统计数据汇总后，上报国家外汇管理总局。

在京的各中资外汇指定银行总行，将其总行营业部的统计数据直接报送外汇管理总局；设在京外的外汇指定银行总行将其总行营业部的统计数据报送当地分局。

我国1994年以来的银行结售汇情况见表4－1。

表4－1 1994～1997年银行结售汇统计表

单位：亿美元

	1994年	1995年	1996年	1997年
1. 结汇收入	1038.69	1187.20	1165.29	1527.84
其中：贸易收入	772.14	955.49	899.16	1145.90
非贸易收入	164.80	203.90	207.54	257.98
资本收入	4.83	21.69	51.50	116.23
其他收入		6.12	7.09	7.73
2. 售汇支出	667.41	935.91	879.62	1125.68
其中：贸易支出	558.96	804.48	715.30	890.77
非贸易支出	52.93	54.91	57.30	82.14
资本支出	24.38	72.30	104.14	148.06
其他支出		4.22	2.88	4.71
3. 结售汇差额	371.28	251.29	285.67	402.16

第二节 外汇市场交易价格：汇率

一、汇率概念和标价

（一）汇率概念

外汇汇率（Foreign Exchange Rate）又称外汇汇价，是不同货币之间兑换的比率或比价，也可以说是以一种货币表示的另一种货币的价格。

外汇是可以在国际上自由兑换、自由买卖的资产，也是一种特殊商品，汇率就是这种特殊商品的特殊价格。一般商品的价格是用货币表示的，人们不能反过来用商品表现货币的价格，但在国际汇兑中，不同的货币之间却可以相互表示对方的价格，因此，外汇汇率也就具有双向表示的特点，即：既可以用本币来表示外币价格，又可以用外币表示本币价格。这里，本币和外币都有同样的表现对方货币价格的功能。至于说用本币表示外币，还是用外币表示本币，则取决于一国所采用的不同标价方法。

（二）汇率标价方法

由于两种不同的货币可以互相表示，也就有两种基本的汇率标价方法：一是直接标价法，二是间接标价法。五六十年代以来，西方各国的跨国银行又普遍采用了美元标价法。

1. 直接标价法（Direct Quotation），是指以一定单位的外国货币为标准（1，100，10000 等）来计算折合多少单位的本国货币。例如，1999 年 11 月 23 日，我国国家外汇管理局公布的人民币对美元的基准汇率为：100 美元 = 827.85 元人民币，这就是直接标价法。这种标价法的特点是，外币数额固定不变，折合本币的数额根据外国货币与本国货币币值对比的变化而变化，如果一定数额的外币折合本币数量增加，即外汇升值、本币贬值；反之，如果一定数额的外币折合本币数量减少，即外汇贬值、本币升值。

除英国、美国以外，世界上大多数国家都采用直接标价法来公布汇率。

2. 间接标价法（Indirect Quotation），是指以一定单位的本国货币为标准（1，100，10000 等），来计算折合若干单位的外国货币。例如，1999 年 11 月 23 日纽约外汇市场美元对英镑的汇价为：1 美元 = 0.6172 英镑，即是间接标价法。这种标价法的特点是，本币为计价标准，固定不变，折合外币的数额根据本币与外币币值对比的变化而变化，如果一定数量的本币折合外币的数额增加，即本币升值、外币贬值；如果一定数量的本币折合外币数量减少，则为本币贬值、外币升值。

世界上采用间接标价法的国家主要是英国和美国两个国家。英国是资本主义发展最早的国家，英镑曾经是世界贸易计价结算的中心货币，因此，长期以来伦敦外汇市场上英镑采用间接标价法。二战以后，美国经济实力迅速增强，美元逐渐成为国际结算、国际储备的主要货币。为了便于计价结算，从 1978 年 9 月 1 日开始，纽约外汇市场也改用间接标价法，以美元为标准公布美元与其他货币之间的汇价，但是对英镑和爱尔兰镑仍沿用直接标价法。

直接标价法和间接标价法都是针对本国货币与外国货币之间的关系而言的。对于某个国家或某个外汇市场来说，本币以外其他各种货币之间的比价无法用直接或间接标价法来判断，实际上非本币货币之间的汇价往往是以一种国际上的主要货币或关键货币（Key Currency）为标准的。例如，二战以后由于美元是世界货币体系中的中心货币，各国外汇市场上公布的外汇牌价均以美元为标准，这种情况可称为美元标价法。

美元标价法与两种基本的标价方法并不矛盾。银行汇价挂牌时，标出美元与其他各种货币之间的比价，如果需要计算美元以外的两种货币之间的比价，必须通过各自货币与美元货币的比价进行套算，因此便产生了套算汇率(Cross Rate),又称交叉汇率。

二、汇率的种类

汇率是外汇理论与政策以及外汇业务中的一个中心内容，它虽然被概括地定义为两种货币之间的价格之比，但在实际应用中汇率可以从不同角度划分为不同的种类，或者说，汇率在不同的场合具有不同的表现形式。

（一）按汇率制定的不同方法划分，可分为基础汇率和套算汇率

基础汇率（Basic Rate）是一国所制定的本国货币与基准货币（往往是关键货币）之间的汇率。与本国货币有关的外国货币往往有许多种，但不可能使本币与每种货币都单独确定一个汇率，所以往往选择某一种主要的货币即关键货币作为本国汇率的制定标准，由此确定的汇率是本币与其他各种货币之间汇率套算的基础，因此称基础汇率。选择的关键货币往往是国际贸易、国际结算和国际储备中的主要货币，并且与本国的国际收支活动关系最为密切。二战以后美元在国际贸易与金融领域占了主要地位，因此许多国家都将本币对美元的汇率定为基础汇率。

套算汇率（Cross Rate）是在基础汇率的基础上套算出的本币与非关键货币之间的汇率。如果本币与美元之间的汇率是基础汇率，那么本币与非美元货币之间的汇率即为套算汇率，它是通过它们各自与美元之间的基础汇率套算出来的。例如，1999 年 11 月 23 日，人民币对美元的汇率为：USD100 = CNY827. 85，美元对德国马克的汇率为 USD100 = DEM189. 51，在这两个基础汇率的基础上可以套算出人民币与德国马克之间的汇率为：DEM100 = CNY436. 84［CNY827. 85 = DEM189. 51，DEM100 = CNY（827. 85 ÷ 189. 51 × 100 = 436. 84）］

目前各国外汇市场上每天公布的汇率都是各种货币与美元之间的汇率，非美元货币之间的汇率均需通过美元汇率套算出来。

（二）从银行买卖外汇的角度出发，可分为买入价、卖出价和中间价

买入价（Buying Rate），即买入汇率，是银行从同业或客户那里买入外汇时使用的汇率。

卖出价（Selling Rate），即卖出汇率，是银行向同业或客户卖出外汇时使用的汇率。

银行从事外汇的买卖活动分别以不同汇率进行，当其买入外汇时往往以较低的价格买入，卖出外汇时往往以较高的价格卖出，低价买进、高价卖出之间的差价即为银行的经营费用和利润，一般约为1%（也就是中间价上下各0.05%），具体地要根据外汇市场行情、供求关系及银行自己的经营策略而定。我国的外汇买卖差价率为0.5%。

买、卖价是从银行角度来划分的，在直接标价法下，较低的价格为买入价，较高的价格为卖出价。例如，某月某日外汇市场上美元对法国法郎汇率为：1美元=6.3550—6.3560法郎，前者（6.3550）是银行从客户手中买入1美元所付出的法郎数额；后者（6.3560）是银行卖出1美元时所收取的法郎数额，其差价为10点。而在间接标价法下则相反，价格较低的是外汇卖出价，价格较高的是买入价。例如某月某日伦敦外汇市场上美元对英镑汇率为：1英镑=1.6200—1.6210美元，则前者（1.6200）是银行收入英镑即卖出美元的价格，为卖出价，卖出1美元外汇收取0.6173英镑（1÷1.6200）；后者（1.6210）是银行付出英镑即买入美元的价格，为买入价，买入1美元付出1.6169英镑（1÷1.6210）。除买、卖价以外，还有一个中间价（Middle Rate），即买入价与卖出价的平均价。为了简洁方便，各种新闻媒介在报道外汇行情时都采用中间价，人们在了解和研究汇率变化时往往也参照其中间价。

（三）按外汇交易中支付方式的不同，可划分为电汇汇率、信汇汇率和票汇汇率

电汇汇率（Telegraphic Transfer Rate，T/T Rate）也称电汇价，是买卖外汇时以电汇方式支付外汇所使用的汇率。用电汇方式支付外汇，银行往往用电报、电传等通讯方式通知国外分行支付款项，外汇付出迅速，银行占用利息减少，因而向对方收取的价格（汇率）也就较高。现代外汇市场上多用电汇方式付出外

汇，因而电汇汇率成为一种具有代表性的汇率，也是较其他汇率较高的一种。

信汇汇率（Mail Transfer Rate，M/T Rate），也称信汇价，是银行用信函方式通知给付外汇的汇率。银行卖出的外汇需要用信函通知国外分支行付出，所用时间较长，因此需将在途利息占用扣除，汇率也就较电汇汇率为低。

票汇汇率（Demand Draft Rate，D/D Rate），也称票汇价，是银行买卖即期汇票的汇率。买卖即期汇票所需时间也较长，因而汇率较电汇汇率低。如果买卖的是远期汇票（如30天、60天期），其汇率水平决定于远期期限的长短和该种外汇升贬值的可能性。

（四）按外汇买卖成交后交割时间的长短不同，分为即期汇率和远期汇率

即期汇率（Spot Exchange Rate）也称现汇率，是交易双方达成外汇买卖协议后，在两个工作日以内办理交割的汇率。这一汇率一般就是现时外汇市场上的汇率水平。

远期汇率（Forward Exchange Rate）也称期汇率，是交易双方达成外汇买卖协议，约定在将来某一时间进行外汇实际交割所使用的汇率。这一汇率是双方以现汇率为基础约定的，但往往与现汇率有一定差价，其差价称为升水或贴水。当远期汇率高于即期汇率时我们称外汇升水；当远期汇率低于即期汇率时我们称外汇贴水。升、贴水主要产生于利率差异、供求关系、汇率预期等因素。另外，远期汇率虽然是未来交割所使用的汇率，但与未来交割时的市场汇率是不同的，前者是事先约定的远期汇率，后者是将来的即期汇率。

（五）按国际汇率制度的不同，可分为固定汇率、浮动汇率等

固定汇率（Fixed Exchange Rate）是在金本位制度下和布雷

顿森林制度下通行的汇率制度，这种制度规定本国货币与其他货币之间维持一个固定比率，汇率波动只能限制在一定范围内，由官方干预来保证汇率的稳定。目前在许多发展中国家中仍然实行固定汇率制度。

浮动汇率（Floating Exchange Rate）是本国货币与其他国家货币之间的汇率不由官方制定，而由外汇市场供求关系决定，可自由浮动，官方在汇率出现过度波动时才出面干预市场，这是布雷顿森林货币体系解体后西方国家普遍实行的汇率制度。由于各国具体情况的不同，选择汇率浮动的方式也会有所不同，所以浮动汇率制度又可以进一步地分为自由浮动、管理浮动、联合浮动、钉住浮动等等。

（六）根据纸币制度下汇率是否通过通货膨胀调整，可分为名义汇率和实际汇率

名义汇率（Nominal Exchange Rate）是由官方公布的，或在市场上通行的、没有剔除通货膨胀因素的汇率。由于纸币制度下各国都会发生不同程度的通货膨胀，货币在国内购买力因此也会有不同程度的下降，由此造成的货币对内贬值应该反映在货币的对外比价即汇率上，但现实中的汇率变化与国内通货膨胀的发生常常是相脱离的，名义汇率便是没有消除过去一段时期两种货币通货膨胀差异的汇率。

实际汇率（Real Exchange Rate）是在名义汇率的基础上剔除了通货膨胀因素后的汇率。从计算方法上，它是在现期名义汇率的基础上用过去一段时期两种货币各自的通货膨胀率（物价指数上涨幅度）来加以校正，从而得出实际的而不是名义的汇率水平及汇率变化程度。由于消除了不同货币之间存在的通货膨胀差异，它比名义汇率更能反映不同货币实际的购买力水平，由此看出，实际汇率与购买力平价（PPP）有着相似的作用和特点。

国际上汇率制度经历了演变过程。在金本位制度下，流通中

的法定货币是金币，各国发行的金铸币可以自由兑换成黄金，两种货币的汇率主要取决于它们含金量的对比。那时的汇率波幅仅限于两国之间黄金的运费、保险费加利息，这个幅度叫黄金输送点。汇率波动超过这个范围，国际间结算就会直接输送黄金进行支付，直到汇率又恢复的正常水平为止。

金本位货币制度崩溃后，纸币取代黄金进入流通领域，各国货币大都具有含金量，但不能无条件兑换黄金。汇率波动的频率、波幅加大。1944 年 7 月，国际货币基金组织在布雷顿森林会议上规定：每盎司黄金官价为 35 美元，即期外汇交易汇率波动幅度上下不得超过官价的 1%，按照各成员国货币含金量与美元含金量之比，确定与美元的法定汇率。但后来随着经济的不平衡发展，美元无力维持所规定的汇率波动幅度和 35 美元 1 盎司黄金的官价。1973 年以后，各国普遍采用了浮动汇率制，至此，取代了维持近 30 年的固定汇率制。当然，在浮动汇率制度下，也有不少的国家尤其是发展中国家仍然实行比较固定的汇率制度，货币的升、贬值主要取决于货币当局法定的汇率调整。

下面关于汇率的分析主要是基于浮动汇率制。

三、汇率的变动计算

1. 汇率变动的定义及计算。描述汇率变动的定义有四个：法定升值和法定贬值、升值和贬值。

法定升值指一国金融当局决定或国际会议决定增加该国货币的含金量，提高对外币的汇率。通常说来，法定升值是在国内经济发展较快，国际收支状况良好，特别是贸易顺差较大时，在国际的压力下不得不进行的。

法定贬值是指政府有关当局明文规定降低本国货币的含金量，提高外币汇率。这通常发生于经济状况不好，出口贸易受阻，贸易逆差严重，国际收支危机和失业问题比较严重的时候。

升值是由于外汇市场上供求关系的变化造成的某国货币对外价值的增加；贬值是由于外汇市场上供求关系的变化造成的某国货币对外价值的下降。

由于描述汇率变动的定义不止一个，因而计算方法也不尽相同，基本的计算方法是：

法定升值幅度 =（升值后的含金量/升值前的含金量 - 1）×100%

法定贬值幅度 =（1 - 贬值后的含金量/贬值前的含金量）×100%

在直接标价法下

$$本币汇率的变化（\%）=\left(\frac{旧汇率}{新汇率}-1\right)\times 100\%$$

$$外币汇率的变化（\%）=\left(\frac{新汇率}{旧汇率}-1\right)\times 100\%$$

间接标价法下

$$本币汇率的变化（\%）=\left(\frac{新汇率}{旧汇率}-1\right)\times 100\%$$

$$外币汇率的变化（\%）=\left(\frac{旧汇率}{新汇率}-1\right)\times 100\%$$

2. 综合汇率变动率。由于一国货币对每一种外币都存在着一个汇率，而对不同货币的变动也不完全是相同的，因而我们根据上述方法计算出来的结果只能表明一国货币对某一种特定的外币是升值了还是贬值了，幅度有多大，但却不能从总体上把握该国货币的汇率变动状况。要解决这个问题，需要用到综合汇率变动率的概念。

综合汇率变动率是根据一国货币和其他各国货币汇率的变动幅度，用各国在该国对外贸易中所占的比重，或各国在世界贸易中所占的比重作为权数，加权计算出的汇率变动率。

假定我们考察人民币汇率的综合汇率变动率，有关资料如下表 4 - 2 所示：

表4－2　综合汇率变动率计算

（元人民币/100单位外币）

货币名称	报告期	基期	双边贸易占中国外贸总值比重（%）
美元	828.94	831.25	20
日元	7.75	7.35	25
英镑	1250.59	1280.88	15
港币	106.36	107.68	20
德国马克	406.24	400.12	10
法国法郎	121.13	118.91	10

利用前述的公式分别计算人民币对美元、日元等外币的变动率：

对美元：（831.25/828.94－1）×100%＝0.28%，即人民币对美元升值0.28%。

对日元：（7.35/7.75－1）×100%＝－5.16%，即人民币对日元贬值5.16%。

对英镑：（1280.88/1250.59－1）×100%＝2.42%，即人民币对英镑升值2.42%。

对港币：（107.68/106.36－1）×100%＝1.24%，即人民币对港币升值1.24%。

对德国马克：（400.12/406.24－1）×100%＝－1.51%，即人民币对德国马克贬值1.51%。

对法国法郎：（118.91/121.13－1）×100%＝－1.83%，即人民币对法国法郎贬值1.83%。

将以上贸易变动按贸易比重进行加权，得到人民币汇率的综合变动率：

(0.28%×20%)＋(－5.16%×25%)＋(2.42%×15%)＋
(1.24%×20%)＋(－1.51%×10%)＋(－1.83%×10%)
＝－0.957%

因此，总体来看，人民币汇率贬值了1.04%。

在此基础上，如果再结合各国通货膨胀率，可以计算形成实际有效汇率时间序列。

四、人民币汇率

（一）人民币汇率制度的演化过程

由于历史原因，我国以前的汇率制度分为对资本主义国家的汇率制度和对社会主义国家的汇率制度两种。在此简要回顾一下前者的演变过程。

第一阶段（1949年1月~1952年底）：人民币实行单一浮动汇率制。

1949年到1950年3月，国内物价上涨，人民币对外不断贬值。这一时期，以美元为基础，汇率共调整过52次。1950年3月全国财政经济会议后，国内金融日趋稳定，物价趋于下降，这个时期的人民币汇率逐步提高。1952年为了解决出口亏损，人民币对英镑的汇率调低10%。国民经济恢复时期，人民币汇率的作用实际上是调节对外贸易，照顾非贸易外汇收入。

第二阶段（1953年1月~1973年3月）：人民币实行单一固定汇率。

在国际上，这一时期以美元为中心的国际货币基本上能发挥作用，维持着纸币流通下的固定汇率制度。我国进出口由国家计划统一经营，统负盈亏，不再需要汇率来调节。这个时期人民币汇率采取稳定的方针。

第三阶段（1973年3月~1980年12月）：人民币采用“一篮子货币”单一浮动汇率政策。

1973年3月后，西方货币纷纷采取浮动汇率，汇率波动频繁。人民币汇率要保持相对合理就必须根据国际市场汇率的波动，相应地上调或下调。在不同时期，选择具有一定代表性的、在国际市场上比较坚挺的几种外币，构成“篮子货币”，按各种货币的重要程度和政策上的需要确定权重，根据其升降幅度，加权计算人民币汇率，经常调整。

第四阶段（1981 年 1 月 1 日 ~ 1984 年 12 月 31 日）：实行官方汇率和贸易外汇内部结算价的双重汇率政策。

改革开放以前，人民币汇率同进出口商品价格脱节。为了鼓励出口，适当限制进口，加强外贸改革，又不影响非贸易外汇收入，从 1981 年 1 月 1 日起我国实行两种汇率，一种是用于非贸易外汇收支的对外公布的汇率，一种是用于贸易外汇收支的贸易外汇内部结算价。对外公布的汇率仍按“一篮子货币”加权平均计算；贸易外汇内部结算价按全国出口平均换汇成本加一定的利润计算。在贸易外汇结算价实行的几年中，公布汇率逐渐向贸易内部结算价靠拢。从 1985 年 1 月 1 日起，停止试行贸易内部结算价。

第五阶段（1985 ~ 1993 年）：官方汇价和外汇调剂价格（市场汇率）并存的双重汇率体制。

1987 年国家允许在沿海几大城市开办外汇调剂中心之后，外汇调剂业务在全国范围内得到发展。进入 90 年代，外汇调剂业务迅速扩大，成为我国外汇交易的主要形式，因而被认为是与官方汇率“平行”的市场汇率。这一汇率不由官方制定、公布，而是受调剂市场外汇供求关系作用上下波动。曾一度外汇需求一直大于外汇供给，导致调剂市场汇价一直高于官方汇率。随着供求关系趋于缓和，调剂市场汇率逐渐下降，与官方汇率间差异也逐渐缩小。外汇调剂市场和调剂汇率是官方外汇业务和官方汇率最重要的补充，并很大程度地限制了过去长期存在的外汇黑市及黑市汇率，对我国市场经济体制的改革和完善有着重要意义。

第六阶段（1994 年至目前）：实行以市场供求为基础的、单一的、有管理的浮动汇率制。

1994 年 1 月 1 日，人民币实现了汇率并轨，以 1993 年底外

表 4－3　1980～1998 年美元对人民币月平均汇价表

单位：人民币元/100 美元

月份 / 年份	一月	二月	三月	四月	五月	六月	七月	八月	九月	十月	十一月	十二月	年平均
1980 年	149.37	150.05	155.12	155.70	149.06	146.50	145.25	147.26	146.81	148.03	151.73	154.19	149.92
1981 年	154.87	161.06	162.80	166.20	172.27	176.05	175.98	179.52	175.01	175.05	173.46	173.78	170.50
1982 年	176.77	181.74	183.79	185.19	180.97	189.70	192.36	193.87	195.04	198.22	199.41	193.99	189.25
1983 年	192.01	196.03	197.80	198.72	198.52	198.95	198.88	198.00	198.14	196.17	198.90	198.60	197.57
1984 年	204.12	205.72	206.08	208.91	218.21	221.22	229.39	236.43	253.26	264.00	266.16	278.91	232.70
1985 年	280.88	282.51	284.51	284.11	284.75	286.25	287.38	290.26	296.26	306.73	320.15	320.15	293.66
1986 年	320.15	320.70	321.20	320.61	319.44	320.35	363.82	370.36	370.66	371.64	372.21	372.21	345.28
1987 年	372.21	372.21	372.21	372.21	372.21	372.21	372.21	372.21	372.21	372.21	372.21	372.21	372.21
1988 年	372.21	372.21	372.21	372.21	372.21	372.21	372.21	372.21	372.21	372.21	372.21	372.21	372.21
1989 年	372.21	372.21	372.21	372.21	372.21	372.21	372.21	372.21	372.21	372.21	372.21	423.82	376.51
1990 年	472.21	472.21	472.21	472.21	472.21	472.21	472.21	472.21	472.21	472.21	495.54	522.21	478.32
1991 年	522.21	522.21	522.21	526.59	531.39	535.35	535.55	537.35	537.35	537.90	538.58	541.31	532.33
1992 年	544.81	546.35	547.34	549.65	550.36	547.51	544.32	542.87	549.48	553.69	561.31	579.82	551.46
1993 年	576.40	576.99	573.13	570.63	572.17	573.74	576.12	577.64	578.70	578.68	579.47	580.68	576.20
1994 年	870.00	870.28	870.23	869.55	866.49	865.72	864.03	858.98	854.03	852.93	851.69	848.45	861.87
1995 年	844.13	843.54	842.76	842.25	831.28	830.08	830.07	830.75	831.88	831.55	831.35	831.56	835.10
1996 年	831.86	831.32	832.89	833.15	832.88	832.26	831.60	830.81	830.44	830.00	829.93	829.90	831.42
1997 年	829.63	829.29	829.57	829.57	829.29	829.21	829.11	828.94	828.72	828.38	828.11	827.96	828.98
1998 年	827.91	827.91	827.92	827.92	827.90	827.97	827.98	827.99	827.89	827.78	827.78	827.79	827.91

汇公开市场汇率作为全国统一的人民币市场汇率。关于现行人民币汇率制度的特点，以下还要作专门介绍。

（二）人民币汇率的发展

前面已对新中国成立以来的汇率制度作了介绍分析，为了便于更直观地了解人民币汇率水平的变化，我们下面以图表的形式看一下改革开放以来人民币汇率水平的变化。

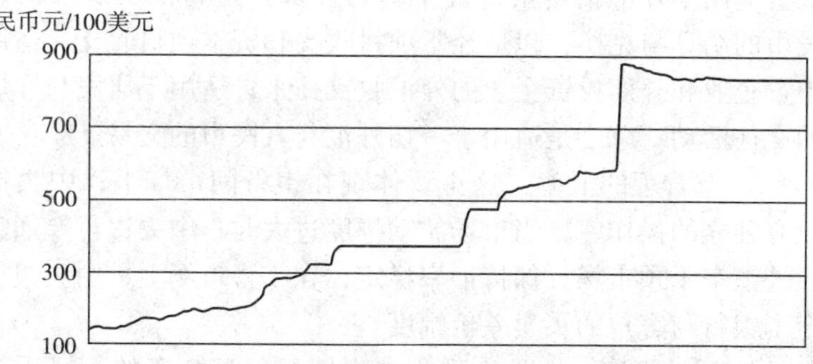

图 4－1　1980～1998 年美元对人民币月平均价走势图

（三）现行人民币汇率制度

1993 年 12 月 28 日，根据国务院决定，中国人民银行发布了关于进一步改革外汇管理体制的公告。公告明确提出：从 1994 年 1 月 1 日开始，实行人民币汇率并轨。并轨后的人民币汇率，实行以市场供求为基础的、单一的、有管理的浮动汇率制。由中国人民银行根据前一日银行间外汇市场交易形成的价格，每日公布人民币对美元交易的中间价，并参照国际外汇市场的变化，同时公布人民币对其他主要货币的汇率。各外汇指定银行以此为依据，在中国人民银行规定的浮动幅度范围内自行挂牌，对客户买卖外汇，实现了人民币在经常项目下有条件可兑换。

现行人民币汇率制度有如下几个特点：

1. 以市场供求为基础的汇率：是指汇率生成机制是由市场

机制决定的，汇率水平的高低是以市场供求关系为基础的。1994年1月1日，中国人民银行公布的人民币市场汇价即是头一天全国18家外汇调剂公开市场产生的美元加权平均价，以后，中国人民银行每日均发布由银行间外汇市场前一个营业日交易生成的美元加权平均价及其他交易币种的加权平均价。

2. 单一的汇率：是指中国人民银行每日公布的人民币市场汇价适用于外汇指定银行（中资与外资）进行的所有外汇与人民币的结算与兑换，包括经常项目收支和资本项目收支，适用于中资企业和外商投资企业的外汇收支往来；适用于居民与非居民的交往活动。总之是适用于一切外汇与人民币的交易。

3. 有管理的汇率：这主要体现在银行间市场上，中央银行设有独立的操作室，当市场波动幅度过大时，中央银行要通过吞吐外汇来干预市场，保持汇率稳定，在零售市场上，中央银行规定了银行与客户的买卖差价幅度。

4. 浮动汇率：一是表现为中央银行每日公布的人民币市场汇价是浮动的；二是各外汇指定银行制定的挂牌汇价在中央银行规定的幅度内可自由浮动。

第三节　汇率决定的统计分析

一、汇率决定模型

汇率决定有两种模型，即实物决定模型和货币决定模型。如果一国仅是经常项目可兑换，则实物汇率模型是比较合理的，即汇率主要是由商品市场的均衡状况决定的，购买力平价模型和利率平价模型是其代表；而如果实现了货币的完全可兑换，则与汇率相关的货币汇率模型要相对合理些，即汇率决定要考虑金融市场的均衡状况。

1. 购买力平价模型

购买力平价模型是瑞典学者卡塞尔（G. Cassel）所提出的汇率理论。其基本思想是，人们之所以需要外国货币是因为它在该国国内具有购买力。同样，外国人之所以需要本国货币，也是因为它在本国具有购买力。因此，对本国货币和外国货币的平价主要取决于两国货币购买力的比较。

购买力平价有两种形式：绝对形式和相对形式。绝对形式说明的是某一时点上汇率的决定，相对形式说明的是在一段时期内汇率的变动。

购买力平价理论认为，在某一时点上，两国货币之间的兑换比率取决于两国货币的购买力之比。由于购买力事实上就是一般物价水平的倒数，所以绝对购买力平价可以解释为：

$$e = P_a/P_b$$

其中，e 为直接标价法表示的 A 国的汇率，P_a 为 A 国的一般物价水平，P_b 为 B 国的一般物价水平。绝对购买力平价理论又称作一价定律，即在自由贸易条件下，同一商品在世界各地的价格是一致的。

相对购买力平价理论则将汇率在一段时间内的变化归因于两个国家在这段时期中的物价水平或购买力的相对变化。也就是说，在一段时期内，汇率的变化要与同一时期内两国物价水平的相对变动成比例，即

$$e_1/e_0 = (P_{a1}/P_{a0})/(P_{b1}/P_{b0})$$

式中 e_1、e_0 分别表示当期和基期的 A 国的汇率，P_{a1}、P_{a0} 分别表示 A 国当期和基期的物价水平，P_{b1}、P_{b0} 分别表示 B 国当期和基期的物价水平。

购买力平价理论在外汇理论方面占有重要的地位，但该理论只从商品贸易和物价出发，忽略了非商品贸易和利率对汇率的影响。

2. 利率平价模型

利率平价理论认为，汇率与利率的关系是极其密切的，这种密切关系是通过国际间的套利性资金流动产生的。在资本具有充分国际流动性的条件下，投资者的套利行为使得国际金融市场上以不同货币计价的相似资产的收益率趋于一致，也就是说，套利资本的跨国流动保证了一价定律适用于国际金融市场。

假设投资者是风险中性的，根据一价定律，利率平价的表达式为：

$$1 + r = (1 + r^{*}) \times Ee/E$$

其中，r 表示以本币计价的资产的收益率（年率），r^{*} 表示以外币计价的相似资产的平均收益率，E 表示即期汇率，Ee 表示预期将来某个时点上的远期汇率。

如果令 $Ee/E = 1 + \Delta Ee$，ΔEe 为一段时间内本国货币贬值的比率或外国货币升值的比率，则上式可以写为：

$$\begin{aligned} 1 + r &= (1 + r^{*})(1 + \Delta Ee) \\ &= 1 + r^{*} + \Delta Ee + r^{*} \times \Delta Ee \end{aligned}$$

如果忽略二阶小量 $r^{*} \times \Delta Ee$，则有

$$r - r^{*} = \Delta Ee$$

这就是利率平价的表达式，它表明，本国利率高于（或低于）外国利率的差额等于本国货币的预期贬值（或升值）幅度。

3. 货币主义的汇率模型

货币主义汇率模型是随着固定汇率制度的崩溃和浮动汇率制度的确立而产生的，其理论基础是弗里德曼的现代货币数量理论。它建立在如下的假设基础上：

第一，资本市场高度发达，资本具有高度的流动性，本国资产和外国资产之间可以完全替代。

第二，购买力平价总是适用的。即存在着高效的商品市场，自由的商品套汇活动能保证一价定律的实现。

第三，存在着高效的外汇市场，市场参与者的预期能强烈地影响市场的汇率水平。

基于以上的假设，可得下列等式：

$$P = eP^{*} \tag{4.1}$$

式中，P 代表本国物价水平，P^{*} 代表外国物价水平，e 代表汇率。

货币主义学派认为，国内物价水平 P 以及外国物价水平 P^{*} 是分别由国内外的货币市场均衡所决定的。设 M_d、$M_d{}^{*}$ 分别表示国内、国外实际货币余额需求，M_s、$M_s{}^{*}$ 分别为国内、国外名义货币存量，则有如下关系：

$$M_d = M_s/P; M_d{}^{*} = M_s{}^{*}/P^{*} \tag{4.2}$$

$$\begin{aligned} E = P/P^{*} &= (M_s/M_d)/(M_s{}^{*}/M_d{}^{*}) \\ &= (M_s/M_s{}^{*}) \times (M_d{}^{*}/M_d) \end{aligned} \tag{4.3}$$

根据货币数量理论，实际货币需求是实际收入和名义利率的函数，可表示为：

$$M_d = f(Y,i); M_d{}^{*} = f(Y^{*},i^{*}) \tag{4.4}$$

式中，Y、Y^{*} 分别表示国内、国外实际收入，i、i^{*} 分别表示国内、国外名义利率水平。

将（4.4）式的货币需求函数代入（4.3），可进一步得到：

$$e = (M_s/M_s{}^{*}) \times [f(Y^{*},i^{*})/f(Y,i)] \tag{4.5}$$

如果进一步加入通货膨胀预期因素 π、π^{*}，分别表示本国、外国的通货膨胀率，则有如下关系式成立：

$$i = r + \pi; i^{*} = r^{*} + \pi^{*} \tag{4.6}$$

其中 r，r^{*} 分别表示本国、外国实际利率。

$$e = (M_s/M_s{}^{*}) \times [f(Y^{*},r^{*}+\pi^{*})/f(Y,r+\pi)] \tag{4.7}$$

（4.7）式表明，当一国名义货币供给量相对增加时，因国内物价水平上涨，本币会贬值；当一国实际国民收入增加时，会导致对货币的需求上升，在名义货币存量不变的情况下，会抑制国内物价上涨或引起国内物价下降，通过购买力平价的作用，必然使汇率下跌，本币升值；如果本国预期通货膨胀率下降，则本币升值；如果外国预期通货膨胀率下降，则本币贬值。

总之，现代货币主义认为汇率是由货币市场的存量均衡所决定的，主要取决于名义货币存量、实际国民收入水平、实际利率、预期通货膨胀率等因素。

除了如上提到的购买力平价理论、利率理论、货币主义汇率理论外，有关汇率决定的理论还有不少。如 1961 年英国经济学家戈逊提出的国际收支理论，将汇率看成是一种价格，同其他任何商品的价格一样，由外汇的供给和需求的相互作用来决定，即成为外汇供求说。这一学说认为，一国货币汇率的涨跌是由国际收支状况所决定的，当一国的国际收支出现逆差时，国际市场上对它的货币需求量减少，其对外汇价将会下跌；反之，当一国的国际收支出现顺差时，国际市场上对它的货币需求量增加，其对外汇价将会上升。只有当国际收支平衡时，外汇供给等于需求，汇率才将是均衡的。

二、人民币汇率决定的综合模型

上面提到的各种西方汇率决定模型，在中国现阶段都不足以揭示人民币均衡汇率，因为它们对中国现存的经济体系并不适用。目前人民币没有实现完全的自由兑换，不能进入国际市场，因而其汇率不可能通过国际市场自发形成，西方诸多以直接外汇市场为前提的汇率理论不能直接加以应用。但另一方面，西方汇率理论毕竟从不同侧面描绘和解释了影响汇率变动的主要因素，对确定人民币均衡汇率有重要的借鉴作用。按照上一部分介绍的汇率模型，我们可以结合购买力、利率、国际收支的变动，构筑人民币（对美元）均衡汇率的综合模型：

$$E_1 = e_0 \times \frac{(R_b/R_a) \times (D_b/D_a)}{(P_b/P_a)^2}$$

式中，E_1 是以直接标价法表示的当年人民币理论均衡汇率，e_0 是以直接标价法表示的上一期人民币实际汇率，R_b、R_a 分别为当年美国和中国的利率水平，D_b、D_a 分别表示当年美国和中国国际收支与上期的比值，P_b、P_a 分别表示当年美国和中国的环比价格指数。

如果从经济学弹性分析法的角度来考察该模型，这一模型也恰好反映国际收支、利率和物价水平这三个主要影响因素的综合变动率与汇率变动率之间的关系。国际收支、利率这两个指标的变动与汇率变动的方向一致，物价总水平的变动与汇率变动的方向相反，因此模型中把相对国际收支增长率与相对利率的变化的乘积作为分子，相对物价总水平增长率的平方作分母，分子与分母的比值事实上就是三个经济指标交叉作用对汇率的弹性系数。弹性系数表明了汇率变动与三个指标同时变动的相对程度，也反映现实汇率比均衡汇率低估或高估的百分比，汇率弹性系数与上年现实汇率的乘积，则为当期的均衡汇率。

利用这一模型，我们对我国实行有管理的浮动汇率制度以来的均衡汇率进行测算，结果如下：

表 4-4　人民币汇率情况表

年份	1994	1995	1996	1997	1998	1999
现实汇率	8.70	8.45	8.32	8.30	8.29	8.27
均衡汇率	8.77	8.92	8.80	8.93	9.12	8.71
偏差程度%	0.80	5.27	5.45	7.05	9.10	5.05

数据表明，在这一段时间里，人民币均衡汇率和理论汇率都保持了相对稳定，但从表中也可以看出，近几年人民币现实汇率一直有一定程度的高估（9.1%以内）。

第四节　汇率变动对经济的影响分析

一、汇率变动的经济影响

汇率变动主要是受货币代表的含金量、通货膨胀及国际收支等经济因素制约，而汇率的变动又会使本币与外币的相对购买力发生变动，从而对经济领域产生广泛而深刻的影响，最主要的影响表现在对外贸易方面，具体来看有如下几个方面。

（一）对外贸进出口的影响及货币贬值的 *J* 曲线效应

通常来讲，本币贬值、外币上涨会促进出口和限制进口。原因在于，本币贬值后，一定数额的本币只能换取较少的外币，而一定数量的外币却能换取到更多的本币，这就意味着以外币表示的本国商品的价格下降，本国商品在国际市场上的竞争力提高，从而有利于出口；同时，以本币表示的外国商品价格上升，外国商品在本国市场上的竞争力削弱，从而抑制外国商品的进口。反之，若本币升值，外汇汇率下降，则不利于出口，有利于进口。

基于以上分析，本币贬值会促进出口抑制进口，从而有利于国际收支的改善。但这一改善过程存在着“时滞”现象，称为“*J* 曲线效应”。

商品的出口通常包括生产、流通和交换三个环节。从生产环节看，为适应本币贬值而进行的产业结构调整不可能在短期内完成。在流通和交换环节，同样也会由于签定合同等原因而出现各种时滞。因此本币贬值后，不会马上出现出口量的扩大，甚至在贬值初期，出口收入反而可能下降，因为出口商品以外币表示的价格下降了。与此同时，贬值后用本币表示的进口商品价格上升，但由于进口合同早已签定，贬值国的进口数量不会立即减少，这就使得进口支出不会下降，反而有可能出现暂时性的上升。因此，在贬值初期，一国的贸易收支状况不但难以改善还有可能会暂时恶化。但经过一段时间后，情况将发生逆转，出口增加，进口减少，国际收支状况得到改善。国际收支的变化过程表现在图上，像一个“*J*”字形，故称为“*J* 曲线效应”（如图 4-2 所示）。

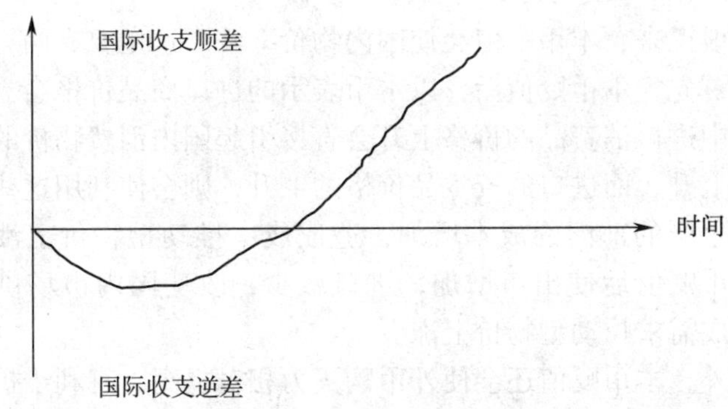

图 4-2　*J* 曲线效应

时滞效应的存在使得货币贬值短期内难以改善国际收支平衡状况，但长期来看一定会使国际收支得到改善吗？答案也是否定的。假定本国出口商品的本币价格 P_x 和外国进口商品的外币价格 P_m 都保持不变，而且进出口的供给弹性（即价格变化所导致的供给量变化的相对程度）无穷大，那么本币贬值后，本国出口数量增加，出口的本币价格不变，因而出口本币收入上升了；而本国进口数量下降，进口的本币价格则由于外汇汇率的上升而上升，因而进口的本币支出是增加还是减少并不确定，因而以本币表示的国际收支是否因贬值而改善也不确定。这取决于进出口需求弹性的大小。著名的马歇尔—勒纳条件描述了这种状况：以

E_x 表示出口需求弹性，E_m 表示进口需求弹性，则

当 $|E_x + E_m| > 1$ 时，本币贬值可以改善本国的国际收支；

当 $|E_x + E_m| = 1$ 时，本币贬值对本国的国际收支没有影响；

当 $|E_x + E_m| < 1$ 时，本币贬值使本国的国际收支恶化。

这一条件说明，并不是所有的货币贬值都能达到改善贸易收支的目的。

（二）汇率变动对国内物价的影响

一般说来，本币贬值会使国内物价上涨。这主要有两方面的原因：首先，本币贬值后，以本币表示的进口商品价格会立即上涨，其中进口消费品的价格上升会直接引起国内消费物价的某种程度的上升，而进口的资本品价格的上升，则会使利用这些资本品从事生产的部门的成本增加，造成成本推动型物价上涨；其次，本币贬值后使出口增加，进口减少，改变国内市场供求状况，造成需求拉动型物价上涨。

此外，本币贬值还会使外币购买力相对提高，有利于扩大外国游客到本国旅游，也有利于外国资本到本国投资。

二、汇率变动对外贸影响的实证分析

汇率的变动对外贸进出口有着重要的影响。通常说来，一国货币贬值会促进该国出口的增加，同时抑制进口的增长。相反，一国货币升值不利于该国出口的增加，但会促进进口的增长。汇率变动对进出口的影响程度可以通过统计分析的方法进行测定。下面就利用多元统计分析方法，建立出口与汇率等经济变量之间的经济计量模型，测度我国实际有效汇率的变动对我国外贸出口增长的贡献程度。

由于分析的是对外贸出口的影响，所以人民币汇率采用由对主要贸易伙伴贸易额加权计算得到的实际有效汇率（表 4－5，以 1994 年为 100）。

表 4－5　变量及变量值

单位：美元

年份	Y 出口 ($100m)	X1 全球经济总量 (%)	X2 实际有效汇率	X3 利率 (%)	X4 贸易条件 (%)	X5FDI (lag1)* ($100m)	X6 加工贸易进口 ($100m)	X7 外贸管理度
1981	220.1	100.0	55.8	5.4	101.2	2.3	75.6	100
1982	223.2	101.0	44.8	7.2	105.3	4.6	86.9	100
1983	222.3	103.8	40.1	7.2	100.3	6.1	80.2	105
1984	261.4	109.1	46.4	7.2	101.5	9.2	90.1	105
1985	273.5	113.3	47.4	7.9	98.5	14.2	150.2	105
1986	309.4	117.5	60.8	7.9	96.5	19.6	190.4	110
1987	394.4	122.2	59.5	7.9	98.6	22.4	253.6	115
1988	475.2	127.9	57.7	9.0	100.3	23.1	268.4	120
1989	525.4	132.6	63.4	11.3	102.3	31.9	324.5	120
1990	620.9	136.1	79.3	9.4	103.2	33.9	300.2	130
1991	718.4	138.5	79.5	8.6	100.5	34.9	256.8	140
1992	849.4	142.3	80.8	8.6	103.5	43.7	280.4	140
1993	917.4	146.1	81.9	11.0	102.6	110.1	300.6	155
1994	1210.1	151.8	100.0	11.0	102.8	275.2	402.5	160
1995	1487.8	157.6	84.7	12.1	103.9	337.7	559.8	140
1996	1510.7	164.5	86.0	10.1	98.6	375.2	662.5	140
1997	1827.0	171.4	87.5	8.6	101.8	417.3	658.9	145
1998	1838.4	175.7	89.7	6.4	101.6	452.6	615.3	150

*：由于当年的投资对经济增长的作用通常体现在第二年，因而外商直接投资 FDI 采用一阶时滞数据 FDIlag1。

数据来源：《中国统计年鉴》、《海关统计年鉴》、《IMF 经济学家论文》。

（一）变量选取

影响外贸出口的因素很多，总的来说可以分为两类：外部需求拉动因素及内部推动因素（图 4－3）。全球经济总量代表外部拉动因素，用变量名 X1 表示。内部推动因素分成两组，一组代表提升出口商品竞争力的因素，包括汇率、利率和贸易条件指数；另一组为直接推动出口因素，包括外商直接投资、加工贸易进口（为加工装配后出口而进行的中间产品的进口）和外贸管理度。外贸管理度是反映外贸政策及管理措施变动的虚拟指标，如出口退税率、出口许可证管理、优惠信贷政策等，其赋值以考察期第一年为100，其他年份根据这些政策的变化取值，对出口有显著性推动作用的政策改变，使变量值改变5~10个单位。这些变量1981~1998年的变量值列在表4-6中（全球经济总量以1981年为100，其他年份数值根据经济增长率计算）。

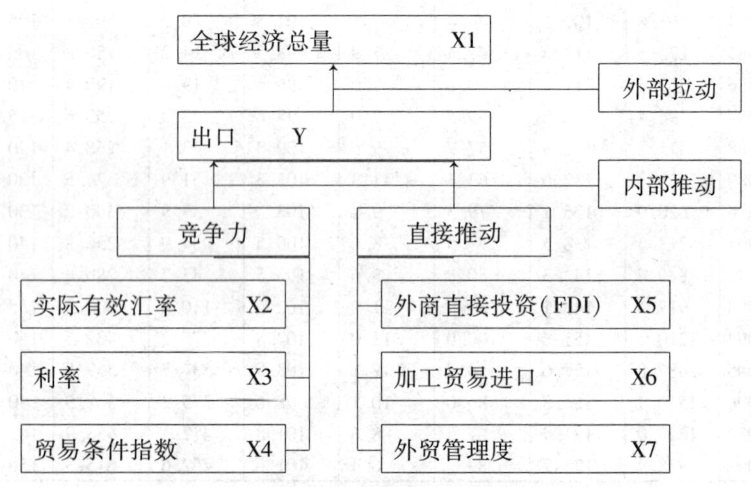

图4-3　外贸出口的主要影响因素

表4-6　总解释方差

因子	特征值			三主因子特征值		
	数值	占总和比重（%）	累计比重（%）	数值	占总和比重（%）	累计比重（%）
f1	4.7857	68.3672	68.3672	4.7857	68.3672	68.3672
f2	1.0831	15.4729	83.8401	1.0831	15.4729	83.8401
f3	0.7432	10.6178	94.4579	0.7432	10.6178	94.4579
f4	0.2894	4.1346	98.5925			
f5	0.0570	0.8145	99.4070			
f6	0.0379	0.5412	99.9482			
f7	0.0036	0.0518	100.0000			

（二）因子分析

为了测度汇率对出口的影响程度，我们建立它们之间的多元回归模型。由于变量较多，变量之间很可能存在显著的多重共线性，直接的回归通不过显著性检验，所以先采取能减少变量、消去共性线的方法——因子分析。通过因子分析将 7 个自变量减少为 3 个。用 SPSS 进行的因子分析的主要结果如下：

上式表明：（1）第一个因子与最后一个因子特征值之比为：$k = e1/e7 = 4.7857/0.0036 = 1329 > 1000$，因而 7 个原始变量之间存在严重的多重共线性。（2）原来 7 个变量 $X1$，$X2$，…，$X7$ 的信息可完全被新的 7 个因子 $f1$，$f2$，…，$f7$ 承载，但新的 7 个因子具有彼此相互独立的统计学特征。从 7 个因子中选出 3 个主因子 $f1$，$f2$，$f3$，这 3 个主因子包括了 94.5% 的 7 个因子的信息，因而可代表原 7 个因子，也就能代表 7 个原始变量。3 个主因子与 7 个原始变量之间的数量联系由因子得分矩阵给出：

表 4－7　因子得分矩阵

	$f1$	$f2$	$f3$
X1	0.2246	0.0383	－0.0876
X2	0.1435	0.1730	－0.0094
X3	－0.2466	0.8897	－0.1076
X4	－0.0537	－0.1390	1.0256
X5	0.3321	－0.2791	－0.0170
X6	0.3263	－0.2573	0.0308
X7	0.1118	0.2341	0.0104

如：$F1 = 0.2246X1 + 0.1435X2 - 0.2466X3 - 0.0537X4 + 0.3321X5 + 0.3263X6 + 0.1118X7$

（三）多元回归

3 个主因子代表 7 个原始变量且彼此相互独立，我们建立出口（Y）对这三个主因子的多元回归方程。由于所涉及的是时间序列，出口变量本身存在了自相关，因而须导入出口的一阶时滞变量 Ylag1。回归结果见表 4－8 和表 4－9：

表 4－8　复回归系数 R 及 F－检验

R	R^2	调整 R^2	F 值	F 显著性	D. W
0. 9940	0. 9880	0. 9843	267. 44	0. 0000	2. 508

出口对 3 个主因子的回归方程为：

$$Y=377.169+258.8833f1+65.4914f2+39.3958f3+0.5794Ylag1$$

表 4－9　回归系数及 t－检验

	回归系数	标准差	t	Sig. t
cons.	377. 1690	126. 9891	2. 9701	0. 0108
$f1$	258. 8833	94. 6827	2. 7342	0. 0170
$f2$	65. 4914	19. 5845	3. 3440	0. 0053
$f3$	39. 3958	18. 2610	2. 1574	0. 0503
Ylag1	0. 5794	0. 1850	3. 1318	0. 0079

该回归方程能通过置信度为 99% 的 F 显著性检验，每个回归系数能通过置信度为 95% 的 t－检验。D. W = 2. 508，可以计算出 $h=(1-2.508/2)\times(18/(1-18\times0.1850^2))^{1/2}=-1.7391$，$|h|=1.7391<1.96$，表明已消除严重的序列自相关（置信度为 95%）。

根据上述方程和主因子与 7 个原始变量之间的数量联系——因子得分矩阵，可以将上述方程还原为出口对 7 个原始变量的回归模型：

$$Y=-1327.14+2.38X1+2.63X2-5.44X3+7.77X4+0.41X5+0.26X6+2.23X7+0.579Ylag1$$

（四）影响程度

上述模型表明，以 1994 年为 100 个单位，实际有效汇率每增加（相当于贬值）1 个单位，其他因素不变的情况下，短期内会使出口平均增加 2.63 亿美元，长期来看，会使出口平均增加 2.63/（1－0.579）＝6.24 亿美元。从弹性来看，在 1998 年基础上，汇率每贬值 1%，短期效应是使出口增长 0.13%，长期效应是使出口增长 0.3%。

从 1981～1998 年，我们用由于汇率贬值带来的出口增加占总出口增加的比重来衡量汇率贬值对出口增长的影响程度。其方法是：（1）将所考察的时间段分为上下两个子时间段，上段为 1981～1989 年，下段为 1990～1998 年。（2）分别计算上下两时间段各影响因素的简单算术平均值，用下段均值与上段均值之差作为各因素的增量，如汇率的增量为：85.5－52.9＝32.6。（3）各因素的回归系数与其增量的乘积为由于该因素变动引起的出口的增量，如由于汇率的变动引起的出口的增量为：2.626×32.6＝85.63；各个影响因素单独变动引起的出口的增量之和为出口总增量，经计算得到其数值为 450.5。（4）计算由于汇率变动引起的出口增量与总出口增量的比值，其结果为 85.63/450.5＝19.0%。即近 20 年来，由于人民币汇率的贬值对我国外贸出口的贡献程度为 19.0%。换言之，从 1981～1998 年，我国外贸出口年均增长速度为 15.3%，其中 2.9 个百分点的增长归因于人民币的贬值。类似地，全球经济增长和外商直接投资也是我国外贸出口增长的重要源泉，其贡献率分别为 20.9% 和 19.7%。

第五节　贸易外汇统计分析

本节主要是联系我国实际，对于结售汇与进出口作出实际统计分析。结售汇是我国一项重要的外汇管理制度，贸易结汇来自贸易出口，贸易售汇对应贸易进口。由于结售汇统计与贸易进出口统计在口径、制度及时间差上的差异，两者没有完全对等的关系，但应有很强的相关关系。下面我们以结汇与出口为例，来建立它们之间的数量联系。

1. 数据调整。由于外贸出口中有一部分项目是无汇可结的，因此须对此进行调整。如来料加工贸易出口统计的是出口商品的全值，但结汇部分只是中方所得工缴费；易货贸易和对外捐赠的物资等都没有外汇交易。因此，有必要对贸易出口数据进行调整。由于获得近期结售汇数据较困难，我们选取 1995～1997 年三年的月度数据，列入表 4－10 中。

表 4－10 出口与结汇月度数据

单位：亿美元

月度	出口	结汇	月度	出口	结汇	月度	出口	结汇
1995.01	81.0	72.9	1996.01	78.2	75.8	1997.01	102.4	99.8
1995.02	79.6	75.9	1996.02	76.3	58.4	1997.02	87.8	68.8
1995.03	114.7	90.5	1996.03	90.9	60.6	1997.03	124.4	85.4
1995.04	105.7	91.8	1996.04	99.3	63.7	1997.04	130.4	92.4
1995.05	112.2	85.3	1996.05	104.8	70.7	1997.05	133.4	92.5
1995.06	124.1	88.2	1996.06	106.7	65.0	1997.06	134.3	106.0
1995.07	107.0	70.3	1996.07	107.1	76.9	1997.07	136.3	95.5
1995.08	108.9	77.7	1996.08	124.2	80.9	1997.08	141.8	98.9
1995.09	109.4	72.1	1996.09	119.1	83.4	1997.09	148.5	105.3
1995.10	108.0	73.8	1996.10	135.3	82.4	1997.10	158.6	101.9
1995.11	105.9	76.6	1996.11	120.0	84.4	1997.11	149.4	92.0
1995.12	154.3	80.5	1996.12	164.3	96.9	1997.12	169.5	107.7

2. 回归模型。有如下几种可能的回归模型：（1）结汇（Y）与出口（X）的简单回归；（2）考虑到结汇滞后期（比如一个月），即出口平均一个月后才开始结汇的影响，建立结汇（Y）与滞后一期的出口（Xlag1）之间的回归模型；（3）考虑到时间序列自相关的影响，建立结汇（Y）与出口（X）及结汇的一阶时滞变量（Ylag1）之间的回归模型。用 SPSS 最小二乘法模拟的三种模型的有关统计量的比较列入表 4－11 中。

表 4－11　三种模型比较

模　型	R	R^2	调整的 R^2	标准差	D. W	F	系数的 T 值
(1)	0. 7577	0. 5741	0. 5616	8. 7740	1. 4836	45. 8270	6. 7695
(2)	0. 6821	0. 4652	0. 4495	9. 8316	1. 3166	29. 5760	5. 4384
(3)	0. 8479	0. 7189	0. 7019	7. 2346	2. 3507	42. 2060	5. 0403

对于模型（1），设回归方程为：

$$Y = a + bY$$

根据原始数据，可以计算出：

$$\sum Y = 3000.6,\quad \sum X = 4253.8,$$
$$\sum XY = 363203,\quad \sum X^2 = 523836.8,$$

回归系数 $b = \dfrac{n\sum XY - \sum X \sum Y}{n\sum X^2 - (\sum X)^2}$

$$= \frac{36 \times 363203 - 4253.8 \times 3000.6}{36 \times 523836.8 - 4253.8^2}$$

$$= 0.408$$

截距 $a = \sum Y/n - b \times \sum X/n$

$$= 3000.6/36 - 0.408 \times 4253.8/36 = 35.152$$

相关系数 $R = \dfrac{n\sum XY - \sum X \sum Y}{(n\sum X^2 - (\sum X))^{1/2}(n\sum X^2 - (\sum X))^{1/2}}$

$$= 0.7577$$

三种模型的 F 值和 T 值都较高，都能通过 95% 置信度的检验。但 R 平方的差异较大，第三种模型的 R 平方显著高于另外两个。另外，D. W 值也有较大差异，它可以用来检验是否存在严重的时间序列自相关。根据 D. W 检验表，对于仅有 1 个解释变量、36 组观察值的回归而言，在 0. 05 置信水平下，D. W 统计量下限值和上限值分别为：1. 411，1. 525。第二种模型的 D. W 值小于下限值，表明其存在严重的序列自相关。第一种模型的

D. W 值在此上下限之间，不能排除其存在严重自相关的可能，而且其较低的 R 平方也表明它们并不是理想的回归模型。对于第三种模型，计算 h 值为 -1. 1418，$|h| = 1.1418 < 1.96$，表明在 95% 的置信度下，不存在严重序列自相关，而且其较高的 R 值也反映拟合程度较好，能通过有关统计检验。因此，第三种模型正是我们所需的：

$$Y = 11.168 + 0.289X + 0.461Ylag1$$

（t 的显著性水平）（0. 190）（0. 000）（0. 000）

从长期来看，贸易结汇（Y）与出口（X）之间的回归模型为：

$$Y = 11.168/(1-0.461) + 0.281(1-0.461)X$$

即：$Y = 20.720 + 0.536X$

它表明，短期来看，出口每增加 1 美元，银行结汇平均增加 0. 289 亿美元，长期来看，出口每增加 1 美元，银行结汇平均增加 0. 536 亿美元。

由模型可以看出，我国贸易出口的结汇率仍然是比较低的，有相当一部分贸易收汇没有进行结汇，主要原因是：

（1）符合政策规定的不结汇。1995 年外商投资企业的外汇收入可以结汇，也可以不结汇；到 1996 年才规定应该结汇。部分国有企业可以自留一定比例的外汇。

（2）违背政策规定的不结汇。一些不法分子为了走私进口（需要外汇）或将资产转移境外，在境外存款，用各种手段偷逃外汇和截流外汇，如利用假外汇核销单逃汇、报失结汇水单逃汇、逾期不结汇等。

（3）外部环境变化导致的不能及时结汇。1997 年 7 月，亚洲经济危机爆发，危机国支付能力下降，我出口企业不能及时收到外汇。另外，危机使我国企业产生了强烈的人民币贬值的预期，尽量持有外汇收入而拖延结汇。

依据同样的方法，我们可以建立贸易售汇与进口之间的回归模型。

3. 预测。对结汇的预测有两种方法，一是根据其与出口的线性回归模型，利用预测的出口值代入回归方程计算出结汇的理论值；另一种方法是利用时间数列的自回归。下面讨论后一种方法。

直接利用结汇的原始数据做自回归，虽然简单，但明显存在的季节变动将削弱模型的拟合程度，同时对预测造成大的误差，因此我们先做季节变动分析。

计算各个月份的月度季节指数，即用月平均值除以 36 个月的总平均值，如表 4－12 所示：

表 4－12　季节指数计算

月＼年	1995	1996	1997	月平均	月度季节指数
1	72.9	75.8	99.8	82.8	0.99
2	75.9	58.4	68.8	67.7	0.81
3	90.5	60.6	85.4	78.8	0.95
4	91.8	63.7	92.4	82.6	0.99
5	85.3	70.7	92.5	82.8	0.99
6	88.2	65.0	106.0	86.4	1.04
7	70.3	76.9	95.5	80.9	0.97
8	77.7	80.9	98.9	85.9	1.03
9	72.1	83.4	105.3	86.9	1.04
10	73.8	82.4	101.9	86.0	1.03
11	76.6	84.4	92.0	84.3	1.01
12	80.5	96.9	107.7	95.0	1.14
总平均				83.4	

然后用每个原始数值除以当月季节指数，得到修正后的 36 个月度值，如表 4－13 所示。

表 4－13　季节调整后的结汇月度值

月＼年	1995	1996	1997
1	73.34	76.29	100.42
2	93.44	71.91	84.70
3	95.69	64.07	90.29
4	92.62	64.23	93.20
5	85.87	71.12	93.06
6	85.06	62.73	102.26
7	72.40	79.28	98.37
8	75.45	78.56	96.04
9	69.10	80.02	100.93
10	71.50	79.83	98.72
11	75.71	83.42	90.91
12	70.62	85.00	94.43

用修正后的月度结汇值（Y）做一阶自回归（SPSS，最小二乘法），得到：

$$Y_t = 17.61 + 0.795Y_{t-1}$$
$$(t\text{值})\quad (2.013)\quad (7.587)$$

$$R = 0.793, R^2 = 0.629, F = 57.565, \text{D. W} = 2.335$$

各统计量都能通过 95% 置信度检验，D. W = 2.335，$h = -1.094$，$|h| = 1.094 < 1.94$，不再存在严重的序列自相关（95% 置信度）。

预测：根据如上回归方程，将 1997 年 12 月数值即 94.43 代入方程并计算，可得到预测 1998 年 1 月结汇理论值为：

$$\hat{Y} = 17.61 + 0.795 \times 94.43 = 92.68(\text{亿美元})$$

对此进行季节调整，得到 1998 年 1 月预测值应为：

$$92.68 \times 0.99 = 91.75\ (\text{亿美元})$$

由于我们所采用的时间序列非常特别，即中间年份 1995 年下半年至 1996 年上半年各月结汇值成明显递减趋势，其他时间段波动较大，因而我们的一阶自回归方程为一递减方程（函数），仅适合于这一段小区间拟合和个别外推，不宜于做稍长时间的预测。

第五章　国际收支统计分析

第一节　国际收支统计

一、国际收支的概念

国际收支是一个经济体（一个国家或地区）与其他经济体在一定时期（通常为一年）发生的全部对外经济交易的综合记录。它既包括清偿债权债务所发生的货币收支，也包括无偿的对外援助、其他单方转移和以货易货等不发生货币收支的行为。与国际收支相关的概念主要有以下三个。

1. 交易。国际收支与外汇收支不同，它包括全部对外经济交易的内容，既包括有外汇收支的对外交易，也包括没有外汇收支的对外交易如商品援助、外商投资企业作为直接投资进口的设备等。

2. 经济体。国际收支的定义中使用了经济体的概念。一个经济体是由在某一特定领土有较密切联系的若干经济实体组成的。一般地讲，一个经济体多指一个独立的国家或地区。

3. 常住居民和非常住居民。一个经济体的常住居民包括该经济体的各级政府及其代表机构，以及在该经济体领土上存在或居住一年（含一年）以上的个人及各类企业和团体。（大使领馆、外交人员、留学人员均一律视为其原经济体的常住居民而不论其居住时间是否超过一年。）国际收支记录一个经济体的常住居民与非常住居民之间发生的交易。居民与居民或非居民与非居民之间的交易一般不在国际收支的统计范围之内。

二、国际收支平衡表

国际收支平衡表是国际收支统计的重要工具。目前世界各国编制国际收支平衡表一般都是按照国际货币基金组织的《国际收支手册》的基本原则制定的。国际收支平衡表反映一定时期内一国与世界其他经济体之间的经济往来以货币记录的综合统计报表。

为便于宏观政策制定、国际收支状况分析研究、预测及与周边国家和地区性的统计核对，1993 年国际货币基金组织出版的《国际收支手册》第五版中，对国际收支平衡表的分类做了一些调整。新的分类和联合国制订的国民经济核算体系（SNA）的结构基本保持一致，分为两个大项：经常项目和资本与金融项目。各个国家在编制国际收支平衡表时，通常仍将净误差与遗漏和储备项目单列，所以我们看到的按第五版的原则编制的国际收支平衡表从形式上看仍是四项。

表 5－1 国际收支平衡表的主要项目内容

项目	差额	贷方	借方
1. 经常账户			
A. 商品和服务			
商品			
服务			
运输			
旅游			
政府服务			
其他服务			
B. 收入			
雇员报酬			
投资收入			
其中：外债利息			
C. 经常性转移			

续表

项 目	差 额	贷 方	借 方
2. 资本和金融账户			
A. 资本账户			
资本转移			
非生产、非金融资产的收买/放弃			
B. 金融账户			
直接投资			
证券投资			
其他投资			
贷款，贸易信贷			
使用基金组织的信贷和贷款			
3. 净误差与遗漏			
4. 储备资产			
货币黄金			
特别提款权			
在基金组织的储备头寸			
外汇			
其他债权			

（一）经常项目

经常项目指商品和服务、收益及经常转移。商品是构成经常项目交易的一个最重要的内容。它包括绝大多数的可移动货物在居民与非居民之间的所有权转移。

服务是经常项目的第二大主要内容。它包括旅游、运输及其他一些正日益变得重要的项目，如通信、金融和计算机服务、版权及许可证费及其他多种形式的商务服务。

收益主要指投资收益，包括直接投资收益和其他股息利息。它与资本的流动密切相关。

无偿转让在新的分类中分为经常性转移和资本转移。这种分类是为了使国际收支口径与国民经济核算体系相衔接，以消除统计上的不一致。分类处理的结果是经常转移在经常项目中记录，资本转移在资本及金融项目中反映。为在实践中区分这两种转移，首先，让我们先认识资本转移的特征：（1）它转移的是固定资产或债权人不要求任何回报的债务减免；（2）它是与固定资产的获得和处理相关的现金转移。不符合上述特征的转移就是经常转移。

（二）资本与金融项目

资本与金融项目指资本转移、非生产性、非金融资产的获得和出让以及金融性的资产和负债。

由原来的资本账户改为现行的资本与金融账户是为了与国民经济核算体系相一致。其中：资本账户包括资本转移和非生产性、非金融资产的获得和出让。金融账户包括直接投资、证券投资、其他投资及储备资产。

非生产性、非金融资产的获得与出让系指与生产商品劳务相关的交易及非生产性无形资产（如专利、版权、商标等）。它是本身并不被生产的有形资产（如土地）。

直接投资是指一经济体常住居民对另一经济体常住居民、企业以获得持久性利益为目的的投资。它包括企业建立之初的原始投资，也包括直接投资者与被投资者之间及与其附属企业之间的所有交易。包括股东投资、收益再投资及其他形式的投资。

证券投资系指一经济体居民对另一经济体的证券投资行为，包括不属于直接投资的股权性证券，如股票和债务性证券，如国债、公司债、票据、货币市场工具、金融创新工具，如期权等。

其他投资系指直接投资和证券投资以外的投资。包括贸易信贷、贷款、货币及存款等。

（三）储备资产

储备资产系指由中央当局掌握的能够直接用来平衡国际收支，直接用于市场干预以影响货币汇率或达到其他目的的国外资产。它包括货币黄金、特别提款权、在基金组织的储备头寸、外汇（包括货币和存款以及证券）和其他债权。

三、国际收支统计

（一）价值及时间的记录方法

计价。为使商品价格具有国际可比性，任何国家在编制其国际收支平衡表时都必须遵循一个统一的计价原则，即以市场价格为依据的计价原则。

时间。按照国际收支的统计原则，交易的记录时间应以所有权转移为标准。一般来说，商品和金融资产的交易，当它们不再是原来所有人账上的资产而成为新的所有人账上的资产时，就应加以记录。

除上述的原则外，国际收支统计还有一个不同货币间的转换问题。因为在汇编国际收支统计资料时，贸易、非贸易及资本项目中的各种交易的价值是用各种不同的货币表示的，甚至包括黄金和特别提款权。我们只有将这些用不同货币表示的价值折算成一个单一的记账货币，才能进行统一的汇编。各国在进行折算时一般采用交易期发生平均汇率。我国目前汇编时使用的货币单位是美元，所采用的汇率是国家外汇管理局制定的《各种货币对美元统一折算率》。

（二）国际收支统计数据来源

世界各国根据国际货币基金组织规定的统计原则和统计方法编制各自的国际收支平衡表，但各国在统计目的划分及采集数据汇总编制渠道上采用的方法不尽相同。近期，国际收支编制在世界范围内有三种不同的汇编渠道，第一种是主要通过银行的申报体系，采用这类方式的国家主要分布在欧洲；第二种是通过企业的直接报告，采用这类方式的国家有澳大利亚、新西兰等；第三种方式是以上两种的结合，主要通过银行采集数据，辅之以企业调查等，德国即是一例。

下面将对国际收支统计中几个大项目数据的收集渠道和方法作些介绍。

1. 国际贸易统计（International Trade Statistics，简称 ITS）。一国进出境全部商品的情况，包括其数量、金额，主要通过进出口商或代理商向海关或国际贸易统计当局报告。世界上大多数国家的国际收支平衡表编制者依靠国际贸易统计要求来编制其商品项目，还有一些国家用它来对国际收支的其他项目进行调整。

2. 国际交易报告体系（International Transaction Reporting System，简称 ITRS）。每一笔国际收支现金交易（通过国内银行账户或外国银行账户）和非现金交易以及存量的情况，由编制者向银行布置报表和由企业直接填报来完成。一般来说 ITRS 是外汇管制的产物，外汇管制放松或取消后，它就不仅仅衡量外汇兑换交易而是有了更广泛的用途。比较开放的 ITRS 并不要求完全的账务簿记，如德国，并不要求银行申报商品出口和短期资本流动项目。

3. 企业调查（Enterprises Survey，简称 ES）。它是指由企业对其本身的国际收支交易进行报告。与国际交易报告体系相比，企业调查强调汇总后的数据而不是单个逐笔交易的数据。包括可以通过电话向企业进行调查，其数据也可作为国际交易报告体系的一个补充。企业调查要求具有比较明确的分类目标、掌握比较全面的企业数量、设计比较得当的统计表格以及比较好的法律基础等等。

4. 其他数据源。

官方数据源。指上述几种统计中不能包含在内的数据，包括政府部门的活动、管理体系的相应活动以及涉及官方利益的活动。它作为一种补充手段充实上述几种统计的一些项目。

家庭单位的数据采集。指通过个人直接收集数据，例如：移民统计和旅游者调查。

伙伴国统计。通过交易的伙伴国或国际组织获得所需的数据，用以弥补在本国所收集数据的不足或核对其准确性。

四、我国的国际收支统计

（一）历史沿革

1980 年我国恢复了在国际货币基金组织的合法席位。根据国际货币基金组织有关规定，成员国有义务定期提供国际收支状况资料。为此我们开始建立国际收支统计体系。我国的国际收支统计工作到目前为止，大体经历了三个阶段：

1. 试编阶段。1980 年，由当时的国家外汇管理总局和中国银行总行具体负责，在外汇收支统计制度的基础上，编制国际收支平衡表。

2. 建立统计制度正式编制。经过试编阶段的摸索，在国家外汇收支统计表的基础上，借鉴和吸收了国际通行的统计方法，并结合我国的经济运行实际，出台了我国的第一个国际收支统计制度。根据这一制度，我国从 1982 年开始正式编制国际收支平衡表。1984 年，又在原有基础上进行了补充修改，制定了新的国际收支统计制度，这一制度一直延续使用到 1995 年。

需要说明的是，从 1982 年开始正式编制国际收支平衡表，直到 1995 年，所采取的方法均是超级汇总的方法，即由各行政或行业主管部门报送全辖或全系统的数据，由国家外汇管理局汇总。统计制度开始制定实施的几年，这种超级汇总的方法与当时的计划经济体制是适应的，按照这样的统计制度基本可以保证国际收支数据的完整性。但随着社会主义市场经济体制的建立和发展，通过这种渠道收集的数据其覆盖面越来越小，报表的准确度也随之降低。

3. 建立申报制度。为适应社会主义市场经济的需要，从 1996 年开始实行国际收支统计申报制度。第一步从 1996 年 1 月

1日起先实行通过金融机构的间接申报制，1997年又推出四项直接申报制，从而建立了国际收支统计申报制度。下面我们将详细介绍。

（二）我国现行的国际收支统计申报体系

国际收支统计申报范围为：中国居民与非中国居民之间发生的一切经济交易。所谓中国居民是指：

1. 在中国境内居留1年以上的自然人，外国及香港、澳门、台湾地区在境内的留学生、就医人员、外国驻华使馆领馆工作人员及其家属除外；

2. 中国短期出国人员（在境外居留时间不满1年）、在境外留学人员、就医人员及中国驻外使馆领馆工作人员及其家属；

3. 在中国境内依法成立的企业事业法人（含外商投资企业及外资金融机构）及境外法人的驻华机构（不含国际组织驻华机构、外国驻华使馆领馆）；

4. 中国国家机关（含中国驻外使馆领馆）、团体、部队。

国际收支统计申报实行交易主体申报制。采取以通过银行申报为主，单位和个人直接申报为辅，定期申报和逐年申报相结合的办法。国际收支统计申报体系是一套内在的、完整的、系统的数据收集体系。它包括以下内容：

（1）通过金融机构的逐笔申报。居民通过外汇指定银行和其他金融中介机构进行的与非居民发生的各类交易，均须在办理业务时通过银行向外汇局进行逐笔申报，外汇指定银行应监督和协助其客户进行申报。

（2）直接投资企业的直接申报统计（季报）。中国境内外商投资企业以及对境外有直接投资的企业，需按照《直接投资统计申报表》的要求直接向外汇局按季度申报其投资者权益、直接投资者与直接投资企业间的债权债务状况以及分红派息情况。

（3）金融机构对外资产负债及损益统计（季报）。中国境内直接从事各类国际金融业务的金融机构，需按照《金融机构对外资产负债申报表》的要求向外汇局直接申报其对外资产负债状况及其变动情况，以及相应的利息、服务费、中介费收支情况。

（4）对有境外账户的单位的外汇收支统计（月报）。凡在境外开有账户的中国居民均须按照《境外收支申报表》的格式和要求向外汇局直接申报其境外账户的账户余额及其变动情况，申报人须向外汇局提供相应的银行对账单。

（5）证券投资统计（月报）。原则上，中国境内的证券机构以及证券交易商，须通过证券交易所，按照《证券投资申报表》的格式向外汇局申报其自营及其代理客户的证券交易、相应的收支情况以及分红派息情况；进行对外离岸证券交易的证券交易商须按照《离岸证券投资申报表》的要求直接向外汇局申报其自营及其代理客户的离岸证券交易以及相应的收支和分红派息情况。

从指标框架来看，国际收支统计申报体系是一套开放的制度体系。

从产品框架来看，国际收支统计申报体系不仅能生成国际收支平衡表、国际投资头寸表，以及相应的按部门、行业、企业属性、交易国别、交易币种、地区、银行、不同时期、结算方式等分类进行划分的补充表格，而且能为现有的结售汇统计、出口收汇和进口付汇核销、外债统计、货币银行统计以及国民账户体系提供重要的数据。

五、国际收支统计与其他统计的关系

国际收支统计与国民经济统计、外汇统计、外债统计以及新兴的国际投资头寸统计有着密切的联系。

（一）国际收支统计与国民经济核算体系的关系

国民经济核算体系是收集、报告一经济体的经济统计资料的全面系统的体系。其国际标准是国民账户体系（SNA），它包括交易、其他流量、存量以及影响记录期转变中的资产负债的变化。国际收支和国民账户体系的密切关系表现为，几乎所有国家都是先编制好国际收支和反映国际投资状况的数据，然后再汇入国民账户。

国民账户体系的每一交易都要作双方记录，一方记为使用，一方记为来源。国际收支在居民的概念、计价、记载时间、折算方法等方面都与国民账户体系的要求相一致。

国民经济账户的主要数据与国际收支流量之间的联系可以通过下面的公式表现出来：

$$GDP = C + G + I + X - M$$

$$CAB = X - M + NY + NCT$$

$$GNDY = C + G + I + CAB$$

$$GNDY - C - G = S$$

$$S = I + CAB$$

$$S - I = CAB$$

$$S - I + NKT - NPNNA = CAB + NKT - NPNNA = NFI$$

（NKT - NPNNA = 国际收支资本账户差额）

上述公式中，C = 私人消费支出；

G = 政府消费支出；

I = 国内总投资；

S = 总储蓄；

X = 货物和服务出口；

M = 货物和服务进口；

NY = 国外净收入；

GDP = 国内生产总值；

GNDY = 国民可支配总收入；

CAB = 国际收支经常账户余额；

NCT = 经常转移净额；

NKT = 资本转移净额；

NPNNA = 购买非生产、非金融资产的净额；

NFI = 国外投资净额或相对世界其他地方的净贷款额 ÷ 净借款额。

（二）国际收支与外汇收支统计

国际收支记录一国一定时期内发生在居民与非居民之间的全部的交易情况，包括了有外汇收支的交易和不发生外汇收支的交易。外汇收支以外汇收支行为为记录主体，并不区分这种行为是居民与非居民之间的还是居民与居民之间的。

除在统计范围上二者有所不同外，在统计时间上也有差异。国际收支统计是以所有权转移为记录的时间，外汇收支统计则是在这种收支行为发生之后才进行统计。

在统计方法上，国际收支采用复式记账法，借贷双方需保持平衡，而外汇收支则是一种实际记录方法，收入、支出分别记录，收、支项目的差距以收支差额体现。

国际收支与外汇收支统计有着十分密切的关系。以我国为例，国际收支的大部分交易是以外汇收支的形式进行的，最初的国际收支统计是在外汇统计的基础上建立和发展起来的。二者反映的对象各有侧重，互相补充，缺一不可。

（三）国际收支统计与国际投资头寸统计及外债统计

国际收支记录的是流量，即当期一经济体对外经济的变化量。随着 80 年代初债务危机的出现，引起国际上对资金变化及其存量的特别注意。各国越来越意识到对流量的统计与对存量的衡量具有同样重要的意义。国际投资头寸（International Investment Position，简称 IIP）统计就是在这种条件下提出来并已被一些发达国家首先采用的。

1. 国际投资头寸的定义

它是反映在一给定的日期（如年末）一经济体对世界其他

经济体的金融资产及负债情况的统计报表。

有时为了分析，还要用其计算出一经济体对世界其他经济体的净头寸（净资产或净负债）情况，从而可以看出该国是金融净债权国还是净债务国。

需要特别指出的是，国际投资头寸衡量的是金融资产及负债的变化。一般来讲，非金融性不可移动的有形资产，如土地，是属于它们所在的经济体的，所以非居民拥有的土地表现为金融资产而不是非金融资产本身。

2. 国际投资头寸统计（IIP）与外债统计的关系

一经济体的净国际投资头寸是它的对外金融资产减对外金融负债。净头寸可用来衡量一经济体在某一特定时期与世界其他经济体经济状况的相互关系及其发展趋势。净头寸是正或负可反映一国是净债权国还是净债务国。外债头寸仅指非股本性的头寸，即不包括股本证券和直接投资股本金（含收益再投资）。

基金组织、经合组织及国际清算银行对外债总额所下的定义是这样的：外债总额是指在任意一个时点上的一国居民对非居民的已经拨付但尚未偿还的契约性负债余额；这种负债须偿还本金并支付利息，或只还本不付息，或只付息不还本。我国目前的外债统计属于此列，即统计全国的外债资产总额。由此可见，外债总额与外债头寸有很大不同，而它与国际投资头寸也是很不相同又互为补充的。

3. 国际投资头寸统计与国际收支统计的关系

国际投资头寸是衡量一国金融资产及负债情况的统计报表。它与国际收支统计中的资本与金融账户相对应。一定时期内资本与金融存量的变化包括了这一时期的交易流量增减变化、市场价格的变化（如汇率、价格等的变动）引起的价值变化和其他意外因素（如无偿没收，查封等）。国际收支与国际投资头寸对应的是“交易”部分，即国际收支只反映交易情况，而不反映因市场价格引起的价值变化和其他意外因素引起的调整。而国际投资头寸的变化受金融交易、市场价格变动和其他意外因素影响。国际投资头寸统计表式见表5－2。

表5－2　国际投资头寸：标准项

	价值变动		价格变动	汇率变动	其他调整	期末余额
	期初头寸	交易额				
资产						
1. 在境外直接投资						
2. 证券投资						
3. 其他投资						
4. 储备资产						
负债						
1. 来自境外直接投资						
2. 证券投资						
3. 其他投资						

近年来一些发达国家已把编制国际收支平衡表同编制国际投资头寸表列为同等重要并相互统一的工作内容。编制国际投资头寸、衡量一国对外金融资产负债情况已成为完善涉外统计，包括国际收支统计和外债统计的一项重要举措，也预示着国际收支统计将向更高的层次发展。

第二节　国际收支综合统计分析

一、国际收支统计分析的内容

国际收支统计分析的中心是国际收支平衡状况。一国对外经济活动的目标是保证国际收支基本平衡并略有顺差，但实际上国际收支的绝对平衡在实际中是极少见的。国际货币基金组织提出了判断国际收支平衡的四种标准：（1）国际收支平衡是指经常项目差额可由正常的资本流量来弥补，而不是依靠过度的贸易限制和对资本流入或流出的特殊刺激，或者是造成大规模的失业。(2) 在考虑到暂时性因素（如码头罢工或农业歉收）、生产能力未正常使用或失业、贸易条件持久的外生变化、对贸易和资本流动的过度限制或刺激等影响之后，经常项目差额等于正常的资本净流量。(3) 可维持的国际收支，亦称为可维持的对外状况。它是指在中期，在给定的汇率水平上，一国的国际收支经常项目差额与正常的资本净流量以及官方外汇储备的合理增长相一致。(4) 经常项目平衡的两个标准：可维持性和适应性。前者是指经常项目逆差的可维持性，后者是指经常项目所包含的一国消费及其暗含的储蓄产生最大的社会福利。二者有所不同，可维持性是经常项目平衡的基本标准，适度性是最高标准。

国际收支统计分析还应将收支差额与一国对外经济活动规模、国际货币储备状况等结合起来对国际收支的平衡状况进行判断。此外，一国国际收支状况不是孤立存在的，而是该国整个国民经济状况和世界经济政治形势综合作用的结果。只有将国际收支放到这一大背景下进行深入分析，才能找到影响其平衡状况的根本原因，从而为制定有关政策，改善国际收支状况，扩大对外经济活动规模提出建议。

与国际收支平衡状况分析相结合，还可利用其他国内国际经济统计资料，围绕国际收支及其与国内经济的关系展开多方面分析。例如，可将各年份国际收支平衡表资料与国民经济发展动态进行比较，观察对外经济活动对国民经济发展的影响及影响力度；还可以分析对外经济活动的组成结构，包括对外经常交易与金融交易结构及其相互影响关系，贸易收支与非贸易收支结构，长期资本往来与短期资本往来结构等，通过结构分析，确定有关对外经济关系中的优势和劣势，为制定对外经济活动长期发展战略提供可靠依据。

二、国际收支统计描述

改革开放前，我国只有对外贸易，没有资本交易，外贸是由国家严格控制的。那时我国既不存在、也不需要处理国际收支问题，只需注意外汇收支平衡，因而只需要国家外汇收支平衡表。改革开放以来，随着引进外资和外贸体制改革，上述情形发生了根本性质的变化，完整的国际收支在中国出现了。1981 年 6 月公布了国际收支统计制度，在以往国家外汇收支平衡表的基础上，增加资本交易项目，编制我国的国际收支平衡表，这是我国认识和处理国际收支问题的开端。1982 年以来我国国际收支概况见表 5－3。

表 5－3　中国国际收支概况

单位：百万美元

	1982	1983	1984	1985	1986	1987	1988
经常项目	5674	4240	2030	－11417	－7034	300	－3802
贸易收支	4249	1990	14	－13123	－9140	－1661	－5315
出口	21125	20707	23905	25108	25756	34734	41054
进口	16876	18717	23891	38231	34896	36395	46369
劳务收支	939	1739	1574	1463	1727	1737	1093
无偿转让	486	511	442	243	379	224	420
资本项目	338	－226	－1003	8972	5943	6002	7132
长期	389	49	－113	6701	8238	5790	7056
流入	3312	2702	4128	9531	11393	9740	11114
流出	2923	2653	4241	2830	3155	3950	4058
短期	－51	－275	－890	2271	－2295	212	76
流入	244	59	223	11346	9343	9426	9149
流出	295	334	1113	9075	11638	9214	9073
误差与遗漏	279	－336	－932	92	－184	－1450	－1094
储备资产	－6291	－3648	－95	2353	1275	－4852	－2236

续表

	1989	1990	1991	1992	1993	1994	1995
经常项目	-4317	11997	13271	6402	-11902	7657	1618
贸易收支	-5620	9165	8743	5182	-10655	7290	18050
出口	43220	51519	58919	69568	75659	102561	128110
进口	48840	42354	50176	64385	86313	95271	110060
劳务收支	923	2558	3698	63	-2420	-969	-17867
无偿转让	380	274	830	1157	1173	1337	1435
资本项目	3720	3256	8032	-250	23472	32644	38674
长期	5240	6454	7671	656	27411	35756	38249
流入	12133	11611	12859	27642	50354	60789	66037
流出	6893	5157	5188	26987	22943	25033	27818
短期	-1519	-3198	362	-906	-3939	-3112	425
流入	7865	8767	7465	2581	475	1004	1644
流出	6346	11965	7103	3487	4414	4116	1219
误差与遗漏	-17	-3126	-6792	-8274	-9804	-9774	-17810
储备资产	613	-12127	-14512	2122	-1767	-30527	-22481

资料来源：历年《中国金融年鉴》。

我国国际收支的基本情况如下：

1. 经常项目分析。（1）80年代中后期，我国贸易收支曾出现过较严重的逆差，进入90年代以来，除1993年以外，均保持顺差。（2）我国非贸易收支规模一直较小，1992年以前均为顺差，但从1993年开始出现了逆差，1995年高达17867百万美元，主要原因在于1993年以来投资收益出现巨额逆差，1993～1995年我国投资收益逆差分别为1282、1036.98和11773.84百万美元。（3）上述因素导致我国经常项目收支状况在80年代中后期曾有所恶化，但90年代以来得以改善。

2. 资本项目分析。（1）1982～1995年间，我国长期资本往来除1984年以外，一直呈现顺差，尤其是1993年以来，顺差规模明显扩大，主要是由于外国在我国的直接投资迅速扩张。1992年，外国在华直接投资为11156百万美元，1993～1995年分别为27515、33787和35849百万美元。（2）我国短期资本往来规模较小，而且14年中有9年为逆差，在一定程度上表明我国受到短期资本流动的冲击的风险较小。（3）上述因素导致我国资本项目收支情况良好，除个别年份以外均为顺差，尤其是1993年以来顺差规模明显扩大。

3. 国际收支综合分析。由经常项目和资本项目收支状况决定了1982~1995年间，我国国际收支总差额基本呈现顺差，从而储备资产不断上升。截至1997年底我国外汇储备达到1400亿美元，这标志着我国国际收支状况满足可维持性标准，发展趋势良好。

另外还可以看到，我国国际收支有明显的阶段性。在1994年以前，我国的对外开放始终未摆脱传统的在实物上互通有无的范畴，国际资本的流入主要是服务于进出口的目的，即从机制上看，这一时期的外资流入主要是补偿性的。这种状况从1994年开始有了转变。由于我国政府于该年逐步放开了对经常项目下外汇兑换的限制，同时建立了正规的外汇交易机制，中国国际收支的资本项目逐步脱离开其与经常项目的关系，开始了自己的独立旅程。1994~1997年中国经常项目与资本项目连续4年出现双顺差，导致中国外汇储备连续高速增长。这一转变使得我国国际收支状况更为复杂，从而更应该加强对其的研究。

三、我国国际收支问题研究

1. 出口结构偏低。改革开放以来，我国进出口贸易持续高速增长，1978年我国外贸总额占世界贸易的比重不足1%，仅排在世界第32位，1996年我国外贸总额在世界贸易中的比重上升到3%，是世界第11大贸易国。从出口产品结构来看，1996年我国出口结构中初级产品与工业制成品出口比接近1:6，与1978年的1:0.85相比，有了明显改善，总体上已接近世界发达国家的水平。但我国出口商品的质量结构与发达国家相比还有较大差距，主要表现在：（1）我国的工业制成品以低技术劳动密集型产品为主，纺织品及服装出口比重之高是世界上少有的。目前发达国家纺织品与服装出口比重在4.5%左右，发展中国家在11%左右，而1996年我国纺织品与服装出口比重高达23.1%。可以说，我国是出口总量的大国，却是商品质量的小国。（2）我国资本及技术密集型产品出口比重偏低。1994年我国工业制成品中，劳动密集型产品为72.3%，资本和技术密集型产品比重为27.7%，而主要发达国家的劳动密集型产品比重平均不到30%，资本和技术密集型产品比重则超过70%。即使同主要发展中国家相比，我国资本和技术密集型产品出口比重也偏低，马来西亚、韩国、新加坡、泰国、巴西、墨西哥等国家的这一比重都比我国高出1倍。从工业制成品的重要组成部分机电产品来看，虽然我国机电产品出口比重已从改革开放初期的7%～8%提高到目前的32%，但仍低于世界平均水平，1995年机电产品出口比重的世界平均水平为42%，发达国家达到47%。进一步从代表现代工业技术水平的机械设备来看，则我国的差距更大，1995年日本机械设备出口比重高达70.3%，美国为48.2%，德国为49.6%，而我国仅为21.1%。这种状况使我国制成品出口的实际贸易净收益偏低。

2. 过量进口。一些商品，特别是某些长线商品过量进口，冲击国内市场，打击民族工业，抑制新兴朝阳工业的发展。以机床行业为例，近年来，精密机床，特别是数控机床的进口成倍增长，1991年进口量5.1亿美元，1995年22亿美元，4年增长3倍多。1996年机床进口势头仍然不减，进口量超过20亿美元。与此同时，国产机床连续3年生产下降，国内生产占有率由90年代初的75%下降到35%，1996年国产机床积压3.8万台。目前国内机床厂家普遍开工不足，效益下降，过量进口是导致该现象的重要原因之一。

3. 在我国国际收支中应注意的另一个问题是因大量利用外资导致的投资收益巨额逆差。1979～1996年间，我国实际利用外国直接投资累计1749亿美元，目前我国已进入还债高峰。按照易纲（1997）的估计，在今后的3～5年，我国平均每年需支付的到期外债还本大约是150亿美元，如果每年还本80%，就是120亿美元，每年利润和利息的净流出为150亿美元，这样每年由于还本付息和支付利润就是270亿美元。如果我国经常项目基本保持平衡，那么按目前外资流入的规模和速度，在未来的3～5年中我国依然可以保持国际收支平衡。但短期内数额的平衡是表面的，利用外资的关键在于提高外资的利用效率，使其与我国的产业政策相一致，充分发挥外资在我国国民经济中的积极作用，否则利用外资仅仅能够解决我国一定时期内的资金短缺问题，不能从根本上对提高我国的国民经济素质有所帮助，而沉重的还本付息压力却使我国的净财富不得不流入他国，从而不能实现国际收支的动态平衡。我国利用外资存在的一些问题在本章第四节将有述及。

第三节 进出口贸易统计分析

一、竞争优势与进出口贸易影响因素分析

自李嘉图以来，比较优势就一直是国际贸易理论发展的基石，而迈克尔·波特在比较优势基础上提出了更为科学的竞争优势概念。波特的竞争优势理论立足于产业层次，涉及微观、中观和宏观三个层面，具体内容如下：

1. 微观竞争机制。企业的竞争优势可以通过成本领先、标新立异和目标集聚三个基本战略获得。具体讲就是强化管理、提

高质量、降低成本、开发特色产品、细分市场等。目前我国企业管理水平从总体上看比较落后，产品质量参差不齐，研究开发能力和创新能力均十分薄弱。根据瑞士洛桑国际管理与发展学院（以下简称 IMD）的三个调查①可以清楚地看到中国微观竞争机制在国际上的地位是相对落后的（见表 5 -4）。

表 5 -4 我国进出口微观竞争机制

产品的价格质量比是否优于竞争对手		公司发明是否普遍		顾客导向是否足够	
4.12	42	6.41	34	6.06	19

注：每个指标的前一个数为中国的得分，后一个数为各项调查的排名。

2. 中观竞争机制。企业经营过程的升级有赖于企业前向、后向与旁侧关联产业的辅助与支持。同时为了降低成本，利用价值链的空间差，提高企业应变能力，要把企业的研究开发部门、生产部门和销售部门按一定方式组合与分割。由于历史原因，我国在产业管理上条块分割严重，企业间的上下游关联被人为地割断，而价值链的空间差也无法充分利用，产业内很难通过纵向或横向合并的途径迅速整合出适应国际经济一体化和开放条件的具有规模经济的大企业。与世界上发达国家相比，我国的企业规模和规模经济利用程度是很低的，如 1994 年我国 500 家最大的工业企业销售收入之和折合 1527 亿美元，尚不到美国通用汽车公司一家企业 1576 亿美元的销售水平，通用汽车公司与另一家年销售额为 1284.39 亿美元的福特汽车公司的销售额之和就达到了整个中国工业销售额的 45%。

3. 宏观竞争机制。宏观竞争机制取决于四个基本因素——生产要素、需求状况、相关和支撑产业状况、企业的竞争条件，

① 瑞士洛桑国际管理与发展学院的调查对象为世界经济中 46 个主要国家（地区），评分为 10 分制，以 10 分为最好。

以及两个辅助因素——政府和机遇。其中生产要素又可区分为基本要素和推进要素，基本要素指先天拥有的或不需要太大代价便能得到的，如自然资源；推进要素指通过长期投资或培育才能创造出来的，如人力资源和知识要素。我国的宏观竞争机制状况具体表现为：（1）从生产要素来看，我国基本生产要素和推进生产要素均比较贫乏，根据 IMD 的评价，1998 年我国基本基础设施、能源基础设施和教育结构的国际竞争力在参评的 46 国（地区）中分别排在第 31 位、38 位和 40 位。（2）从需求因素来看，我国人口众多，而且近年来人民生活水平不断提高，我国的消费总量和结构均有了质的改变，需求因素为企业达到规模经济提供了良好条件。但也要看到，目前我国消费水平在世界上仍处于下游水平，1997 年我国人均消费支出 319 美元，仅相当于瑞士的 1/68。同时由于经济发展水平存在显著的地区差异，需求结构也呈现出地区差异，这些因素导致一些低质产品仍有市场，影响到需求因素对产业升级的推动作用。（3）从相关和支撑产业来看，目前我国不同产业的发展不均衡，从总体上讲是加工、组装能力强，研究开发能力弱。（4）从企业竞争条件来看，长期以来，我国企业由于不具备自主经营的权力，产权界定不清晰，因此普遍缺乏有效的竞争战略，企业数量众多而规模很小，管理水平落后。根据 IMD 的评价，1998 年我国企业管理的国际竞争力在参评的 46 国（地区）中均排在第 30 位，竞争条件较差。（5）从机遇来看，我国面临的最大机遇是信息技术革命与世界范围内的产业结构调整，如果能充分加以利用，就能加快我国的产业升级。（6）从政府来看，由于政企不分和一定程度上政府服务效率低下，我国政府管理不能有效地满足市场经济条件下产业升级的需求。

目前的国际贸易更多地是建立在规模经济、技术创新等基础上的部门内贸易，后天优势对进出口贸易的决定作用越来越突出，以竞争优势为依据分析进出口影响因素更全面，进而制定的贸易和产业政策也更具有战略眼光。因此，树立当代竞争优势是我国振兴国际贸易的必由之路。

二、进出口贸易多元统计分析

根据前面进出口贸易影响因素的分析，选择如下指标进行统计分析：（1）GDP；（2）人均 GDP；（3）人均 GDP 增长率；（4）平均利润税率；（5）实际公司税是否阻碍企业经营①；（6）法律是否满足竞争需要①；（7）劳动力管制是否灵活①；（8）是否容易获得熟练劳动力①；（9）基础设施竞争力；（10）基本基础设施竞争力；（11）能源基础设施竞争力；（12）环境基础设施竞争力；（13）R&D 总支出；（14）R&D 总支出占 GDP 比重；（15）技术基础设施竞争力；（16）科学技术竞争力；（17）第三产业竞争力；（18）人均公共教育经费支出；（19）汇率稳定性；（20）贸易条件；（21）制造业工人小时工资；（22）制造业劳动成本增长率；（23）管理人员是否有充足的国际商务经验①；（24）劳动生产率；（25）劳动生产率增长率；（26）企业 R&D 总支出；（27）公司内部培训投资是否充分①；（28）产品的价格质量比是否优于竞争对手①；（29）公司发明是否普遍①；（30）顾客导向是否足够①。其中（1）～（20）为宏观竞争机制，（21）～（30）为微观竞争机制。由于中观竞争机制不易量化，未被选入。

以 IMD《世界竞争力年鉴（1998）》的 46 国（地区）数据为基础，对上述 30 个指标进行因子分析，因子载荷矩阵见表 5－5。

根据表 5－5 的结果，可以把指标归纳为三个因子（见表 5－6）。可见影响进出口贸易最主要的因素可从三个角度考察：

① 表示相应指标为 IMD 的专家调查指标。

一是一国国内经济规模和科技投入规模所导致的该国潜在的参与国际贸易的能力；二是在企业生产过程中具有推进作用的基础设施、科技与人力资本及由它们所导致的企业的生产效率；三是政府对企业发展所施宏观管理的灵活程度。

表 5－5　因子载荷矩阵

指标代号	因子 1	因子 2	因子 3	指标代号	因子 1	因子 2	因子 3
1	0.96	0.19	0.04	18	0.02	0.92	0.20
2	0.12	0.94	0.08	27	0.12	0.78	－0.01
3	－0.05	－0.07	－0.43	9	－0.07	－0.93	0.03
4	0.15	－0.08	0.49	10	－0.05	－0.87	0.12
5	－0.18	0.44	－0.63	15	－0.10	－0.93	0.10
6	－0.31	0.58	－0.58	11	0.19	－0.55	－0.25
7	0.08	0.08	－0.73	12	0.06	－0.23	－0.21
24	0.09	0.93	0.19	16	－0.28	－0.76	0.02
25	－0.12	－0.10	－0.16	28	0.18	0.83	－0.07
22	－0.02	－0.36	0.05	29	0.07	－0.17	－0.63
21	0.09	0.90	0.36	30	0.23	0.68	－0.30
23	－0.20	0.58	－0.13	8	0.06	0.31	0.02
13	0.96	0.24	0.08	17	－0.16	－0.96	0.11
14	0.28	0.67	0.18	19	0.00	－0.32	0.07
26	0.96	0.24	0.06	20	0.18	－0.10	0.15

表 5－6　因子评价表

因子名称	高载荷指标代号
因子 1：经济实力与科技基础因子	1，13，26
因子 2：推进型生产要素与企业生产效率因子	2，9，10，15，16，17，18，21，24，27，28
因子 3：政府管理灵活性因子	7

进一步地，计算各国的因子得分。主要发达国家和发展中国家的得分情况见表 5－7。由因子得分情况可以看出发达国家的得分较高，而包括新兴工业化国家和地区在内的发展中国家得分

较低，这与实际情况是吻合的。以因子得分为自变量建立 1997 年进口额、出口额与各因子之间的回归方程如下：

$$EX = 200.22 + 149.24F_1 - 64.31F_2 - 12.69LM \qquad (5.1)$$
$$(37.14) \quad (12.11) \quad (5.21) \quad (-1.78)$$
$$R^2 = 0.90 \qquad F = 58.00$$

$$IM = 180.63 + 161.29F_1 + 62.13F_2 - 8.81LM \qquad (5.2)$$
$$(4.89) \quad (13.17) \quad (5.06) \quad (-1.24)$$
$$R^2 = 0.91 \qquad F = 66.29$$

其中，EX 为出口额，IM 为进口额，F_1 为因子 1，F_2 为因子 2，LM 为劳动力管制的灵活程度，即因子 3。

由方程（5.1）和（5.2）可以发现：出口与进口均与因子 1 和因子 2 同向变动，与劳动力管制的灵活程度呈较弱的反向变动关系。表明一国要想扩大进出口，增强进出口竞争力，应当着眼于改善其推进型生产要素的状况，提高企业生产效率，增加科技投入，进而增强其经济实力。

表 5－7　各国（地区）因子总得分及其排名

国家（地区）	得分	排名	国家（地区）	得分	排名
日本	5.118297	1	韩国	－0.21634	19
美国	4.634064	2	台湾	－1.00083	29
德国	3.716343	3	新加坡	－1.44345	37
法国	2.724329	4	香港	－1.85354	43
意大利	1.983365	5	巴西	－1.18459	31
英国	0.436382	14	印度	－1.40624	36
加拿大	0.125157	17	中国	－1.64595	40

注：参加排名的国家（地区）为 44 个。

三、进出口外贸活动聚类统计分析

以贸易收支差额、贸易收支差额占 GDP 比重、服务收支差额、服务收支差额占 GDP 比重、出口、出口占 GDP 比重、出口增长率、进口、进口占 GDP 比重和进口增长率等为聚类变量，把 IMD《世界竞争力年鉴（1998）》中的46 国（地区）聚为三类。聚类结果见表 5 - 8 和图 5 - 1。

表 5 - 8　进出口聚类结果

Ⅰ	美国
Ⅱ	加拿大，法国，德国，香港，意大利，日本，荷兰，英国
Ⅲ	阿根廷，澳大利亚，奥地利，比利时，巴西，智利，中国，哥伦比亚，捷克，丹麦，芬兰，希腊，匈牙利，冰岛，印度，印尼，爱尔兰，以色列，韩国，卢森堡，墨西哥，新西兰，挪威，菲律宾，波兰，俄罗斯，新加坡，南非，西班牙，瑞典，瑞士，台湾，泰国，土耳其，委内瑞拉

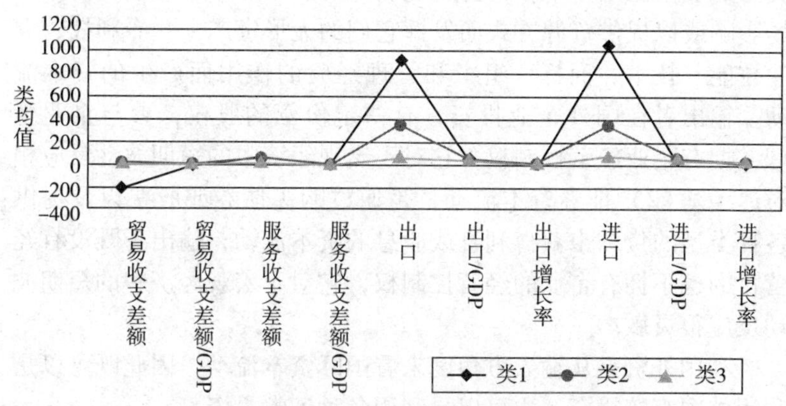

图 5 - 1　进出口贸易聚类图

表 5 - 8 和图 5 - 1 可以看出，7 个主要发达国家遥遥领先，尤其是美国因其进出口规模庞大，贸易收支呈现较大逆差、服务收支有较大顺差而被单独划为一类。第二类与第三类的主要区别在于第二类进出口规模较大。我国属于第三类，但是由于我国的进出口规模和增长速度以及贸易收支状况在同类国家和地区中都较为领先，因此与类内其他国家和地区的聚类距离较大，可以认为我国的进出口贸易处于第三类的边缘。如果前述进出口贸易的

影响因素能得以改进，同时改善进出口贸易结构，则我国进入第二类的可能性是较大的。

第四节 国际资本流动统计分析

一、国际资本流动和利用外资

当一国居民向另一国居民提供贷款，或者购买财产所有权时，就形成了国际资本流动。在国际资本流动中应区分两种不同类型的资本流动：（1）直接投资，它是企业受在本国以外的市场影响或以提供资源方式而发挥它们的无形资产——专利权、专业技能、技术、商标、组织和管理经验的作用而产生的资本流动。输出者在国外企业投资，有一定份额的股权，参与企业管理，拥有企业经营控制权，它对于宏观经济中的短期波动反应相对迟缓。（2）证券资本流动，是通过购买债券或股票以及提供各种类型的贷款来获得利息或股息的资本流动，输出者既没有经营目的也不拥有企业的经营控制权，它对于宏观经济中的短期波动反应很灵敏。

利用外资是从输入方角度来看国际资本流动，因此既可以是利用外国直接投资，也可以是利用各种证券投资。

二、利用外资的统计分析

对利用外资进行统计分析可从两个方面进行，一方面是对利用外资本身的特征，即利用外资的规模和结构，进行分析；另一方面是对利用外资效果，即利用外资对国民经济发展的影响，进行分析。

（一）利用外资规模和结构的统计分析

由表5－9可以看到，80年代的多数年份，我国利用外资规模较小，并以对外借款为主；进入90年代后，外资大量流入中国，并经历了由对外借款为主向外商直接投资为主的演变过程(见表5-9)。

表5-9　我国实际利用外资额构成

单位:%

年份	对外借款	外商直接投资	外商其他投资	年份	对外借款	外商直接投资	外商其他投资
1979~1983	81.42	12.50	6.08	1991	59.62	37.80	2.58
1984	47.54	46.51	5.95	1992	41.20	52.10	6.70
1985	57.84	35.75	6.41	1993	28.72	70.62	0.66
1986	69.08	25.82	5.10	1994	21.44	78.14	0.42
1987	67.68	27.83	4.49	1995	21.46	77.95	0.59
1988	63.44	31.23	5.33	1996	23.12	76.14	0.74
1989	62.49	33.73	3.78	1997	18.66	70.27	11.07
1990	63.50	33.00	3.50	1998	18.68	77.42	3.90

资料来源:1979~1997年数据来自《中国统计年鉴1998》,1998数据来自《中华人民共和国1998年国民经济和社会发展统计公报》(人民日报,1999年2月27日)。

改革开放初期，我国利用外资主要是为了解决资金不足，发展基础产业，据统计，1979~1989年间签订协议的130多亿美元的官方贷款，有83.14%用于能源、交通、通讯和原材料工业投资。同一时期，外商直接投资明显带有投石问路的性质，投资规模小，多数投向回收快、风险低的项目，因而在利用外资中处于次要地位。90年代以后，外商看好中国市场，尤其是受1992年邓小平同志南巡讲话的推动，外商直接投资迅猛增长，成为我国利用外资的首要成份。

我国利用的外商直接投资主要来自港、澳、台地区，以1997年为例，当年实际利用的外商直接投资及其他投资额523.87亿美元中，55%来自港、澳、台地区，而来自美国、日本、德国等发达国家的投资比重合计只有22%。从区域分布看，改革开放初期外商直接投资几乎全部集中在东部和南部沿海地区，近年来出现了向内地扩散的倾向，但总体上仍偏重于沿海地区，1997 年东部沿海地区吸收的外商直接投资占全部投资的 58.7%。

（二）利用外资效果的统计分析

1. 利用外资对 GDP 的影响。利用 1983～1997 年的统计数据，可得到如下回归方程：

$$GDP = 4411.083 + 106.972 \times \frac{实际利用}{外资额} + [MA(1) = 0.5203994]^{①} \quad (5.3)$$

$$(2.9293803) \quad (21.506603) \quad (1.7990236)$$

$$R^2 = 0.975187 \qquad D-W = 1.995485$$

（GDP 单位为亿元人民币，实际利用外资额单位为亿美元）

回归分析表明，实际利用外资与中国的 GDP 总量存在高度的正向相关性，是我国现代化“起飞”阶段的重要刺激因素。在 1983～1997 年间，实际利用外资额每增加 1 亿美元，我国的 GDP 就可以增加 106.972 亿元人民币。

2. 利用外资对于中国外汇储备的影响。外资的流入，必然有一部分投资转化为国内采购，从而会增加外汇市场的供给。在进口增长仍然存在一定外汇压力的条件下，有利于稳定汇率和增加外汇储备。1996 年，中国外汇汇率基本保持上下波动 1 个百分点范围内的同时，外汇储备比上年末增加了 314 亿美元，这与外资的有效利用具有密切的关系。

回归分析得到如下方程：

$$\frac{外汇}{储备} = -113.03787 + 1.9364931 \times \frac{实际利用}{外资额} + [MA(1) = 0.9185240] \quad (5.4)$$

① MA(1)为一阶滑动平均，下同。

(−2.2165296)　(11.409205)　(3.1385787)

$R^2=0.916384$　$D-W=1.985691$

(5.4) 式表明，外资的流入，对于中国外汇储备的增加起到了明显的积极影响。

3. 利用外资对于中国进出口贸易的影响。外资企业已成为中国对外贸易的主要力量，1996 年外资企业进出口额占全国对外贸易总额的 47%。从增长速度来看，外资企业进出口增长速度也大大高于全国平均水平。1997 年，外商直接投资占实际利用外资总额的 70.3%，这些投资对于未来中国对外贸易的发展将产生重要的影响。

回归分析得到如下方程：

$$\text{进出口总额}=576.78029+4.2398911\times\text{实际利用外资额}+[MA(1)=0.6407554] \quad (5.5)$$

(9.6109950)　(21.392947)　(2.2318552)

$R^2=0.975649$　$D-W=1.999409$

(5.5) 式表明，利用外资对于中国对外贸易进出口额产生了重要的促进作用。

4. 利用外资对于中国就业的影响。外商直接投资建立了大量的"三资"企业，为中国公民提供了大量的就业机会，对转轨时期中国就业压力的减缓和社会稳定起到了良好的作用。同时，外资企业还为中国高素质企业管理队伍和技术创新队伍的培养提供了机会。

回归分析得到如下方程：

$$\text{从业人员}=13712.364+11.118990\times\text{实际利用外资额}+[MA(1)=0.7350291] \quad (5.6)$$

(29.749734)　(6.8596567)　(2.2574037)

$$R^2 = 0.861116 \qquad D-W = 2.026797$$

（5.6）式表明，实际利用外资额每增加 1 亿美元，就可以解决 11.1 万人的就业问题。利用外资对于解决就业问题具有良好的作用。

5. 利用外资对货币供给量和通货膨胀的影响。对 1985 ~ 1996 年间有关数据进行回归分析①，回归方程为：

$$M_2 = -10042.2 + 31.28EXR + 90.12CF \qquad (5.7)$$

$$(-1.35) \qquad (1.36) \qquad (3.51)$$

$$R^2 = 0.95$$

其中，M_2 为货币供给量，EXR 为汇率，CF 为外资流入额。

（5.7）式表明利用外资与货币供给量之间有密切的相关关系，平均来说，资本流入每增加 1 亿美元将导致货币供给量增加 90.12 亿元。

外资对通货膨胀的压力主要体现在以下两个方面：（1）外资流入增加使中央银行外汇储备增加，引起中央银行以人民币外汇占款形式投放的基础货币增加，导致国内货币供给量增加，国内总需求膨胀，通货膨胀压力增大。（2）对以机器设备形式投入的外资，无论是直接以实物形式注入，还是以资金形式注入再进口，国内都需要有相应的人民币配套资金，这也势必加大国内通货膨胀压力。

三、资本市场统计分析

持续的限制政策以及脆弱的市场基础设施，使流向中国的有价证券流量受到了限制。1980 ~ 1984 年，这一流量几乎为零。80 年代中期以来，国际融资出现了证券化趋势，在国际资本市

① 牛南洁：《中国利用外资的经济效果分析》，载《经济研究》，1998（5），23 页。

场上，证券融资已占国际融资总额的80%，而国际银行信贷所占份额则由80年代前半期的60%降至20%左右，国际资本市场的这一发展趋势促使我国引进外资将更多地采用证券融资的方式。1982年首次在日本发行外国债券，到1992年底，我国境内金融机构在海外发行了49次国际债券，共筹资67.23亿美元。从1992年起，我国加速了从国际债券市场融资的进程，呈现出发行市场化和发债主体多元化、债券品种多样化、发行货币多样化等特点。1991年11月上海申银证券公司为上海真空电子器件股份有限公司成功地发行了第一只人民币特种股票——B股。B股的发行，既加速了中国资本市场的国际化，也为我国上市公司开辟了筹集资金的新渠道。截至1997年3月底，在上海证券交易所和深圳证券交易所挂牌上市的B股共有87只，共募集资金约3亿多美元，加快了国有企业的发展和技术改造。此外，我国证券市场还通过境内企业在海外直接或间接上市，以及建立海外中国投资基金等方式加快了国际化进程。

从国际收支平衡表来看，1991年外国和港澳台地区在华证券投资差额为565百万美元，1997年达7703百万美元，年均增长45.24%，快于同期外国直接投资年均39.21%的增长率。从证券投资占GDP比重来看，1986～1988年，流入我国的证券投资约占GDP的0.5%，1989年有所回落，90年代以来证券投资流量得以恢复，1993～1994年占GDP比重达到0.7%～0.9%，但1995年和1996年再次出现回落。

目前我国资本市场开放程度较低，证券、股票等筹资比重与国际资本市场融资结构不相适应，境内B股和境外H股、N股仍然缺乏足够的市场吸引力。一国证券市场的国际化标志着该国开始建立起高度开放性经济体制，表明一国国民经济在更高层次上与世界经济有机结合起来了，这只能是在一国的国际竞争力和资本效率至少与国外相均衡的条件下才能实现。因此，我国证券市场的国际化道路将是漫长而曲折的。

第五节 外债统计分析

一、外债统计

根据国际金融组织所下的外债定义，并结合我国的经济特点，我国在 1987 年 8 月 27 日公布的《外债统计监测暂行规定》中明确了我国的外债定义。该规定第三条指出：本规定所称外债是指中国境内的机关、团体、企业、事业单位、金融机构或者其他机构对中国境外的国际金融组织、外国政府、金融机构、企业或者其他机构用外国货币承担的具有契约性偿还义务的全部债务，包括：(1) 国际金融组织贷款；(2) 外国政府贷款；(3) 外国银行和金融机构贷款；(4) 买方信贷；(5) 外国企业贷款；(6) 发行外币债券；(7) 国际金融租赁；(8) 延期付款；(9) 补偿贸易中直接以现汇偿还的债务；(10) 其他形式的对外债务。借款单位向在中国境内注册的外资银行和中外合资银行借入的外汇资金视同外债。在中国境内注册的外资银行和中外合资银行向外借入的外汇资金不视为外债。

二、外债统计的分类

按照不同的标准，可以对外债进行不同的种类划分：(1) 按债务期限划分，可分为短期债务和中长期债务。短期与中长期的标准以一年为限。(2) 按债务形式划分，可分为国际商业贷款、外币债券、国际金融租赁、贸易融资、政府和国际金融组织贷款、对外私人存款。(3) 按债务人或其使用情况划分，可分为政府机构借款、金融机构借款、企业单位借款、其他机构借款。(4) 按债权人或其来源情况划分，可分为国际金融组织贷款、外国政府贷款、外国银行和金融机构贷款、外国企业或个人贷款。(5) 按优惠情况划分，可分为硬贷款和软贷款。(6) 按贷款的利率划分，可分为无息贷款、低息贷款和市场利率贷款。

我国在对外债进行管理的实际操作中，一般是将上述多种多样的外债归结为如下5种。

1. 国际金融组织贷款。国际金融组织贷款就是由国际金融组织机构向借款人（一般为成员国）提供的贷款。这种贷款的资金来源主要是成员国交纳的份额和以金融机构名义的借款。贷款对象是符合规定要求的成员国，大多是发展中国家。国际金融组织贷款的条件比较优惠，以中长期贷款为主，每笔贷款的金额较大、期限较长、平均利率较低，是发展中国家的主要筹资渠道之一。

相对于我国而言，关系较为密切的国际金融组织贷款主要有国际货币基金组织贷款，世界银行集团成员的国际复兴开发银行、国际开发协会、国际金融公司贷款，亚洲开发银行贷款和国际农业发展基金贷款。

2. 外国政府贷款。外国政府贷款是指一国（债权国）政府利用本国资金向另一国（债务国）政府提供的优惠贷款。债务国一般是第三世界经济比较落后或资金短缺的国家。债权国一般是西方发达国家或石油输出国组织成员国。

政府贷款一般具有金额大、利率低、期限长、附加费用较少、附加条件较多等特点；其主要形式是混合贷款，即外国政府提供低息优惠贷款或赠款和出口信贷结合使用。

3. 国际商业贷款。国际商业贷款是借款人为了满足某一建设项目和其他用途资金的需要，在国际金融市场上向外国金融机构、企业或商人筹借的借款。这种贷款的借款手续简便，在资金使用上限制条件较少，但借款成本较高，风险比国际金融组织贷款和外国政府贷款要大。因此，借款人资信的好坏是决定国际商业贷款筹资成本的关键。

国际商业贷款的种类很多，就广义来说，主要有如下几种类型：

（1）短期融资。即借款期限在一年（包括一年）以内的短期贷款，其利率随行就市。

（2）普通中长期贷款。即借款人为了进行生产建设项目投资，在国际金融市场上筹借的一年期以上的贷款。

（3）买方信贷。即出口方银行直接向进口商或进口方银行提供信贷。买卖双方以即期现汇成交，签订贸易协议后，买方向卖方先付15%～20%的订金，其余的80%～85%货款由卖方银行贷给进口商或进口方银行，买方用这笔贷款按现汇付款条件支付给卖方，而后买方按贷款协议规定分期向卖方银行偿还贷款本息。与买方借贷相对应的还有卖方信贷，即延期付款方式，是出口方银行向出口商提供的信贷。出口商为了推销其产品，将产品赊销给外国买主，允许买方一次或分期付款。

（4）循环贷款（Revolving Credit），也称备用贷款。即借款人根据贷款协议在贷款有效期内可以随时提用金额不超过规定的最高限额的贷款。

4. 对外发行债券。对外发行债券是一国政府、金融机构、企业等在国际债券市场上以外国货币或境外货币面值所发行的债券。发行对象主要是境外的投资者，可以是银行、企业，也可以是个人，发行面很广。由于债券具有流动性、安全性和收益性，以及集资额大等特点，目前已成为我国在国际金融市场上筹措资金的一种重要形式。

5. 国际金融租赁。国际金融租赁又称融资性租赁（Financial Leases），它是商业信贷和银行借贷同时进行的一种新的筹资方式。承租人（租赁公司）向国外出租人（租赁公司或企业）租用机器设备，以支付租金形式偿还使用费，到期退还机器设备或买下设备残值。租赁业务比较灵活，金额可大可小，租赁期限可长可短，租金偿还可一次性清偿或分期清偿。

三、外债统计分析

（一）外债的经济收益

借外债的经济效益表现在以下几个方面：

投资：借外债可以弥补国内建设资金不足，增加投资能力。几乎所有的分析家都认为借外债的作用是扩大投资，因为它补充国内建设资金的不足，有助于提高资本形成比率，从而带来更高的投资率和收入增长率。但这里有一个必要前提，即所借外债都有效地用于投资项目。

技术和设备：借入外债后，债务国可以根据本国的生产需要和消化能力引进国外的先进技术和设备，经过不断的吸收，提高本国的生产技术水平和社会劳动生产率，生产出能够满足国内需要的产品，丰富本国人民的物质文化生活。

就业：通过借外债增加国内的生产投入，开辟新行业，建立新企业，能吸收大批的待业人员，经过培训后，不但提高了本国的就业率，而且提高了劳动力的素质。

贸易：借外债不仅促进了本国的生产结构变化，而且有利于出口商品结构变化。实践证明，利用国外资金引进国内紧缺物资和关键设备，可以加强某一生产领域或行业的建设，调整不合理的产业结构。扩大出口创汇的生产能力，提高国际市场上的竞争地位，改变长期依赖进口的状况，促进国际经济发展。

银行或金融机构：借外债可以改善一个国家作为潜在金融市场的形象，在债务国保持良好信誉的情况下，外国银行在债务国设立分行、代表机构等的机会将增多，这给债务国带来许多好处：（1）增加外国银行对债务国的了解，从而改善借贷信誉标准；（2）帮助开发本地银行没有利用的国际资本市场；（3）有助于吸引跨国公司的直接投资；（4）支持当地金融机构和金融市场的开发。所以，通过借外债能够加强债务国和债权国在金融领域的合作，增强债务国经营和管理国际资本的能力，最终有利于促进国际间经济贸易合作的开展。

（二）借外债的成本

如前所述，借外债可以给债务国的经济带来许多收益，但同时，也将使债务国付出如下代价：

债务偿还：债务偿还一般采取分期还本付息。为了还本付息，债务国就要放弃一定数量用于消费和投资的购买力。债务国用于偿还债务的资金来源可通过扩大出口、减少进口或继续借外债来获得。国际商业贷款或按市场条件的外国政府贷款，其利率较高，故成本高昂。另外，对债务国来说，可能在一定时间有许多贷款到期，即形成所谓的偿债高峰期，这时很容易使债务国出现清偿困难或清偿危机，一时不能履行偿还债务的义务。而不按期还债会损害债务国的信誉，还会削弱债权者的信心，从而使债务国难以再借到外国贷款，甚至还会有被拒绝于国际金融和商业中心门外的危险。

附带条件的外债：附带条件的外债主要是指附加其他条件的政府或国际金融组织的贷款，这些贷款的附加条件可以视为还本付息之外的附加成本。例如，债务国在得到一笔政府贷款后，要用其中一部分购买债权国的物品，而这些物品不一定是债务国所急需进口的。又如，一些债权国或国际金融组织机构在提供贷款时，还以债务国实行经济政策“改革”为条件，干预债务国的经济活动。

外资供应的不确定性：并非外资的供应总是稳定有保证的。国际经济和金融形势的动荡会影响债务国的资本流入，而影响国际经济和金融形势的因素又是非常多的。在债权国出现衰退、通货膨胀和预算赤字严重的情况下，势必会减少对债务国的政府贷款，如果债权国经济不景气，出现衰退，或国际贸易出现萎缩状况，商业银行也可能削减甚至停止对债务国提供新的贷款。外资供应的这些不确定性往往是造成债务国清偿困难的重要原因。

对外债的依赖性：如果外债使用不当，不能创汇，或不能带来足以还本付息的外汇，债务国就不得不继续举新债来还旧债，结果使债务国对外债产生依赖性，并有可能加重。对外债的依赖性越大，债务国对国际金融市场和国际经济环境变化冲击的抵抗力就越脆弱。

外债给债务国带来的收益和使它们付出的代价，对于不同的国家、不同的时期和不同的经济环境来说，是不一样的。但是，究竟是利大还是弊大，在很大程度上取决于债务国经济发展政策及使用和管理外债的政策。好的经济放策，较完善的使用管理外债政策，可使发展中国家在债务问题上趋利避害。

（三）外债与国际收支平衡

借外债是一国对外经济活动的一个主要组成部分，对一国的国际收支状况有重要影响，特别是从发展的角度来看，它影响着一国国际收支发展的前景和趋势。反过来说，国际收支状况也在很大程度上影响着债务活动的周期，表现在贸易顺差可以用来偿还外债的本息。世界银行把债务周期划分为五个阶段：第一阶段是不成熟的债务人，这个阶段的特点是贸易逆差，利息支付净流出，净资本流入，债务上升；第二阶段是成熟的债务人，这个阶段的特点是贸易逆差下降，债务按递减速度上升；第三阶段是债务减少，贸易顺差上升，利息支付的净流出减少，净资本流出，净外债下降；第四阶段是不成熟的债权人，其特点是贸易顺差下降，再转为逆差，利息支付的净流出转为流入，资本流出速度下降，外国资产的净积累；第五阶段是成熟的债权人，贸易逆差，利息支付的净流入，净资本流量减少，净国外资产的头寸缓慢增长或稳定不变。

（四）债务偿还比率与偿债能力

一个国家借入外债，固然要考虑某一段时间内本国经济发展对外债的需求，同时也要受其本身外债偿还能力所制约。借外债，必须保证偿还能力。如果没有偿还能力，一方面会影响债务国的信誉，造成今后借外债的困难；另一方面会造成债务危机。

衡量外债偿还能力的标准有两个方面：一是生产能力，二是资源转换能力。所谓生产能力标准，是指拿出一部分国民收入偿还外债本息后不影响国民经济正常发展；所谓资源转换能力标准，是指用于偿还外债的那部分国民收入能否转换为外汇。国际上通常采用下列债务偿还比率或指标来衡量一国的外债偿还能力：

（1）负债率。是指一定时期一国的外债余额占该国当期的国内生产总值的比率，该比率以不大于20%为界限。用公式表示，即：

负债率＝外债余额/国内生产总值≤20%

（2）外债饱和后外债余额增长速度应不大于国民生产总值增长速度。

（3）债务率。是指一定时期一国的外债余额占该国当期外汇总收入（商品劳务出口）的比率，该比率以不大于1为界限。用公式表示，即：

债务率＝外债余额/外汇总收入≤100%

（4）外债余额增长速度应不大于外汇收入增长速度。

（4）偿债率。是指一国还债额（年偿还外债本息额）占当年该国外汇总收入（商品劳务出口）的比率，该比率以不超过20%为界限。用公式表示，即：

偿债率＝年偿还外债本息/年外汇总收入≤20%

（6）当外债饱和后，年偿还外债增长速度应不大于年外汇收入增长速度。

其中第一项指标是从静态考察生产对外债的承受能力；第二

项指标是从动态考察生产对外债的承受能力；第三和第五项指标是从静态考察资源转换能力对外债的承受能力，即外债余额和还本付息额与外汇收入的关系；第四和第六项指标是从动态考察外汇收入增长速度所能允许的外债及还本付息的增长速度。

上述6个指标中，第五个指标即偿债率是用以衡量外债偿还能力的一个最主要的指标，也是用来显示未来债务偿还是否还会出现问题的一个晴雨表。其余的指标，相比而言，是辅助或补充性指标。常见的说法是，偿债率控制在20%以下为宜，超过20%，说明债务偿还会出现问题。换句话说，一个国家的外债规模应控制在外债本息偿还额不宜超过年外汇总收入——当年商品和劳务出口收入的20%。世界银行分析45个债务国的情况表明，偿债率超过20%的17个国家中，15个国家出现了严重的债务问题，以至不得不重新安排债务。

无疑，利用上述偿还债务的比率和指标，特别是偿债率来衡量一国的外债偿还能力，有重要的参考作用。但它们不是决定性的或唯一的指标，这是因为它们本身存在一些局限性：第一，上述指标所显示的是过去的情况，并不包括将来形势的发展。出口商品产销的变化，出口市场的兴衰，商品价格的升降等因素都直接影响未来出口收益的增减。而这些因素的变化在相当程度上是不受本国主观努力所左右的。对未来形势发展缺乏预见性是偿债率和其他类似比率或指标先天缺乏的。第二，以出口收入为基础的偿债率只显示了国际收支一个方面，并没有考虑到国家进口商品和劳务的因素，也没有包含国际储备状况，而这些都是影响一国国际支付能力的重要因素。如果一国的偿债率超过20%，但外汇储备充足，人均国民收入水平较高，今后经济发展速度快，外债偿还也不会出现问题。第三，能否持续地、有保证地借入外债，也是外债偿还不出问题的因素之一。因此，将一国外债偿还能力局限于外汇收入来衡量显然是有局限性的。

总之，由于外债问题牵涉面很广，可变因素很多，对一国的外债水平或外债的偿还能力，实在不可能用一个比率或一组比率来概括，需要从更多方面、不同角度去估量一国的外债水平及其偿还能力。

四、中国外债的统计分析

（一）外债余额

从1979年起，中国借用外债经历了“五五”末期和“六五”（1981～1985年）初期的起步、“七五”的逐步发展、“八五”（1991～1995年）和“九五”期间高速发展等几个阶段（见表5－10）。“五五”期末（1980年末）中国外债余额仅为49.4亿美元，“六五”期末达到158.3亿美元，“七五”期末升至525.5亿美元，“八五”期末突破1000亿美元大关，达到1995年末的1065.9亿美元，“九五”的第三个年末（1998年）达到1460.4亿美元。每个计划期末的外债余额分别比前一个期末增加108.9亿美元、367.2亿美元、540.4亿美元；“九五”的第三个年末外债余额比“八五”期末增加395.2亿美元。“六五”至“九五”（至1998年末）的四个五年计划期间，外债余额的平均增长率分别为28.6%、25%、15.2%和11%。

表5－10 中国历年外债余额和期限

项目 年度	外债余额（亿美元）	中长期外债			短期外债		
		余额（亿美元）	同比增长（%）	占总余额比重（%）	余额（亿美元）	同比增长（%）	占总余额比重（%）
1985	158.3	94.1		59.4	64.2		40.6
1986	214.8	167.1	77.6	77.8	47.7	－25.7	22.2
1987	302.0	244.8	46.5	81.1	57.2	19.9	18.9
1988	400.0	326.9	33.5	81.7	73.1	27.8	18.3

续表

项　目 年度	外债余额（亿美元）	中长期外债			短期外债		
		余　额（亿美元）	同比增长（%）	占总余额比重（%）	余　额（亿美元）	同比增长（%）	占总余额比重（%）
1989	413.0	370.3	13.3	89.7	42.7	-41.6	10.3
1990	525.5	457.8	23.6	87.1	67.7	58.5	12.9
1991	605.6	502.6	9.8	83.0	103.0	52.1	17.0
1992	693.2	584.7	16.3	84.4	108.5	5.3	15.6
1993	835.7	700.2	19.8	83.8	135.5	24.9	16.2
1994	928.1	823.9	17.7	88.8	104.2	-23.1	11.2
1995	1065.9	946.8	14.9	88.8	119.1	14.3	11.2
1996	1162.8	1021.7	7.9	87.9	141.1	18.5	12.1
1997	1309.7	1128.2	10.4	86.1	181.4	28.6	13.9
1998	1460.4	1287.0	14.1	88.1	173.4	-4.4	11.9

（二）外债规模的安全线

尽管我国外债规模较大，但有关外债规模风险的指标一直低于国际公认的警戒线(见表5-11)。1985年、1990年、1995年、1998年末的负债率分别为5.2%、13.5%、15.2%和15.2%，均低于20%的警戒线。历年年末的债务率从未超过100%，平均债务率为78.4%，1998年末为70.4%。外债的还本付息，1993年

表5-11　中国历年的负债率、债务率和偿债率

年　度	负债率（%）	债务率（%）	偿债率（%）	年　度	负债率（%）	债务率（%）	偿债率（%）
1985	5.2	56.0	2.7	1992	14.4	87.9	7.1
1986	7.3	72.1	15.4	1993	13.9	96.5	10.2
1987	9.4	77.1	9.0	1994	17.1	78.0	9.1
1988	10.0	87.1	6.5	1995	15.2	72.4	7.6
1989	9.2	86.4	8.3	1996	14.2	67.7	6.0
1990	13.5	91.6	8.7	1997	14.5	63.2	7.3
1991	14.9	91.9	8.5	1998	15.2	70.4	10.9

以前，每年约在100亿~200亿美元之间；1994年以后，每年的还本付息额在200亿美元以上，其中1994、1996年超过300亿美元，1998年达到424.8亿美元。尽管如此，近10年来偿债率一直在11%以下，远低于公认的标准。

（三）外债的期限结构

我国一直比较注意保持一个合理的对外债务的期限结构，防止出现债务偿还的流动性风险。1985年，中国的短期外债比例曾高达41%，为防止短期债务的过分增长，1988年以来，外汇局对中资企业商业贷款实行余额管理，使短贷比例逐步下降，1990年、1995年、1998年年末的短贷外债余额的比例分别为12.9%、11.2%和11.9%，大大低于世界银行25%的内部标准（见表5-10）。

（四）外债的币种结构

中国的外债币种以美元、日元为主，两者相加，约占全部债务的80%左右。近年来，美元的比例略有上升，日元的比例略有下降。1998年末，美元债务比重为67.02%，日元债务比重为15.43%。

（五）外商投资企业外债

近几年，外商投资企业外债增长较快，其外债余额从1991年的56.9亿美元，增长到1995年的165.5亿美元和1998年的452.4亿美元，分别占当年外债总余额的9.4%、15.5%和30.9%，其增长速度大大高于全国的平均水平。

第六节 外汇储备统计分析

一、外汇储备的基本问题

（一）外汇储备适度规模

一般来说，适度的外汇储备规模是指现有储备额能在特定固定汇率条件下融通其一定时期内发生的预料之外的国际收支逆差，同时使该国持有储备的成本与收益相等。即储备持有额越多，弥补国际收支逆差的能力越强，储备收益越大，但随着外汇储备规模的不断扩大，对国际收支的边际效用有所减小，而边际成本（一国资本生产力与储备资产收益率之差）却在不断增大。这两条趋势相反的线相交的那一点即是理论上的适度外汇储备规模。

（二）外汇储备规模的影响因素

外汇储备与许多经济变量有着直接或间接的关系，如经济活动规模、国际收支流量、外汇供给［经常项目顺差（包括出口增长潜力等）、资本流入］和外汇需求［经常项目逆差（贸易结构、条件和保护主义）和偿还外债总额］、调节政策的成本和收益（国际收支调节政策的机制是否灵活，资产管理、削减进口、汇率下降是否有效）、开放度及外贸依存度、国际清偿能力的大小（对外资信高低、临时筹资能力及是否为储备货币发行国、各国协调与合作是否良好）、外贸和外汇管制的宽严程度等，这些变量就成为通过回归、相关分析来确定适度外汇储备规模的构成要素。

二、外汇储备规模与经济实力的国际比较

（一）外汇储备规模的国际比较

从世界范围内选取 17 个代表性国家，包括：美国、日本、加拿大、法国、德国、意大利、英国、澳大利亚 8 个发达国家；印度、印尼、韩国、马来西亚、新加坡、泰国、巴西、墨西哥和中国 9 个发展中国家和新兴工业化国家，列出这些国家 1988 年至 1996 年的外汇储备，如表 5－12 所示。

运用统计软件 SPSS，依据表中数据对 17 国进行聚类分析。分别采用 Ward 法、重心法、最远距离法等聚类方法得到 17 国

聚类结果，提炼共性可将17国分为5类：

表5－12 世界主要国家外汇储备（期末数）

单位：亿美元

年份	1988	1989	1990	1991	1992	1993	1994	1995	1996
美国	173.60	445.50	521.90	459.30	400.10	415.30	412.20	491.00	382.90
日本	905.14	779.92	694.87	617.58	618.88	887.20	1151.46	1724.43	2073.35
加拿大	135.17	141.50	158.02	140.79	93.82	104.71	102.19	126.29	180.28
法国	223.59	218.68	340.67	282.92	243.84	200.08	253.20	231.42	231.20
德国	533.24	558.62	629.67	575.17	858.87	727.27	722.19	777.94	758.03
意大利	325.00	442.78	601.76	454.95	249.66	251.40	301.07	329.42	440.64
英国	411.20	319.90	329.30	387.30	340.90	346.30	385.30	391.80	378.80
澳大利亚	129.89	131.50	156.05	158.94	105.36	104.70	107.06	113.40	140.16
印度	41.48	31.05	12.05	35.80	54.61	98.07	193.86	174.67	197.42
印尼	49.48	53.57	73.53	91.51	101.81	109.88	118.20	133.06	150.58
韩国	123.40	149.78	144.59	133.06	166.40	197.04	250.32	319.28	323.18
马来西亚	61.34	73.93	93.27	104.21	167.84	268.14	248.88	229.45	259.17
新加坡	168.61	201.36	275.35	339.31	396.61	480.66	578.90	683.99	746.10
泰国	59.97	94.61	132.47	172.87	200.12	240.78	288.84	354.63	371.92
巴西	69.71	75.35	74.30	80.20	225.20	306.02	370.69	497.07	581.70
墨西哥	48.85	59.46	94.46	171.40	183.94	248.86	61.01	152.50	191.76
中国	175.48	170.22	285.94	426.64	194.43	211.99	516.20	735.79	1023.06

资料来源：《对外经济贸易年鉴1997》。

Ⅰ日本；

Ⅱ德国；

Ⅲ美国、意大利、英国、法国；

Ⅳ中国、新加坡；

Ⅴ加拿大、澳大利亚、韩国、印度、印尼、马来西亚、泰国、巴西、墨西哥。

我们看到，Ⅰ类国家日本的外汇储备除1992年之外均为全球最多，且以1992年为转折点呈现出先降后升趋势；Ⅱ类国家德国总体趋势平稳，1992年为其最高点；Ⅲ类国家美国和法国外汇储备水平位居中等且趋势平稳；Ⅳ类国家新加坡的外汇储备直线上升，而中国除1992年下降外也基本类似，两国均由1988年的较低水平逐渐升到1996年的较高水平；Ⅴ类国家巴西、韩国和加拿大的外汇储备趋势均以1991年为转折点，1991年以前大体相当，1991年以后巴西的外汇储备增长迅速，韩国也缓慢增长，加拿大的外汇储备绝对额变动不大，但相对排名下降。三国总体水平仍较低。

（二）外汇储备和人均GDP、经济增长率的国际比较

由于外汇储备规模与经济规模、开放程度、国际地位等因素有着复杂的联系，是各种因素综合作用的结果，所以仅从它与人均GDP和经济增长速度等变量的相关关系来看，并不能得出令人信服的结论。但是我们可以根据外汇储备、经济发展水平和速度三方面变量对世界主要因素进行归类，摸索其中存在的规律性。

依据各国1988年至1996年外汇储备（见表5－12）、1997年人均GDP和1996年至1998年GDP增长率（见表5－13）三方面变量对17国进行聚类分析，可得：

Ⅰ类　日本（外汇储备和人均GDP世界第一、经济增长率不高且有所下降）；

Ⅱ类　德国（外汇储备较多、人均GDP较高、经济增长率中等且较稳定）；

Ⅲ类　美国、法国、意大利、英国、新加坡（外汇储备中等且较稳定（新加坡直线上升）、人均GDP较高、经济增长率中等且较稳定（新加坡较高但1998年下降较多）；

表 5-13 各国人均 GDP、1996~1998 年经济增长率

国别	1997 年人均 GDP（美元）	1996 年 GDP 增长率（%）	1997 年 GDP 增长率（%）	1998 年 GDP 增长率（%）
美国	28902	2.8	3.8	3.4
日本	33346	4.0	0.8	-1.6
加拿大	20103	1.2	3.8	3.0
法国	23670	1.5	2.6	3.0
德国	25611	1.4	2.3	2.6
意大利	20094	0.7	1.3	2.6
英国	21554	2.3	3.6	2.2
澳大利亚	20581	3.3	3.0	2.8
印度	374	6.7	5.3	5.4
印度尼西亚	1073	8.0	4.5	-16.8
韩国	9621	7.1	4.9	-6.2
马来西亚	4644	8.6	7.1	-2.3
新加坡	32106	7.0	7.6	1.2
泰国	2578	6.4	-0.4	-7.8
巴西	4796	2.9	3.0	1.1
墨西哥	3524	5.1	7.0	5.3
中国	672	9.6	8.8	7.8

资料来源：《1998/99 年世界发展报告》；《中国经济信息》1999（2），27 页。

Ⅳ类　加拿大、澳大利亚（外汇储备很低且较稳定、人均 GDP 较高、经济增长率中等且较稳定）；

Ⅴ类　中国（外汇储备迅速增至世界第二位、人均 GDP 很低但经济增长率很高且较稳定）；

Ⅵ类　印度、印尼、韩国、马来西亚、泰国、巴西、墨西哥（外汇储备基本处于上升趋势（只有墨西哥因1994年金融危机使外汇储备减少较大）、人均GDP较低、经济增长率除印度和墨西哥保持较高外其余国家受亚洲金融危机影响而下降较大，尤其是印尼和泰国）。

总之，用人均GDP、经济增长率和外汇储备三方面变量划分的国家类别与仅用外汇储备划分的国家类别大体相当，不同之处在于新加坡在仅考虑外汇储备时与中国一类，而考虑经济发展水平与速度时与大多数发达国家一类。一般而言，经济发展水平较高的发达国家，其外汇储备规模比较稳定；而正处于经济上升阶段的发展中国家和新兴工业化国家，外汇储备随着经济规模的扩大和对外开放程度的不断加深而迅速增长。从1988年至1996年，巴西的外汇储备增长了7.3倍；泰国增长了5.2倍；我国的外汇储备增长了4.8倍；发展中国家的外汇储备平均增长了3.8倍之多，而日本和美国作为发达国家中外汇储备增长速度最快的国家也仅增长了1.5倍，有的国家还出现了下降，由此可见一斑。

三、外汇储备与国际收支变量的比较分析

从外汇储备的来源看，国际收支经常项目和资本项目盈余是我国外汇储备的唯一来源，也是唯一的组成部分。

（一）外汇储备与国际收支变量的对应关系

1994年我国实行了以人民币汇率并轨为主要特征的外汇体制改革，使人民币汇率大幅度贬值。这极大地推动了对外贸易的飞速发展。根据中国人民银行提供的数据，1994年国家新增的304亿美元的外汇储备中，来源于对外贸易项下的净结汇有158亿美元，来源于对外非贸易项下的净结汇有105亿美元。而在当时新的外汇管理体制下，一方面外汇市场还在实行严格的市场准

入制度，汇率形成机制也未完全市场化；另一方面，企业没有现汇账户，外汇收入实行完全强制性的结汇制（外商投资企业除外），而售汇在管理上要严格得多，这使贸易顺差基本上都变成了外汇银行的资产；同时中国人民银行又对外汇银行实行周转限额比例管理，这就使得我国国际收支的顺差与外汇储备的增长之间存在着直接的对等关系，因而1994年外汇占款全年累计达3104亿元人民币，这种情况在1995年和1996年继续发生。这说明国际收支中的净结汇，特别是经常项目的净结汇构成了国家外汇储备进而是外汇占款的重要来源。下面，我们就看一看经常项目和资本项目顺差额在外汇储备增长中所占的比例。

（二）外汇储备与经常项目和资本项目的比较分析

由表5－14，我们可以进一步看出经常项目和资本项目差额的变化与外汇储备增减的关系。先看1982～1991年，在这9年中，经由国际收支途径增加的外汇储备为378.97亿美元，经常项目顺差累积了109.42亿美元，不到外汇储备的30%，而资本项目的顺差占到外汇储备总增加额的91%。从1992年至1997年的5年间，虽然经常项目顺差占外汇储备的比例有所提高，但也仅有34%，只有1997年经常项目盈余陡增，占到外汇储备总增加额的85%，而资本特别是短期资本的流出增多造成资本净流入减少，它占外汇储备增加额的比例也大幅度下降。总之，从开始进行国际收支统计的1982年至1997年的15年间，外资净流入在1560.75亿美元的外汇储备总增加额中所占比例接近70%，经常项目顺差虽然有所提高，但仅占约1/3的份额。但是，这并不能说明我国积累的巨额外汇储备主要是由于外资流入造成的。因为我国引进的外资主要是国外的真实资本，即设备、技术、管理和贸易渠道，而非货币资本。国外真实资本的增加对我国外汇储备的增长并无直接贡献，这些资本提高了我国的出口能力从而间接促进了外汇储备的增长。因此，外资流入对我国外汇储备从

表 5－14　经常项目与资本项目对外汇储备增减的贡献

单位：百万美元

	1982～1991	1992	1993	1994	1995	1996	1997	1992～1997	1982～1997
Ⅰ经常项目	10942	6403	－11902	7658	1618. 03	7242	29717. 2	40736. 26	51678. 3
Ⅱ资本项目	34356	－250. 1	23472	32644	38674	39967	22959	157464. 94	191820. 9
长期资本	39663	655. 89	27411	35756	38249. 4	41554	—	143626. 28	183289. 3
短期资本	－5307	－906	－3839	－3112. 4	424. 51	－1587	—	－91119. 85	－14426. 9
Ⅲ错误与遗漏	－13595	－8274. 4	－9803. 6	－9774. 2	－17810	－15558	－16952	－78172. 75	－91767. 8
Ⅳ储备资产	－39520	2121. 18	－1767. 3	－30527	－22481	－31651	－35724	－120029. 1	－159549. 3
外汇储备	－37897	2269. 18	－1756. 3	－30421	－21977	－31431	－34862	－118178. 1	－156075. 3
资本项目/外汇储备	91	11	1336	107	176	127	66	133	123
资本项目/储备资产	87	12	1328	107	172	126	64	131	120
经常项目/外汇储备	29	－282	－678	25	7	23	85	34	33
实际利用外资额	79628	19200	38960	43210	48130	54800	64410	268720	348348

资料来源：《国际贸易问题》，1999（4），48 页。

而对货币供给产生的影响并不如想像的那么大。据有关结售汇表资料显示，1994 年至 1996 年，我国外汇储备增加 877 亿美元，其中贸易顺差贡献为 50%，国外货币资本贡献仅为 10%，由此可见，我国贸易顺差和国际收支顺差所导致的外汇储备的增加是实实在在的，债权性外汇储备在全部外汇储备中占据很大比重，由于这部分外汇储备并不需要偿还，因此我国需要在一段时期之后向外商支付的投资利润较少。但进入利润大量支付期之后，每年需要向外商支付的投资利润仍将达到 2000 亿元人民币，如果外商在突发事件下集中兑换外汇汇出，则足以破坏我国外汇管理体制和金融秩序。因此，仍需时刻注意我国债务性的外汇储备，以便防患于未然。

（三）外汇储备与国际收支变量的相关分析

由表 5－15 可以看到，随着我国经济实力的增强，从 1985 年至 1998 年的 13 年间，人均 GDP 以 15.5% 的平均速度逐年增长。在世界经济一体化的今天，经济实力的增强通常与对外交往密不可分，进出口总额、利用外资和外债年均增长率分别为 11.6%、19.9% 和 18.6%，外汇储备年均增长率更达 33.1%。从各个变量的相关关系来看，由表 5－16 数据可知，外汇储备与各变量的相关关系均很显著，其中与人均 GDP 的关系最为密切，反映了外汇储备与一国经济实力密不可分，它本身的规模也是一国经济实力的象征。外汇储备与其来源进出口差额不如与进出口总额关系密切。1998 年我国受亚洲金融危机的影响，出口增长明显放慢，比 1997 年仅增长 0.5%，受国内需求等因素的制约，进口下降 0.5%，进出口总额比 1997 年下降 0.4%，是 1985 年以来第一个下降的年份。从我国实际情况来看，外汇储备的来源中最重要的两个组成部分即为进出口贸易顺差和实际利用外资，这两个变量与外汇储备的关系无疑是很密切的；而外债是间接利用外资的结果，它必将随着我国经济发展的深入和国际交往的增多而逐步增大。外汇储备与进出口总额的相关系数大于与进出口差额的相关系数，原因在于我国在这段时期内进出口差额虽然总体趋势为顺差但很不稳定，1989 年之前一直为逆差，1993 年由于经济过热、进口猛增而出现了巨额逆差（见表 5 - 15），而同期进出口总额却随着我国国际贸易规模的扩大而呈现稳定增长态势，这与外汇储备的发展很类似，因而相关系数较高；进出口差额与外汇储备的相关程度是它与所有变量的相关程度中最高的，反映出它对外汇储备增长的促进作用；实际利用外资和外债余额与进出口总额的关系均很密切，三者均是对外交往程度不断深入的体现；人均 GDP 与各变量的关系均比较显著，但与进出口差额的相关关系相对较弱，因为进出口差额并非一国经济实力的体现，它仅能反映出一国对外贸易国际收支的均衡程度，况且进出口顺差并非越大越好（加大国内通货膨胀压力），从我国和世界范围来看，事实也正是如此。

表 5 - 15 1985 ~ 1998 年我国外汇储备、进出口、利用外资、外债余额和人均 GDP

年份	外汇储备（亿美元）	进出口总额（亿美元）	进出口差额（亿美元）	实际利用外资额（亿美元）	外债余额（亿美元）	人均 GDP（元）
1985	26. 44	696. 0	- 149. 0	46. 47	158. 28	853
1986	20. 72	738. 5	- 119. 7	72. 58	214. 83	909
1987	29. 23	826. 5	- 37. 7	84. 52	302. 05	1104
1988	33. 72	1027. 9	- 77. 5	102. 26	400. 03	1355
1989	55. 50	1116. 8	- 66. 0	100. 59	412. 99	1512
1990	110. 93	1154. 4	87. 4	102. 89	525. 45	1634
1991	217. 12	1356. 3	80. 5	115. 54	605. 61	1879

续表

年份	外汇储备（亿美元）	进出口总额（亿美元）	进出口差额（亿美元）	实际利用外资额（亿美元）	外债余额（亿美元）	人均 GDP（元）
1992	194.43	1655.3	43.5	192.02	693.21	2287
1993	211.99	1957.0	-122.2	389.60	835.73	2939
1994	516.20	2366.2	54.0	432.13	928.06	3923
1995	735.97	2808.6	167.0	481.33	1065.90	4854
1996	1050.29	2898.8	122.2	548.04	1162.80	5576
1997	1398.90	3250.6	403.4	639.52	1309.60	6079
1998	1450.00	3240.0	436.0	589.00	1460.40	6404

资料来源：各年度《中国统计年鉴》,《中国统计公报》（1998 年）。

表 5-16 外汇储备与进出口、实际利用外资、外债和人均 GDP 的相关系数表

	外汇储备（亿美元）	进出口总额（亿美元）	进出口差额（亿美元）	实际利用外资额（亿美元）	外债余额（亿美元）	人均 GDP（元）
外汇储备（亿美元）	1	0.943	0.910	0.928	0.913	0.971
进出口总额（亿美元）	0.943	1	0.832	0.985	0.989	0.993
进出口差额（亿美元）	0.910	0.832	1	0.769	0.804	0.853
实际利用外资额（亿美元）	0.928	0.985	0.769	1	0.964	0.981
外债余额（亿美元）	0.913	0.989	0.804	0.964	1	0.975
人均 GDP（元）	0.971	0.993	0.853	0.981	0.975	1

资料来源：由表 5-15 数据计算而得。

四、我国外汇储备规模的预测

对我国外汇储备规模与国际和国内经济变量关系的分析，与外汇储备规模关系较为密切的国际经济变量主要有：进出口总额、进出口差额、实际利用外资额、外债余额和人均 GDP；国内经济变量主要有：M_1、M_2、汇率、商品零售价格指数和居民消费价格指数。这些变量与外汇储备的相关系数均很大，但要确定它们之间精确的数量关系，则必须进行回归分析，根据对自变量的预测找到未来一段时期内我国外汇储备可能达到的规模区间。首先以时间作为自变量进行回归和预测。

（一）以时间作为自变量对外汇储备规模的回归和预测

由表 5 - 12 中的外汇储备数据，以时间作为自变量对外汇储备因变量进行线性回归。

1. 直线回归。

建立外汇储备对时间的一元一次回归方程式如下：

$$Y = 397.8 + 110.8t \quad (Y\text{ 为外汇储备，}t\text{ 为时间})$$
$$(6.83)$$

括号内的 t 值较大，表明时间是影响外汇储备规模的显著因素。R^2 为 0.8，调整之后的 R^2 为 0.78，标准误差为 244.4，表明这条直线对观测数据的拟合程度较好；F 值为 46.64，表明时间与外汇储备的线性关系是显著的。总之，以一次时间变量作为外汇储备的自变量还是比较合适的。

2. 曲线回归：

二次曲线回归：

$$Y = 188.5 - 109.2t + 14.7t^2$$
$$(-4.19)\quad(8.68)$$

括号内的 t 值较大，表明时间以及时间的平方对外汇储备的影响显著。R^2 为 0.974，调整之后的 R^2 为 0.970，标准误差为

91.1，表明 t 和 t^2 构成的回归方程对观测数据的拟合程度比直线回归更好；F 值为 205.4，表明时间和时间的平方与外汇储备的线性关系是显著的。总之，以时间的一次和二次形式作为外汇储备的自变量比仅用一次回归拟合效果更好。

三次曲线回归：

$$Y = 74.73 - 31.3t + 2.1t^2 + 0.56t^3$$
$$(1.16)\ (0.19)\ (-0.44)$$

括号内的 t 值较小，表明时间的一次、二次和三次变量对外汇储备各自的影响在本方程式中不显著，但由于 R^2 为 0.98，调整之后的 R^2 为 0.97，标准误差为 89.71，整个方程对外汇储备的拟合程度比前两种回归更好；F 值为 141.8，此方程的线性关系是显著的。总之，用时间的三次形式作为外汇储备的自变量总体效果较好。

复合曲线回归：

$$Y = 11.45\ (1.438)^t$$
$$(6.437)$$

括号内的 t 值较大，表明时间对外汇储备规模的影响是显著的，R^2 为 0.971，调整之后的 R^2 为 0.968，标准误差为 0.275，因此复合曲线回归比前面所有的回归方程拟合程度都好；F 值为 396.0，外汇储备与时间的线性关系很显著。总之，以指数形式作为自变量的时间变量对外汇储备的回归拟合程度很好，方程的线性关系也很显著。

（二）对 1999 年至 2010 年的外汇储备的预测

根据上述 4 种回归方程，由 SPSS 软件得到预测结果（见表 5－17）和预测残差（见表 5－18）。

两者结合，可以看到，直线回归预测数值严重偏低，预测残差很大；三次曲线和复合曲线回归比二次曲线回归的预测残差更小，其中复合曲线回归的预测残差的绝对值之和最小，但 1995

年之后残差明显增大且回归数值偏高；二次曲线和三次曲线1994年至1998年的预测残差较小，即近期预测的准确度较高，1996年至1998年二次曲线拟合程度较高，因此，对1999年及以后的外汇储备的预测以二次曲线和三次曲线为主，即得到如下预测结果：

表5－17　以时间为自变量对外汇储备的预测

单位：亿美元

年　份	实际外汇储备持有额	直线回归	二次曲线回归	三次曲线回归	复合曲线回归
1985	26.44	－287.11914	93.94121	46.10939	16.46850
1986	20.72	－176.44763	28.73872	25.05935	23.67716
1987	29.23	－65.77611	－7.15144	14.92479	34.04122
1988	33.72	44.89541	－13.72926	19.05059	48.94188
1989	55.50	155.56692	9.00525	40.78163	70.36491
1990	110.93	266.23844	61.05209	83.46281	101.16533
1991	217.12	376.90996	142.41127	150.43899	145.44783
1992	194.43	487.58147	253.08279	245.05507	209.11384
1993	211.99	598.25299	393.06664	370.65593	300.64800
1994	516.20	708.92451	562.36283	530.58644	432.24886
1995	735.97	819.59602	760.97135	728.19150	621.45458
1996	1050.29	930.26754	988.89221	966.81598	893.48020
1997	1398.90	1040.93905	1246.12540	1249.80477	1284.57798
1998	1450.00	1151.61057	1532.67093	1580.50275	1846.86866
1999	—	1262.28209	1848.52879	1962.25481	2655.28750
2000	—	1372.95360	2193.69899	2398.40581	3817.57072
2001	—	1483.62512	2568.18152	2892.30066	5488.61326
2002	—	1594.29664	2971.97639	3447.28423	7891.11131
2003	—	1704.96815	3405.08359	4066.70140	11345.24057
2004	—	1815.63967	3867.50313	4753.89706	16311.32528

续表

年 份	实际外汇储备持有额	直线回归	二次曲线回归	三次曲线回归	复合曲线回归
2005	—	1926.31119	4359.23501	5512.21609	23451.18475
2006	—	2036.98270	4880.27921	6345.00338	33716.33246
2007	—	2147.65422	5430.63576	7255.60379	48474.78226
2008	—	2258.32574	6010.30464	8247.36223	69693.36057
2009	—	2368.99725	6619.28585	9323.62357	100199.82104
2010	—	2479.66877	7257.57940	10487.73269	144059.69313

表 5－18 四种预测方法的预测残差

单位：亿美元

年 份	外汇储备实际持有额	直线回归	二次曲线回归	三次曲线回归	复合曲线回归
1985	26.44	313.55914	－67.50121	－19.66939	9.97150
1986	20.72	197.16763	－8.01872	－4.33935	－2.95716
1987	29.23	95.00611	36.38144	14.30521	－4.81122
1988	33.72	－11.17541	47.44926	14.66941	－15.22188
1989	55.50	－100.06692	46.49475	14.71837	－14.86491
1990	110.93	－155.30844	49.87791	27.46719	9.76467
1991	217.12	－159.78996	74.70873	66.68101	71.67217
1992	194.43	－293.15147	－58.65279	－50.62507	－14.68384
1993	211.99	－386.26299	－181.07664	－158.66593	－88.65800
1994	516.20	－192.72451	－46.16283	－14.38644	83.95114
1995	735.97	－83.62602	－25.00135	7.77850	114.51542
1996	1050.29	120.02246	61.39779	83.47402	156.80980
1997	1398.90	357.96095	152.77460	149.09523	114.32202
1998	1450.00	298.38943	－82.67093	－130.50275	－396.86866

我国外汇储备的持有规模如按1985年至1998年的发展趋势，特别是近期的发展趋势，则：

（1）2005年我国外汇储备将达到4300亿～5500亿美元之间；

（2）2010年我国外汇储备将达到7200亿～10000亿美元之间。

上述结果只是讲述预测方法在外汇储备预测中一般性方法的应用，重点是阐述方法并使学习联系实际。在实际预测应用中，还有许多方法，应用的有效性需要在方法和具体问题之间的适应中做深入的研究。

第六章　商业银行统计分析

商业银行在一国金融体系中占有举足轻重的地位，在创造货币存款、实现金融政策效率、社会投资实现方面发挥核心作用。从本质上讲，商业银行是自主经营、自负盈亏的企业实体，其经营以利润为中心，因此，商业银行统计工作必须围绕效益展开，为管理决策层提供决策依据。这就要求充分利用先进的分析方法和各种可得数据，多层次、多角度地展开统计分析工作。

第一节　商业银行与统计

一、商业银行统计的客观依据

商业银行无论对于国民经济还是对于公司、个人而言都是极为重要的，然而对于什么是商业银行这个问题却伴随着商业银行业务的发展而越来越不清楚，这部分是因为商业银行正在提供更多更新的服务，部分是因为许多金融机构正试图提供与商业银行类似的服务。例如，国外的证券交易商、经纪公司、共同基金和保险公司等，国内，邮政储蓄也正在以更快的速度向传统的商业银行储蓄存款业务侵蚀。在一些学校中，邮局正在起到银行的作用。

正如罗斯等指出的，可能最好的办法是看看商业银行在向其客户提供什么样的服务。银行是提供包括信贷、储蓄、支付服务在内的广泛金融服务和在经济中发挥广泛金融服务功能的金融机构，是运用公众资金生产和销售专业化管理并在经济中起多方面作用的金融服务企业。

银行统计最重要的是反映银行的如下功能：（1）中介功能。将从居民或其他单位手中吸收的存款转化为投资于新厂房、设备及其他资本品的企业贷款或其他贷款。（2）支付功能。代替顾客对其购买的商品、劳务进行支付，例如签发和清算支票、汇划资金等。（3）担保功能。承诺当客户无力偿债时替客户偿还债务。（4）代理功能。代表客户营运和保护资产，或者发行和偿还证券。（5）政策功能。是政府调节经济增长目标和追求社会目标的政策传递渠道。

商业银行经营的主要业务是银行统计的基本对象。具体如下：（1）传统的商业银行业务，包括货币兑换、储蓄存款服务、用信用支持政府活动、发放贷款和贴现商业票据等。（2）新发展的商业银行业务，包括消费者贷款、金融咨询和理财服务、投资银行和商人银行业务、保险箱业务等。国外的商业银行还提供包括现金管理、设备租赁、风险资本贷款、出售保单和退休计划、提供证券投资经纪服务、提供共同基金和年金服务等不同类型的服务。1999 年 11 月美国新通过的银行法更为银行进一步拓宽其服务范围扫清了障碍。

二、商业银行统计分析的主要任务

目前我国国有商业银行仍然在市场中占据绝对优势地位，工农中建四大商业银行经营了全国 2/3 以上的存款业务和接近 2/3 的贷款业务。但是随着一些股份制商业银行和地方性商业银行的崛起，已经逐渐对四大国有商业银行造成冲击。表 6－1 是主要商业银行 1995～1997 年间的资产总额统计。

商业银行统计分析是利用各种统计分析方法和工具，对所有商业银行经营管理和监管有影响的数据进行深入分析研究，寻找内在规律，为管理者提供管理决策依据。

表6－1 主要商业银行资产总额

单位：亿元

银行名称	1995年	1996年	1997年
中国工商银行	31074.96	36295.7	40489.22
中国农业银行	12309.51	14669.47	15739.47
中国银行	19951.28	20820.03	22317.14
中国建设银行	17226.69	15761.88	16817.59
交通银行	3328.45	3978.83	4497.48
中信实业银行	864.89	1086.7	1258.19
中国光大银行	282.63	470.54	609.2
华夏银行	122.59	226.52	401.32
中国投资银行	527.3	610.67	746.98
中国民生银行	—	85.94	183.8
招商银行	648	925.77	1190.5
广东发展银行	547.21	758.37	859.83
深圳发展银行	203.12	300.22	317.99
上海浦东发展银行	435.69	649.69	825.61

资料来源：中经数据。

商业银行的本质是一个企业，所以其核心目标就是创造利润，使股东获得尽可能多的收益。同时，运营环境的不确定性和银行自身的问题会给银行带来各种风险，因此，银行必须明确自身能够承担的风险水平。由于商业银行在经济中的特殊地位，它还要接受中央银行的监管。这些因素构成了商业银行统计分析工作的主要任务：（1）客观、及时地反映经营运作情况；（2）评价、分析银行的赢利能力并对可能影响赢利水平的因素进行分析预测；（3）真实评价银行面对的风险水平，预测可能对银行风险造成冲击的变量走势；（4）满足中央银行的监管要求；（5）银行客户重要情况的调查分析；（6）其他统计分析工作。

商业银行统计分析工作按内容可以分为两大类，即制度化的统计分析工作和专题或问题的统计分析工作。制度化的统计分析工作是对总账传输数据和定期综合统计报表数据的全面系统分析，统计部门要定期编写分析报告。专题统计分析是针对商业银行经营过程中暴露出的问题进行深入研究，是灵活而不断变化的，要求分析人员善于把握和捕捉经营热点。

三、商业银行统计分析工作的主要内容

商业银行统计分析工作包括以下内容：（1）业务发展统计分析，包括对现有业务状况分析、业务发展趋势分析和预测；（2）市场需求统计分析；（3）客户统计分析；（4）经营风险统计分析；（5）商业银行收益统计分析工作；（6）经营环境统计分析；（7）竞争力统计分析；（8）其他专题统计分析。

做好商业银行统计分析的基础之一是数据来源。商业银行在自身业务运作中会产生丰富的业务数据资料，同时由于银行自身的经营特点，它与整个经济金融环境又密切相关。经常利用的数据资料有：

（1）业务经营数据。反映为资产负债表、损益表和其他经营报表及综合统计报表。商业银行累积的历史经营数据为统计分析方法的应用提供了丰富的素材。

（2）信贷数据。商业银行在为客户提供信贷服务的过程中积累了丰富的客户数据资料。商业银行的资料既包括其客户在某

一时间横截面上的静态财务和经营信息，又包含他们在连续时间上的动态资料。因此，商业银行是关于银行往来客户资信和管理状况的权威机构，扮演了商业信息中心的角色。许多商业银行都建立起自己的信贷管理信息系统。

(3) 金融市场和同业数据。包括货币供应量、利率环境、汇率环境、同业竞争数据等，这是商业银行分析经营环境的最重要的信息来源。

(4) 宏观经济数据。主要是一些重要的宏观经济指标，例如 GDP、工业产出、物价水平、投资水平、消费、就业等。

(5) 为某一目的而进行的调查得到的数据资料。

第二节 商业银行主要业务统计分析

业务统计分析的主要目的是客观反映商业银行业务状况及在一段时间内业务发展变化的情况，为决策层和管理层提供真实的数据资料和业务状况。它要客观及时地提供包括资产业务、负债业务、中间业务和其他主要业务的运营状况，并及时发现经营过程中暴露出来的问题。由于资产业务和负债业务在商业银行经营过程中的特殊性，业务统计分析主要集中于这两方面。资产和负债业务统计分析不仅要反映资产业务和负债业务本身的特征，而且要分析资产负债管理的平衡关系。

一、商业银行资产负债表

商业银行的资产负债表是综合反映其资产负债科目及数量的会计报表。我国商业银行因与外资银行在资产和负债结构上的区别，内容不尽一致。表 6－2 是 1993～1995 年美国第一银行的日平均资产负债表，而表 6－3 是中国某国有商业银行的资产负债表，读者可比较其区别。

表 6－2　1993～1995 年美国第一银行的日平均资产负债表

单位：10 万美元

	1993	%	1994	%	1995	%
资产						
现金和存放同业	10217	8.8	11898	8.9	13205	9.0
短期货币市场工具						
联邦基金拆出	2723	2.3	2200	1.7	1504	1.0
其他短期投资	0	0	0	0	0	0
投资性证券						
联邦政府证券	16697	14.4	14425	10.8	16925	11.6
地方政府证券	17012	14.7	16330	12.3	15176	10.4
交易账户证券	0	0	0	0	0	0
贷款						
工商贷款	29695	25.6	35561	26.7	38817	26.5
个人贷款	19679	17.0	26938	20.2	32141	22.0
房地产贷款	16054	13.9	20869	15.7	22154	15.2
其他贷款	123	0.1	262	0.2	241	0.2
贷款总计	65515	56.6	83630	62.8	93453	63.9
减去：呆账准备金	(480)	(0.4)	(686)	(0.5)	(777)	(0.5)
净贷款	65035	56.2	82944	62.3	92676	63.4
直接租赁融资	0	0	0	0	0	0
银行建筑与设备	3260	2.8	3503	2.6	3781	2.6
其他不动产	0	0	240	0.2	240	0.2
其他资产	1006	0.8	1615	1.2	2651	1.8
总资产	115950	100	133155	100	146158	100
负债与净值						
活期存款	28986	25.0	29125	21.9	31632	21.7
可转让提款单与超级可转让提款单账户	5689	4.9	6983	5.2	9107	6.2
活期账户总计	34675	29.9	36108	27.1	40739	27.9
存折储蓄账户	9162	7.9	7185	5.4	6483	4.7
货币市场账户	725	0.6	16710	12.5	20012	13.7
储蓄存单账户	23401	20.1	20425	15.3	19338	13.2
超过 10 万美元的可转让定期存款单账户	25159	21.7	27165	20.4	32078	21.9

续表

	1993	%	1994	%	1995	%
其他定期存款账户	10163	8.8	10403	7.8	11664	8.0
储蓄与定期存款合计	68610	59.1	81888	61.5	89935	61.5
存款总计	103285	89.0	117996	88.6	130674	89.4
短期借款						
拆入联邦基金	1715	1.5	2463	1.8	2175	1.5
其他短期借款	1405	1.2	1654	1.2	1384	0.9
其他负债	790	0.7	950	0.7	1091	0.8
长期债务	0	0	0	0	0	0
股本						
普通股	963	0.8	1013	0.8	1013	0.7
优先股	1348	1.2	1798	1.4	1798	1.2
未分配利润	6444	5.6	7281	5.5	8023	5.5
股本储备金	0	0	0	0	0	0
股本总计	8755	7.6	10092	7.7	10834	7.4
负债与净值总计	115950	100	133155	100	146158	100

表 6-3 中国某国有商业银行资产负债表

单位：千万元

行 次	科目名	年初数	期末数
1	流动资产		
2	现金及银行存款	1385.01	1525.59
3	贵金属		
4	存放中央银行款项	24441.17	21628.40
5	存放同业款项	383.56	339.47
6	存放联行款项		
7	拆放同业	874.94	1003.25
8	拆放金融性公司	2342.63	2373.98
9	短期贷款	41589.10	44126.17

续表

行　次	科目名	年初数	期末数
10	应收进出口押汇		
11	应收账款	3638.61	3716.95
12	减：坏账准备	27.53	29.65
13	其他应收款	3187.36	4367.06
14	贴现	352.19	438.33
15	短期投资	1279.90	920.25
16	委托贷款及委托投资		
17	自营证券		
18	代理证券	131.96	246.04
19	买入返售证券		
20	待处理流动资产净损失	10.36	4.67
21	一年内到期的长期投资	248.62	280.39
22	流动资产合计	79837.88	80940.90
23	长期资产		
24	中长期贷款	46375.97	47762.92
25	逾期贷款	29417.60	30445.25
26	减：贷款呆账准备	213.35	495.64
27	应收租赁款		
28	减：未收租赁收益		
29	应收转租贷款		
30	租赁资产		
31	减：累计折旧		
32	经营租赁资产		
33	减：经营租赁资产折旧		
34	长期投资	14256.29	16334.11

续表

行 次	科目名	年初数	期末数
35	减：投资风险准备	11.68	61.52
36	固定资产原值	5255.72	5377.31
37	减：累计折旧	1107.60	1174.98
38	固定资产净值	4148.13	4202.33
39	固定资产清理	5.75	7.42
40	在建工程	1510.87	1470.12
41	待处理固定资产净损失	-2.03	3.69
42	长期资产合计	95487.55	99668.68
43	代理政府投资	10148.59	7798.18
44	代理贷款	20075.42	18790.04
45	无形、递延及其他资产		
46	无形资产	300.21	300.29
47	递延资产	875.15	851.33
48	其他资产	3377.25	6811.49
49	其他资产合计	4552.61	7963.11
50	资产总计	210102.04	215160.9
51	流动负债		
52	短期存款	61395.38	59551.52
53	短期储蓄存款	17622.39	19394.49
54	财政性存款	2397.78	2924.58
55	向中央银行借款	427.99	319.08
56	同业存放款项	12073.35	12926.91
57	联行存放款项	15.87	1110.36
58	同业拆入	45.51	125.35
59	金融性公司拆入	26.27	17.77

续表

行　次	科目名	年初数	期末数
60	应解汇款	279.52	176.76
61	汇出汇款	2783.78	995.88
62	委托存款		
63	应付代理证券款项	194.50	329.13
64	卖出回购证券款		
65	应付账款	1750.33	2083.65
66	其他应付款	2277.25	3784.50
67	应付工资	50.66	33.35
68	应付福利费	-111.14	-129.98
69	应交税金	670.34	414.07
70	应付利润	9.34	9.34
71	预提费用	5.07	5.67
72	发行短期债券		
73	一年内到期的长期负债	27914.43	31243.72
74	流动负债合计	101914.18	104072.40
75	长期负债		
76	长期存款	13569.59	15102.78
77	长期储蓄存款	52632.32	59466.96
78	保证金	805.18	931.58
79	应付转租赁租金		
80	发行长期债	809.15	807.66
81	长期借款	2.22	2.22
82	长期应付款	0.68	0.62
83			
84	长期负债合计	67819.15	76311.82

续表

行次	科目名	年初数	期末数
85	代理政府投资基金	10394.67	7919.49
86	代理贷款基金	20357.40	19028.08
87	其他负债	486.29	-192.85
88	所有者权益	9130.35	8021.97
89	实收资本	8509.43	8511.86
90	资本公积	892.80	905.61
91	盈余公积	425.62	433.71
92	未分配利润	-697.50	-1829.22
93			
94	所有者权益合计	9130.35	8021.97
95			
96			
97			
98			
99			
100	负债及所有者权益总计	210102.04	215160.9

二、资产业务统计分析

（一）资产业务统计

1. 资产业务统计的对象。银行资产统计是指对银行从事货币银行业务所拥有的各种实物资产和债权的统计，其统计的主要构成大类包括：

（1）速动资产。包括现金资产（库存现金和托收中现金）、存放在中央银行的准备金、存放同业的款项等的统计。其特点是具有十足的流动性，动用无需任何交易成本，但无收益或只有微薄的收益。速动资产是银行资产的重要组成部分，是银行经营流动性和安全性的具体体现，是银行经营的第一级准备，构成保障银行安全的第一道防线。

（2）证券资产。在市场机制比较健全的条件下经营的银行，这部分资产不仅数量可观，而且对银行的资产经营与管理具有相当重要的平衡作用，它是银行流动性和收益性的综合结果。证券资产和现金资产的主要不同之处在于它有相当的利息和红利收益，但它的流动性又不及现金资产，在短期内被迫出售时很可能因市价波动而遭受损失。证券资产可视为银行的第二级准备。

（3）放款资产。它是银行最重要也是最大的赢利性资产。在商业银行的经营管理实践中，经营者发现银行贷款涉及诸多方面，无论是贷前、贷中还是贷后都较多地受制于外界环境的影响。例如按非商业原则放款，贷款人伪造文书欺诈借款等，因此放款资产难以在流动性和银行自主处置便利上和前两类相媲美。这决定了这部分资产的流动性最低，风险也最高，但其收益率较高。即使在贷款项目中，流动性、收益率和风险因素也会因放款的性质不同而有所差异，例如短期贷款与长期贷款等。

（4）固定资产。指银行拥有的固定资产净值和原值的统计。

（5）其他资产。包括银行实业投资形成的资产以及从事中间业务所形成的表外资产。

2. 资产业务统计主要指标。资产统计的指标分为绝对指标和相对指标。

绝对指标反映以绝对额形式表现的各项资产期末存量，其指标名称就是资产负债表中的资产项目。例如，中国建设银行1999年10月底的资产总额为26651.34万亿元，其中现金为133.49亿元等。在上一节可以看到我国主要商业银行的总资产数量，而国际上一些大跨国商业银行的资产规模在1万亿美元以上。

相对指标是两个或两个以上有联系的指标对比计算的比率，从数量上反映事物在时间、空间、事物本身内部和不同事物之间的联系程度和对比关系。商业银行资产统计中运用的主要相对指标包括：

（1）贷款回收率。即一定时间内（通常为一年）贷款回收额占贷款存放额或累计额的比例，它在一定程度上反映贷款回收情况和管理水平。即：

$$贷款累计回收率=\frac{本期贷款累计回收额}{本期贷款累计发放额}$$

（2）信贷资金运用率。即贷款余额或发放额占信贷资金总额的比例，反映信贷资金在一定时期内的运用或利用程度：

$$信贷资金运用率=\frac{本期贷款余额（累计发放额）}{本期信贷资金平均余额}$$

其中本期信贷资金平均余额是报告期内的平均指标。

（3）贷款周转率。即一定时期内贷款累计回收额与贷款平均余额的比例，反映贷款的周转速度：

$$贷款周转次数=\frac{本欺贷款累计回收额}{本期贷款平均余额}$$

$$贷款周转天数=\frac{报告期天数\times本期贷款平均余额}{报告期贷款累计回收额}$$

$$=\frac{报告期天数}{报告期贷款周转次数}$$

（二）资产业务统计分析

1. 各种贷款发放、回收及余额统计分析。按一定时期（一般是月度）反映各类贷款的实际发放、回收数和余额，用以考察本时期资产业务的经营状况。通常商业银行要形成固定的统计报表，并配以必要的文字说明。其中，流动资金贷款发放、回收及余额受到特别关注。

2. 资产质量分析。分析报告期内各类不良贷款余额、占用形态、不良贷款成因，用以掌握贷款质量的变化情况，作为加强贷款管理的依据。关于不良贷款的详细讨论请参看本章第六节。不良贷款的分析在商业银行统计分析工作中有非常重要的地位，通常商业银行会定期编制不良贷款情况表、不良贷款余额结构统计表（例如分行业统计表）等统计报表。例：

表 6－4　某商业银行 1998 年末不良资产状况统计表

单位：万元

	不良贷款余额	不良贷款率（%）	比年初增加	增长率（%）
合　　计	3077	26.22	464	17.76
固定资产贷款	902	18.26	107	13.45
流动资金贷款	2175	32.01	357	19.64

该行不良贷款主要是流动资金贷款，在 1998 年中不良贷款率呈上升趋势，值得管理层重视。

3. 各类资产的结构分析。对商业银行的资产按不同标准分类会提供重要的信息，主要的分类有：

（1）贷款按期限分类分析。贷款的期限结构对经营者有重要意义，我们后面介绍的资产负债管理战略就依赖于期限分析。按照贷款期限可以将贷款划分为短期贷款和长期贷款，短期贷款是期限在一年以内的贷款，期限超过一年的是中长期贷款。更重要的分析是按距到期日时间将贷款余额分类，因为这提供了一段时期内可用资金数量的一个重要来源，从而有利于评价银行的流动性。例：下面是某商业银行 1998 年末全部贷款的剩余期限结构图。

从图中看出，在一年内到期的资产占到全部资产的 45% 以上，表明该行资产的流动性较强，资产在 2～5 年内到期的数额呈均匀分布，有 75.7% 的资产在 5 年内到期，剩余 24.3% 的资

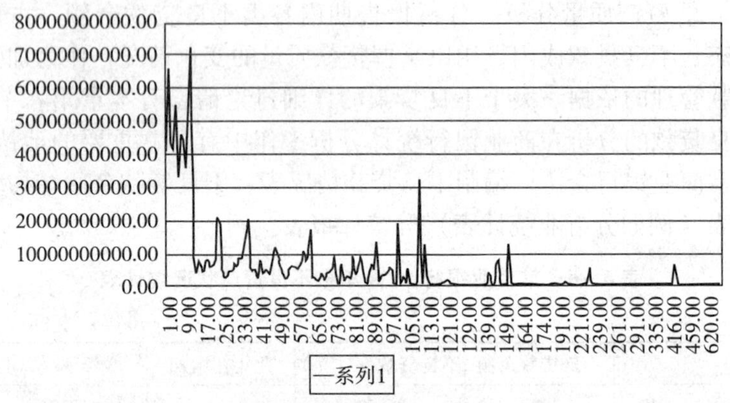

图 6－1　剩余期限结构图（单位:元,月）

产是长期资产。这种结构的合理性只有与相关负债，尤其是存款到期结构相比较才能下结论。

（2）贷款按行业分类分析。贷款的行业结构对于评价商业银行资产的质量和风险程度有重要意义。如果一商业银行过多的贷款集中于一个行业，或者集中于一些夕阳产业，那么贷款的风险水平就会较高；相反，适当安排贷款的行业结构可以使银行减轻宏观经济波动的影响。行业结构分析要结合具体地区的产业结构和产业特点进行。一个有意义的指标是贷款的行业集中度：

$$贷款行业集中度=\frac{最大贷款余额行业贷款额}{贷款总额}$$

行业分类要根据分析需要进行选择，一般商业银行采用国家统计局行业分类标准。我国商业银行由于历史上的原因形成了畸形的条块分割的特征，即一个商业银行在某些行业占据垄断地位，例如建设银行贷款在基本建设投资中有很大比重，这无疑不利于分散行业风险。

（3）按贷款方式分类的分析。商业银行的贷款方式包括信用贷款、保证贷款、抵押贷款、质押贷款和票据贴现。信用贷款是指以借款人的信誉发放的贷款，保证贷款指按《中华人民共和国担保法》（以下简称《担保法》）规定的保证方式以第三人承诺在借款人不能偿还贷款时按约定承担一般保证责任或者连带责任为前提发放的贷款；抵押贷款指按《担保法》规定的抵押方式以借款人或第三人的财产作为抵押物发放的贷款；质押贷款是按《担保法》规定的质押方式以第三人或借款人的动产或权利作为质押物发放的贷款。各种不同贷款方式的风险水平是不同的，分析方式结构也对评价资产风险水平提供了一定依据。

另外，经常还有其他需要的分类分析。在商业银行日常统计工作中，这些分析会形成一些定期的统计报表，例如各种贷款发放额按行业统计表、贷款余额分期限统计表、贷款方式及利息统计表等。

4. 资产的利率敏感性分析。利率敏感性资产是指那些在市场利率发生变化时，收益率或利率能随之发生变化的资产，利率非敏感资产则指对利率变化不敏感，或者说利息收益不随市场利率变化而变化的资产。利率敏感性资产的典型例子是浮动利率贷款，在伦敦同业银行拆借利率（LIBOR）基础上加上一定基点作为贷款利率，从而贷款利率随 LIBOR 的波动而波动。利率非敏感资产的典型例子是固定利率贷款。

对资产进行利率敏感性分析的主要目的是分析资产隐含的利率风险。当利率敏感性资产占比较大时，资产隐含的风险较大，一旦利率下跌，资产的收益状况会急剧恶化，而利率上涨时资产的收益会增加。

例：对于两家面临相同的经营环境和竞争环境的 A、B 银行，假设其利率敏感性资产的收益率等于市场利率（因为它们同步波动），它们资产结构不同：A 银行资产的 50% 为利率敏感性资产，而 B 银行中利率敏感性资产占 70%。假定初期市场利率为 10%，同时假定两家银行利率非敏感性资产的收益率都是

8%。现在市场利率发生变化，从10%降为5%，分析两家银行的收益变动情况。

A银行初始收益率为：10%×0.5+8%×0.5=9%

B银行初始收益率为：10%×0.7+8%×0.3=9.4%

利率变动后两家银行收益率分别变为：

A银行：5%×0.5+8%×0.5=6.5%

B银行：5%×0.7+8%×0.3=5.9%

在开始时A银行收益率低于B银行，利率变化使A银行收益率下降2.5%，使B银行下降3.5%，从而使得A银行的收益率高于B银行。这是由于B银行利率敏感性资产占比较大从而必须承受较高利率风险的原因。

5. 资产变动的趋势分析。指综合利用各种预测方法反映资产变动的趋势和方向，并对资产变化趋势进行预测分析。预测的方法和工具我们在后面第五节介绍。

6. 市场占比分析。分析商业银行在某地区贷款的市场占比状况，可以在一定程度上反映该银行的竞争力水平。同时要关注市场占比变化，分析变化的原因。商业银行一般要定期编制当地各家银行贷款情况月报表。表6-5是1999年6月份五大商业银行贷款余额和变化情况表：

表6-5　五大商业银行贷款余额和变化情况表

行　　别	本期余额（亿元）	比上月新增额（亿元）	比上月增长率（%）
金融机构	90620.29	1598.94	1.8
五行总计	58765.35	1083.98	1.88
工商银行	22657.11	408	1.83
农业银行	14368.50	206.74	1.46

续表

行　　别	本期余额（亿元）	比上月新增额（亿元）	比上月增长率（%）
中国银行	6991. 29	137. 67	2. 01
建设银行	12515. 24	274. 79	2. 24
交通银行	2233. 21	56. 78	2. 61

可以计算各商业银行的余额占比和增量占比，以分析各行的业务发展趋势。以工商银行为例，其贷款余额在全部金融机构中占 25. 0%，在五大商业银行中占 38. 6%；而本月增加额的占比分别为 25. 5% 和 37. 6%。增加额在全部金融机构中占比高于余额占比，说明本期工商银行贷款余额占比继续增加，但增加额在五大行中的占比要低于余额占比，说明本期工商银行在五大行中余额占比减少。出现这种情况的原因是五大行贷款增加额在全部金融机构中占比大于余额占比。

7. 资产流动性分析。资产的流动性是指银行在不发生损失的情况下迅速变现的能力，它不仅指现金、准备金等速动资产，还包括在这些资产不足时其他资产在不发生损失的情况下迅速变现的能力。银行资金运用的不确定性——例如由于贷款和投资产生资金需求的不确定性和来自取款需求的不确定性，从而要求保持资产的流动性。

各种资产的流动性各不相同，因而必须分层次搭配资产，形成多层次的流动性准备，以满足资产流动性的要求。速动资产是银行资产中最具有流动性的，它包括现金资产、存放中央银行的准备金存款和存放同业的款项，它也称为银行的第一级准备，其特点是流动性强而不考虑收益率。兼顾流动性和收益率的证券资产，特别是短期证券资产以及随时可以收回的通知贷款等构成保证银行流动性的第二道防线，称为第二级准备。

衡量银行资产流动性的指标主要有：

（1）$\frac{速动资产}{总资产}$。速动资产是商业银行持有的可以随时动用的、流动性最强的资产。影响该指标的因素主要有：法定存款准备率、超额准备率的变化以及银行主动负债能力的强弱变化。其中存款准备率和超额准备率的变化引起该指标的同向变化；银行主动负债能力的强弱变化则与之呈逆向变化。

（2）$\frac{速动资产-法定准备金}{总资产}$。由于存放中央银行的准备金存款中法定准备金基本上不具有流动性，因此该指标能够更准确地衡量商业银行实际头寸变化的情况。

（3）$\frac{证券资产}{总资产}$。该指标结合前两个指标综合分析，可以衡量银行资产的迅速变现能力。

（4）$\frac{流动资产}{总资产}$。流动资产等于速动资产与二级准备（证券资产）之和。由于法定准备金存款不得动用，实际上计算该指标时应该从流动资产中扣除法定准备金。

（5）赢利性资产的结构指标。赢利性资产在银行总资产中占有举足轻重的地位，其内部结构往往也影响到银行总体资产的流动性，主要有如下衡量指标：

$\frac{证券资产}{赢利性资产}$，$\frac{短期证券}{证券资产}$，$\frac{通知贷款}{总贷款}$。

（6）赢利性资产的质量指标。高质量的赢利性资产，利息有规律地回流，到期收回本金，能够不断补充银行的流动性。如果资产质量低下，本息回流阻滞，则银行流动性也难以实现。该质量指标主要是用$\frac{不良资产}{赢利性资产}$来衡量，该比例越高，银行流动性越低，反之银行资产流动性越高。

三、负债业务统计分析

商业银行负债业务的主要内容是银行资产负债表中的负债项目。银行负债业务统计的内容是反映存款和非存款负债的组成、成本和变动，为管理者提供银行资金来源信息。负债统计的主要内容包括：存款、债券、自有资金、当年结余、代理财政存款、中央银行委托贷款资金、同业往来资金负债、向中央银行借款及其他负债项目。其中存款是商业银行负债的主要构成部分，一般要占银行负债和所有者权益的60%以上，在美国如今存款通常要占到总资产的70%～80%，所以负债业务统计主要是围绕存款展开。

（一）负债统计的主要指标

负债是银行信贷资金运动的起点和终点，统计指标要用以反映负债的规模、结构及形成过程。通常负债统计的主要指标包括：

期末各项存款余额（企业存款、储蓄存款），反映报告期末各项存款总额。它等于期初存款余额加期内存款累计发生额，再减期内取款累计发生额。

期内存款累计发生额，指报告期内新增加存款的累计数量。

期内取款累计发生额，指报告期内从银行存款账户提取金额的累计量。

期内存款平均余额，反映银行存款的日平均水平，它等于报告期内每日存款余额总和除以报告期日历日数。

其他资金来源总额，例如同业拆入、发行债券、短期借款等。

$$存款周转次数=\frac{基期存款余额+报告期存款收入发生额}{报告期存款平均余额}$$

$$存款稳定率 = \frac{报告期最低存款余额}{报告期存款平均余额}$$

$$存款增长率 = \frac{报告期存款净增额}{基期存款余额}$$

还有其他一些相对指标。以上指标的内容大多可以在银行资产负债表上得到反映，而有些则要参考资金流量表。

（二）负债统计分析内容

1. 各项负债余额统计分析。分析报告期止各项负债项目的数额，用以反映商业银行资金来源状况和可用资金额度。通常商业银行要形成固定的统计报表（例如月报），并配以必要的文字解释。例如，表 6－3 反映的商业银行中，截至报告期末银行负债和所有者权益余额为 21010.2 亿元，其中所有者权益 913.03 亿元，负债 20097.2 亿元，其中存款余额为 15509.9 亿元。往往负债余额分析要结合近期余额的变化进行分析。

2. 负债结构统计分析。按不同标准将银行负债分为不同结构，可以为特殊的分析需要服务，也为负债管理和资产负债比例管理提供重要依据。比较重要的分类包括：

（1）期限分类，按负债的时间将其分为短期负债和长期负债，必要时应按负债到期时间详细划分。许多商业银行要定期编制存款按期限统计表。表 6－6 是某商业银行 1999 年第二季度末存款期限统计表。

表 6－6　第一银行 1999 年第二季度末存款期限统计表

单位：亿元

指　　标	存款合计	储蓄存款	企业存款
报告期止余额	15941.27	7978.61	7962.66
占比	100.00%	100.00%	100.00%
一年以内	14521.64	7844.74	6676.9
占比	91.09%	98.32%	83.85%

续表

指　标	存款合计	储蓄存款	企业存款
1~3 年	1192.99	121.92	1071.07
占比	7.48%	1.53%	13.45%
3~5 年	223.85	11.75	212.1
占比	1.40%	0.15%	2.66%
5~8 年	2.79	0.21	2.58
占比	0.02%	0.00%	0.03%
8 年以上	0	0	0
占比	0.00%	0.00%	0.00%

该行存款以 1 年以内的短期存款为主，占到全部存款的 91% 以上，所以稳定这部分存款具有举足轻重的意义。期限在 1 ~5 年的存款也占 8.9%，在 5 年以上的存款数额很少。从这种期限结构看出，该行存款流动性很强。

（2）根据银行对负债的控制能力不同，负债分为主动负债和被动负债。主动负债是银行以债务人的身份，为了满足其流动性或新增资产扩张的需要而积极主动的举借的债务。主动负债主要包括银行向外借款、发行金融债券、同业拆借、向中央银行借款及再贴现等。被动负债则是指银行相对以比较被动的形式接受的负债，主要指的是存款性负债。主动负债及被动负债的主要区别在于在负债过程中银行的作用是否积极。在美国，规模越大的银行越依赖于主动负债，而我国主要商业银行主动负债比例还比较低。这种划分的剖析对于评价银行管理人员的经营管理能力，加强银行资金的流动性管理，增强银行的赢利能力都具有非常重要的意义。

（3）根据负债到期日的长短不同，可将负债分为即将到期的负债和远期负债。首先假定未来一个时段（如一周、一月等），在这期间内到期的负债称为即将到期的负债，未到期的称为远期负债。负债的这种划分主要是为了匡算银行资金头寸。国外一些商业银行采用了基于数据库的技术对负债到期日进行更为详细的划分，即在任一个时间段的到期负债数量统计。

（4）按存款性质分类，将存款分为企业存款和储蓄存款、活期存款和定期存款等。不同的存款具有不同的特征，例如成本差异、稳定性差异等。国内商业银行将一般性存款首先分为企业存款和储蓄存款，再分为活期存款和定期存款。企业存款的成本要低于储蓄存款。表 6－7 是我国金融机构近年来资金来源构成表。

表 6－7 金融机构资金来源构成表

单位：亿元

年 份	1998	1997	1996	1995	1994
资金来源合计	110420.5	95008.1	79033.7	64221.7	49558.4
各项存款	95697.9	82390.3	68571.2	53862.2	40472.5
企业存款	32486.6	28656.3	22287.2	17182.8	13175.9
财政存款	2187.9	1572.4	1271	1003.2	833.3
机关团体存款	1285.4	858.6	947.7	899.8	853.5
城镇储蓄存款	53407.5	46279.8	38520.9	29662.2	21518.8
农村存款	1748	1533	1364	1196.2	1063.2
其他存款	4582.6	3490.2	4180.4	3918	3027.8
金融债券	56.2	29.9	2477.1	1683.6	845
对国际金融市场机构负债	174.4	196.5	295.3	382.4	217.3
流通中货币	11204.2	10177.6	8802	7885.3	7288.6
自有资金	—	4661.8	3924.2	3394.9	3605
其他	—	-3274.6	-7089.6	-4579.8	-3163.9

资料来源：中国经济信息网。

到 1998 年，存款在金融机构资金来源中占了 86.7% 的比例，其中企业存款占近 30%，城镇储蓄存款占了 48%。这种比例具体到某个商业银行会有所不同，表 6－8 是 1999 年 9 月五大商业银行存款结构情况：

表 6－8　五大商业银行存款结构情况表

行　别	一般性存款余额(亿元)	企业存款余额(亿元)	占比(%)	储蓄存款余额(亿元)	占比(%)
五行总计	71293.58	30415.96	42.66%	40877.62	57.34%
工商银行	28057.50	11421.90	40.71%	16635.60	59.29%
农业银行	15093.82	5078.40	33.65%	10015.42	66.35%
中国银行	8465.85	3239.08	38.26%	5226.77	61.74%
建设银行	16459.05	8471.87	51.47%	7987.18	48.53%
交通银行	3217.36	2204.71	68.53%	1012.65	31.47%

资料来源:中国经济信息网。

其中交通银行企业存款比重最大，占到一般性存款余额的68.53%，其次是建设银行；农业银行储蓄存款占比则最大，为66.53%，其次是中国银行。

(5) 非存款负债来源结构，尤其是货币市场借款分析，为商业银行在货币市场上取得需要的资金的成本提供依据。还可以将负债分为高息、中息和低息负债等。

3. 负债变化及其预测分析。对负债规模和结构的变化进行分析和预测，把握未来一段时间内银行可用资金数量。预测方法我们将在后面专门介绍。

4. 负债成本分析。负债的成本对于管理人员是至关重要的，它一方面关系到银行的整体赢利，另一方面也关系到银行在激烈的负债竞争中能否取胜。银行负债成本主要有利息成本、营业成本、资金成本、可用资金成本等几种。利息成本是商业银行以货币的形式直接支付给存款者或债券持有人、信贷中介人的报酬，其高低依期限不同而不同。资金成本是包括利息在内的花费在吸收负债上的一切开支，即利息成本和营业成本之和，它反映银行为取得负债所付出的代价。可用资金是指银行可以实际用于贷款和投资的资金，它是银行总的资金来源中扣除应缴存的法定存款准备金和必要的储备金后的余额。具体讲，就是扣除库存现金、在中央银行存款、在联行或往来行的存款及其他现金项目之后的资金，可用资金成本就是指相对于可用资金而言的银行资金成本。负债成本分析是以上述成本概念为基础来计算、比较银行各类成本的实际数额，分析研究其变动情况和变化原因。负债成本分析两个主要的分析工具是平均成本和边际成本。

（1）平均成本。资金平均成本是指银行现有负债资金的单位平均借入成本。其计算公式为：

$$\overline{X} = \frac{\sum xf}{\sum f}$$

式中，f表示各类存款或资金来源的数量，x表示每种存款或资金来源的单位成本，$\overline{X}$为资金平均成本。单位成本中包括利息成本和其他成本。这一指标主要用于对不同的银行各种负债成本的对比分析和同一银行历年负债成本的变动分析等。

（2）边际成本。在决定银行是否承做新的资产业务，确定银行资产价格时边际成本具有重要作用。银行资金边际成本是指银行增加最后一个单位资产所支付的成本，其计算公式为：

$$边际成本 = \frac{新增利息 + 新增其他开支}{新增资产}$$

银行由于资金来源与使用方式的多样化，为边际成本的计算带来较大困难，在财务分析中处理方法也不尽一致。统计分析的任务是描述随着银行业务的变化，边际成本的变动规律，为银行扩充资产业务提供依据。

5. 负债的稳定性分析。负债的稳定性是指在某一时期银行能够准确把握、衡量负债增减变化的状况，保证稳定的资金来源的情况。负债的稳定性是和负债的期限、结构和种类密切相关的。从负债的整体而言，短期负债的比重越大，银行负债的稳定性越差；定期存款、金融债券的比重越大，银行负债的稳定性越高。在对负债稳定性进行分析时，主要分析存款的稳定性（读者可以思考一下原因），使用的指标是存款稳定率，即银行存款中相对稳定的部分和存款总额的比例，它反映了银行存款的稳定程度，是掌握新增贷款的数额和期限长短的主要依据。

$$\text{存款稳定率}=\frac{\text{定期储蓄存款}+\text{定期存款}+\text{活期存款}+\text{活期存款沉淀率}}{\text{各项存款总额}}\times 100\%$$

为了计算活期存款沉淀率，有必要对活期存款的沉淀情况作出统计分析，其计算方法是把一年内活期存款下跌的各月份用“本月余额÷上月余额”这一公式求出沉淀比率，得出全年最低的沉淀率和平均沉淀率（平均最低存款余额÷平均存款余额）；并在两者之间研究出一个变化规律，作为一个时期的活期存款沉淀率。有些商业银行采用“最低余额÷最高余额”方式计算沉淀率。国内一般用70%作为该指标的一个经验数据。

6. 市场占比分析。对商业银行在一地区存款占比情况进行分析也能够提供该行竞争力情况的一个测度，采用的方法与资产市场占比分析相似。表6－9是五大商业银行1999年6月末一般性存款数据：

表6－9　五大商业银行1999年6月末一般性存款数据表

行别	本期余额（亿元）	比上月新增额（亿元）	比上月增长率（%）
金融机构	102761.64	1288.09	1.27
五行总计	69473.04	841.26	1.23
工商银行	27333.16	271.55	1
农业银行	14798.60	218.61	1.5
中国银行	8193.30	59.54	0.73
建设银行	15941.27	206.11	1.31
交通银行	3206.71	85.45	2.74

资料来源：中国经济信息网。

五大商业银行存款余额占全部金融机构余额的68%，而新增额占65.3%，略低于余额占比；在五大商业银行中，工商银行的余额和新增额占比均排首位，分别是39%和32%。新增额占比略低表明工商银行市场占比正在下降。建设银行和农业银行在市场占比方面竞争比较激烈，余额占比建设银行占优势，但新增额占比农业银行则高于建设银行。

四、银行的账面价值与市场价值的统计分析

银行管理的基本目的是使银行的资本市场价值增加达到最优化水平。但是，银行报表所报告的统计数据却是按照所谓账面价值计算的。因此，充分与准确地估计银行的市场价值是客观评价银行管理的依据。如果某家银行的股票在有效运行的股票市场上市，并且其交易非常活跃，我们可以准确地计算其市场价值。就账面价值而言，银行的账面资产（A）等于银行账面负债（L）与银行账面净值（NW）之和：$A = L + NW$。就银行市场价值而言，银行市场资产（A^*）加上银行的无形资产（I^*）才等于银行的市场负债（L^*）与市场净值（NW^*）之和。银行的无形资产包括存款保险的价值、银行与客户的关系、银行注册价值以及其他的非账面资产。因此以市场价值计算的银行价值为：

$$NW^* = (A^* + I^*) - L^* = (A^* - L^*) + I^*$$

这一公式可以解释为什么有的银行在账面上其净值为负数，但以市场价值计算，其净值则为正数；或者说，银行的无形资产往往可以抵消银行净值的账面负值。

在很多情况下，银行资产的账面价值与市场价值之间存在很大的差距。当银行账面净值（NW）与市场净值（NW^*）出现差距时，该银行便存在所谓的隐藏资本或未入账资本。隐藏资本有两个来源：银行账面资产与市场资产的差距；银行资产负债表外项目。1990年凯恩和尤兰尔使用了一个简便的计量公式来测算

银行的隐藏资本。这一公式被称为统计学的市场价值核算模式（SMVAM）。模型将银行的市场净值在简单回归方程中表示为账面净值的函数：

$$NW^{*} = \alpha + \beta NW + \varepsilon$$

其中，α，β 分别为应估计的参数，ε 为误差项。（从模型我们可能意识到，回归模型并不总是表现因果关系。）

若回归估计结果为 $\alpha = 0$ 且 $\beta = 1$ 时，银行的市场净值等于其账面净值。当 $\alpha \neq 0$ 或 $\beta \neq 1$ 时，银行净值的市场价值与账面价值便出现了差距。这一模型注重对于这种银行净值差距的经济学意义上的解释。

如果 $\alpha = 0$，并忽略误差项的影响（由于误差项为白噪声，这种忽略不会对分析结果产生重大影响），则有：

$$\beta = \frac{NW^{*}}{NW}$$

参数 β 表示银行股票的市场价值与其账面价值的比率。当 $\beta > 1$ 时，银行股票的市场价值高于账面价值，意味着股票市场对该银行的评估高于通行会计准则的评估。反之，当 $\beta < 1$ 时，银行股票市场价值低于账面价值，表明股票市场对该银行的评价低于会计准则的评估。

在 $\beta = 1$，但 $\alpha \neq 0$ 的情况下，银行便存在所谓正值或负值的隐藏资本。若 $\alpha > 0$，则银行的市场价值超过其账面价值，银行存在隐藏资本或非入账资本。隐藏资本是以市场价值衡量的非入账资产大于非入账负债的部分，非入账资本是银行资产负债表外的未来资产增长的现值，表现为银行与客户关系的资本化价值，政府存款保险公司对银行所吸收的存款所提供保险承诺的现值等。若 $\alpha < 0$，则出现所谓负债隐藏资本或银行市场净值的折扣，这种情况可能是由资产负债表外过大的负债业务所引起的，例如贷款承诺、备用信用证、利率互换等。一般来说，当 $\beta = 1$，$\alpha \neq 0$

时，银行账面价值的变化反映了银行市场价值的变化，这种变化可以从银行资产负债表外业务找到根源。

当 $\alpha=0$，但 $\beta\neq1$ 时，以账面价值和市场价值衡量的银行净值则不一致，这是因为银行的资产负债表对银行股份价值的评估发生了偏差。当 $\alpha\neq0$，$\beta\neq1$ 时，上述两种情况便同时发生。

凯恩和尤兰尔使用这一模型对美国商业银行在 1975 ~ 1985 年期间的价值进行了实证检验，结果表明在 1978 ~ 1982 年利率变化高峰期间，最大的银行控股公司隐藏资本的数量及变动均受到联邦存款保险公司的存款担保、政府放松管制及银行业技术变动等因素的影响。他们对 128 家美国银行股票市场价值（MV）与账面价值（BV）在 1987 ~ 1988 年的关系进行研究得到：

1987 年 12 月：

$$MV = 115 + 0.75BV + e$$

$$(2.5)\quad(7.3)\quad\cdots\cdots\cdots\cdots t\text{ 值}$$

$$R^2 = 0.86$$

1988 年 12 月：

$$MV = 140 + 0.83BV + e$$

$$(3.4)\quad(6.3)\quad\cdots\cdots\cdots\cdots t\text{ 值}$$

$$R^2 = 0.93$$

括号中为 T 检验值。另外，他们还采用带平方项的回归方程考察银行股票市场价值与账面价值的关系。89 家银行在 1988 年中有以下结果：

$$MV = 0.55 + 0.65BV + 0.00072BV^2 + e$$

$$(2.8)\quad(5.5)\quad(6.2)\quad\cdots\cdots\cdots\cdots t\text{ 值}$$

$$R^2 = 0.91$$

这一结果说明银行股票市场价值与账面价值之间的关系可能呈现为非线性关系。

第三节　商业银行效益统计分析

与其他工商企业管理的目标一样，银行管理的基本目标是使其所有者的财富增值达到最大化。一般来说，银行管理的这一目的被解释为将银行股票的市场价值增值提高到最优水平，而由于宏观经济的波动和市场环境的变化，各种不同类型的风险使银行管理者必须在极不确定的状况下追求银行股票价值最优化的目标。

一、商业银行损益表

损益表是用来反映一家银行在报告期收入、支出、税金、利润等情况的报告。通过对损益表的分析，可以了解商业银行的经济效益和盈亏情况，分析利润增减变化的原因，为经营决策提供依据。

损益表主要包括收入、支出和收益三大部分。表6－10是某商业银行一期的损益表。

表6－10　某商业银行损益表

单位：元

行次	科目名	本期发生	本年累计
1	一、营业收入	1586774186.07	50323411084.31
2	利息收入	1360661103.94	23507086617.35
3	金融企业往来收入	163356368.36	26441149257.44
4	手续费收入	54208140.68	293496542.29
5	证券销售差价收入		
6	证券发行差价收入		
7	租赁收入		
8	汇兑收益	－671580.82	26418655.20

续表

行次	科目名	本期发生	本年累计
9	其他营业收入	9220153.91	55260012.03
10	二、营业支出	4593900207.62	64533268383.89
11	利息支出	2793229294.37	26601153697.90
12	金融企业往来支出	126900173.65	25312236731.61
13	手续费支出	110278852.13	574237667.34
14	营业费用	1561270596.97	12035970842.51
15	汇兑损失	124887.81	4676213.48
16	其他营业支出	2096402.69	4993231.05
17	三、营业税金及附加	22160877.95	1872324042.07
18	四、营业利润	-3029286899.50	-16082181341.65
19	加：投资收益	252394676.84	1252037529.77
20	加：营业外收入	9734468.15	67908199.53
21	减：营业外支出	13342896.83	100658613.45
22	加：以前年度损益调整	-28458543.44	-131331792.33
23	五、利润总额	-2808959194.78	-14994226018.13
24			

二、银行收益统计分析

我们首先介绍银行分析中最基本的杜邦模型，这一模型由戴维·科尔（1972）将杜邦财务管理原则应用于银行管理领域而得名，其核心是分解银行的普通股收益率来分析影响银行的赢利水平的各种因素。

衡量银行总体赢利程度的指标包括普通股收益率（ROE）和资产收益率（ROA）两个重要指标。ROE 是银行净收入与银行普通股股票价值（或银行资本）之比，它代表了银行每一单位的普通股票或资本在分红前的净收益，这一数值越大，银行资本的赢利程度越高。资产收益率则是银行净收入与银行总资产之比，表示单位资产的净收益，该数值越大，则银行资产赢利水平越高。普通股收益率等于资产收益率与普通股乘数（Equity Multipier，EM）之积。而普通股乘数为银行总资产与银行普通股票面价值之比，即：

$$ROE = ROA \times EM$$

其中，

$$ROE = \frac{\text{银行纳税后净收益}}{\text{银行普通股票面值}}$$

$$ROA = \frac{\text{银行纳税后净收益}}{\text{银行总资产}}$$

$$EM = \frac{\text{银行总资产}}{\text{银行普通股票面值}}$$

显而易见，普通股乘数是银行资本与资产比的倒数，它反映了银行资本的杠杆作用，即每一个单位的银行资本所能动员的产生收益的银行资产数额。

银行资产收益率可以分解为两部分：（1）净利润率（Profit Margin，PM），即银行净收入与总收入之比；（2）资产使用率（Asset Utilization，AU），即银行总收入与总资产之比。以公式表示为：

$$ROA = PM \times AU$$

其中，

$$PM = \frac{\text{银行纳税后净收益}}{\text{银行总收入}}$$

$$AU = \frac{\text{银行总收入}}{\text{银行总资产}}$$

因为银行净收益是银行总收入与银行成本和税收之差，净利润率便成为衡量银行控制成本与降低缴税数额的重要指标，该指标数值越大，表明银行在降低成本方面的能力越显著。净利润率受以下四个比率决定：

$$\text{利息支出比率} = \frac{\text{利息支出}}{\text{总收入}}$$

$$非利息支出比率 = \frac{非利息支出}{总收入}$$

$$税收比率 = \frac{所得税}{总收入}$$

$$呆账准备金比率 = \frac{呆账准备金}{总收入}$$

这四个比率反映了银行成本与税收方面的综合情况。边际利润率与这四个比率之和等于1。利息支出由银行负债的利息率大小、银行负债结构与放债数量等因素决定。非利息支出为银行经营支出，包括工资及雇员福利等人员性支出，房租、折旧、设备维持费等使用费用支出及其他成本支出。

资产使用率进一步可分解为利息收入与总资产之比与非利息收入与总资产之比两部分：

$$资产使用率 = \frac{利息收入}{总资产} + \frac{非利息收入}{总资产}$$

利息收入受到银行资产利息率高低、银行资产结构以及银行收益性资产数量的影响；非利息收入由银行佣金收入、服务收入、证券收入及其他收入决定。因为银行的资产中有一部分是法定准备金及超额准备金，收益性资产必然小于总资产，因此，收益基础（Earnings Base，EB）便是一个衡量收益性资产的重要指标：

$$EB = \frac{收益性资产}{总资产}$$

图6－2描述了ROE、ROA、EM、PM及AU五大指标的依存关系，并列举了影响利润边际额及资产使用率的各种因素。除此之外，银行的收益分析还常见到以下指标：

净利息收益率（Net Interest Margin，NIM）：

$$NIM = \frac{净利息收入}{收益性资产} = \frac{利息收入 - 利息支出}{收益性资产}$$

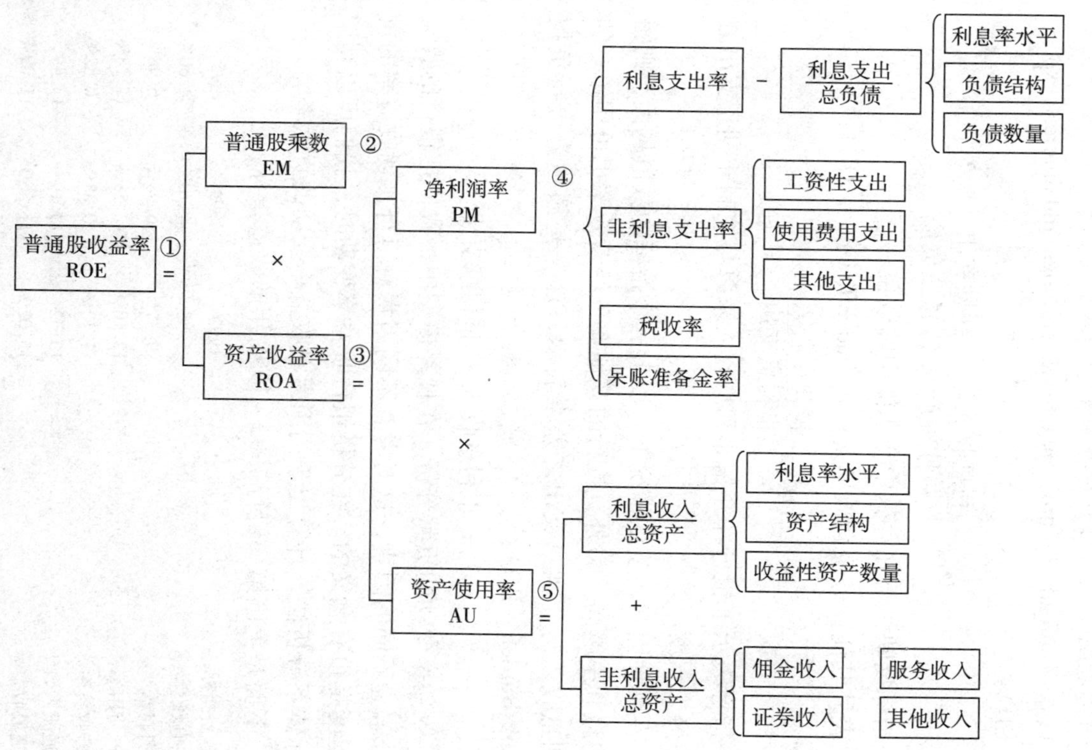

图6-2 五大指标的依存关系

这一指标表明了收益性资产及获利程度。

息差（spread of ratios on interest earnings and interest expenses，SD）：

$$SD = \frac{\text{利息收入}}{\text{收益性资产}} - \frac{\text{利息支出}}{\text{付息性负债}}$$

这一指标反映银行在存款中介职能中的效益。

表外其他业务经营效率（Overhead Efficiency，OE）：

$$OE = \frac{\text{非利息收入}}{\text{非利息支出}}$$

这一指标表示了银行在开拓非利息收入来源与控制非利息支出方面的努力程度。

在其他因素不变的情况下，以上三个指标的数值越大，则银行的赢利率越高。另外，银行的其他业务经营效率也可用银行的非利息收入与非利息支出之差来表示，这一差额称为银行负担（Bank Burden，BD）：

$$BD = \text{非利息收入} - \text{非利息支出}$$

收益率变动的贡献分析。在杜邦模型中，我们把银行的收益率分解为不同的因素，这对考查不同因素对银行实现收益率的贡献程度是很有意义的。在分析银行收益率变动时，我们可以利用指标体系分析法，计算出不同因素对收益率变动的贡献率。

下面是美国第一银行 1993～1995 年的收益指标：

收益指标	1993	1994	1995
净利息收益率	5.52%	4.70%	4.60%
净利润率	9.37%	6.98%	6.98%
资产使用率	12.10%	12.56%	11.78%
资产收益率	1.13%	0.88%	0.82%
普通股乘数	13.42	13.19	13.49
普通股收益率	15.02%	11.56%	11.09%

我们发现，第一银行在过去 3 年中普通股收益率呈现下降趋

势，而且仔细观察不难看出这主要是由于资产收益率下降所致。进一步分析可以看出，在1994年度，利润边际额的急剧下降引起了资产收益率的下降，而在1995年度，资产使用率的降低则是资产收益率下降的主导因素。

三、基于投资与财务决策的银行收益的统计分析

杜邦模型的逐次分解方法极易混淆银行两种不同的管理决策——投资决策和财务决策对银行普通股收益率的影响。一般来说，银行的投资决策是关于银行资产组合的管理，而财务金融决策是关于不同负债与资本的最优组合的管理，使用杜邦模型对银行普通股收益率的分解不能有效反映银行的这两种重要的管理决策及经营效果。

基于这种原因，威廉·安尔伯茨（William W. Alberts, 1989）提出了关于银行普通股收益率的新的分析方法。这种新方法可以帮助银行管理者确定银行不同决策的经营效果，从而较好地克服了杜邦模型的弱点。这一方法将银行普通股收益率分为两个组成部分之和：第一部分是银行的投资资金收益率（Return On Invested Funds，ROIF），第二部分是银行的金融杠杆收益率（Return On Financial Leverage，ROFL）。

$$ROE = ROIF + ROFL$$

银行的投资资金收益集中反映了银行的生产率与资金运作的效率，银行的金融杠杆收益则充分表现了银行使用其资本的程度及这种资本使用程度的条件。

银行的投资资金收益（ROIF）可以定义为经营收益与总资产的比：

$$ROIF = \frac{经营收益}{总资产}$$

其中，经营收益 = 总收入 - 经营支出 - 税收。ROIF的另一

种计算方法是资产收益率与经营支出系数之差：

$$ROIF = \text{资产收益率} - \text{经营支出率}$$

$$\text{资产收益率} = \frac{\text{免税收益} + \text{纳税后收益}}{\text{总资产}}$$

$$\text{经营支出率} = \frac{(1 - \text{税率}) \times \text{非利息支出}}{\text{总资产}}$$

银行的金融杠杆收益（ROFL）是衡量银行以某一成本筹借资金，再将此资金投资而产生的收益对普通股收益率造成的影响。银行的资金包括普通股和筹借资金两部分，相应地银行的金融杠杆收益可以分解为两部分：第一部分是银行投资资金收益与纳税后筹借资金成本之差，称之为杠杆差。若 t 表示税率，C 表示筹借资金成本，则杠杆差可表示为：$\mathrm{ROIF} - (1-t)C$。第二部分为筹借资金与普通股比例或杠杆比，以 L 表示。因此，金融杠杆收益可以写为：

$$\mathrm{ROFL} = (\mathrm{ROIF} - (1-t)C)L$$

通过下面的过程我们可以清楚地看到为什么 ROFL 和 ROIF 的和会等于普通股收益率：

$$\mathrm{ROIF} + \mathrm{ROFL} = \mathrm{ROIF} + (\mathrm{ROIF} - (1-t)C)L$$

$$= \mathrm{ROIF}(1+L) - (1-t)CL$$

$$= \frac{\text{经营收益}}{\text{总资产}} \times \left(1 + \frac{\text{筹借资金}}{\text{普通股}}\right) - (1-t)$$

$$\times \frac{\text{筹借资金利息支出}}{\text{筹借资金}} \times \frac{\text{筹借资金}}{\text{普通股}}$$

$$= \frac{\text{经营收益} - (1-t) \times \text{筹借资金利息支出}}{\text{普通股}}$$

$$= \frac{\text{总收益} - \text{经营支出} - \text{税收} - (1-t) \times \text{筹借资金利息支出}}{\text{普通股}}$$

$$= \frac{\text{纳税后净收益}}{\text{普通股}} = \mathrm{ROE}$$

注意其中用到了“总资产 = 普通股 + 筹借资金”的等式。

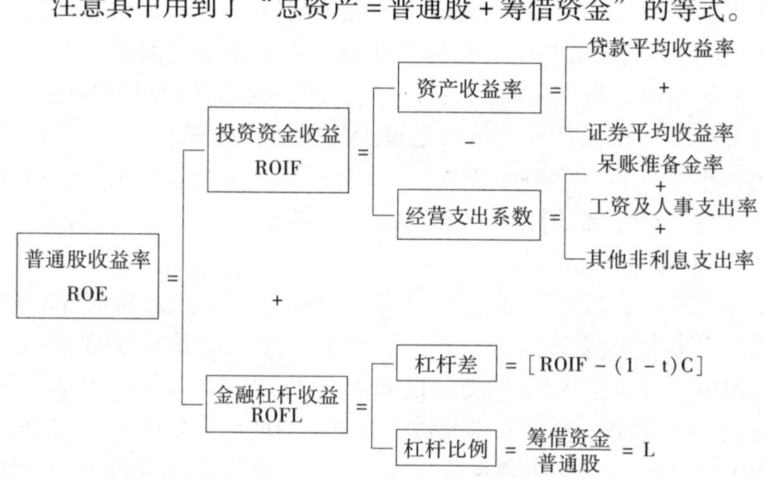

图 6－3　普通股收益率分解方法

图 6－3 表示了普通股收益的基于投资与财务决策的分解方法。这种方法清楚地区分了银行的不同管理决策对银行的收益率产生的不同影响。具体来说，投资资金收益代表了银行投资决策对普通股收益率的贡献程度，而金融杠杆收益则代表了财务决策对普通股收益率的作用。

四、影响银行收益率的因素分析

影响银行收益率的因素很多，如银行规模、存款结构、生产率水平、扩展手续费收入等。重要政策变动如利率变化、宏观经济形势、重要改革措施出台等也会对银行赢利能力造成冲击，应该利用统计方法进行评估。把握影响银行收益率的影响因素，就可以使银行在管理上有的放矢，努力提高银行收益。

1. 规模变动对收益的影响。在国外商业银行中，银行的规模明显是一个影响收益率的因素，以资产收益率来衡量时，赢利领先的银行通常是中小型银行（资产规模在1亿美元到几亿美元之间）。它们可能从较低的营业总成本中获益。而以股东回报率来衡量时，规模较大的银行更具优势，因为它们能更好地使用财务杠杆（即银行融资结构是较少的股本和较多的负债）。在国内，小银行的收益率看来要高于大银行，这部分是因为小银行成本较低，更详细的原因依赖于进一步的分析，例如员工工作效率、成本节约水平等。

在美国，以资产收益率而言，1993年所有投保银行中，平均资产收益率为1.22%，其中资产少于1亿美元的银行平均为1.24%，在1亿~10亿美元之间的为1.22%，10亿~100亿美元的为1.32%，100亿美元以上的为1.16%，在10亿~100亿美元之间的银行在净利息收益率上占优，而1亿美元以下的小银行在经营效率上更有竞争力。

规模对效益的影响还能体现在银行费用支出上。研究发现，资产规模与经营支出之间存在一定的关系，对美国65家银行的数据，以经营费用支出与资产之比作为衡量银行长期平均成本的变量（*LAC*），与银行资产数额（*Q*）拟合回归函数，有：

$$L\hat{A}C = 238 - 0.615Q + 0.00054Q^2$$

这是一个二次曲线，在一开始当银行资产较小时，随着资产规模的增大，银行平均成本增加，当资产达到5.69亿美元时平均成本最低，之后又开始上升。

2. 存款结构对收益的影响。收益率较高的银行通常存款成本结构较好，比如活期存款和储蓄存款较多，在国外有些可签支票的存款不付或者只付很少的利息并要收取一定的服务费用，后者有助于创造更多的收入。上节负债结构分析的方法有利于揭示银行这一因素的影响。

资产结构对收益率的影响也不容忽视。这方面的分析集中于银行资产的收益结构，例如收息资产比例、收息资产的利息结构等。高收益的银行倾向于拥有更多的收益资产。

3. 雇员生产率水平。赢利水平高的银行通常人均创造的收入和管理的资产更多一些，生产率较高的雇员的薪水通常也较高。这方面我国国有商业银行与国际上大银行相比差距比较大。

4. 扩展手续费收入。在国外近些年来扩展手续费收入成为银行增加利润战略中的重要一环，例如到 1994 年，美国所有投保银行中手续费收入为利息收入的 14.2%，而目前国内各商业银行这方面的收入还比较低，一般仅能占到利息收入的 4% 左右，随着市场经济的进一步发展，人们对金融服务的需求会越来越多，各商业银行必须加强这方面的市场研究。

5. 利率变动对银行收益的影响。利率的变化对银行的冲击表现在多方面：一是影响银行的资金成本，二是影响银行的资产收益（贷款收益和证券收益），三是影响银行的资金来源。例如 1999 年 6 月份的降息对各银行的储蓄存款均造成了冲击，造成储蓄存款增幅大幅下降。考察利率变动对银行收益的影响可以从财务方面进行，测算出利率变动对银行成本和收入的影响幅度，进而计算出对银行利润的影响；也可以利用统计上的弹性分析等工具描述利率变化对于银行业务的影响机制。针对这一方面的计量模型已有许多研究。

分析利率对收益的影响的一个重要工具是收益的利率弹性。以 R 表示银行收益，以 i 表示市场利率，收益的利率弹性 η 为：

$$\eta = \frac{\Delta R/R}{\Delta i/i}$$

它表示当利率变动一个百分点时收益率的变动情况。分析中还经常用到利息收入和利息支出的利率弹性。

6. 利率、存款和贷款的增长。在考察银行收益中，发现银行业务的增长也是一个重要因素。在赢利方面处于领先地位的银行一般在业务发展中增长得更快，这或许由于其管理层更具进取心，或许反映了其服务得到更多客户的接受。

7. 宏观经济形势。随着经济开始复苏或趋向繁荣，不仅企业贷款需求回升，而且一些陷入困境的企业财务状况发生好转使一些不良贷款得以回收，会对银行收益状况产生重要影响。一个必须关注的指标是工业产出，这部分是因为工商贷款在银行资产中的比例一直较大。

五、银行效益的评价方法

对银行经营效益的评估可以从三方面进行：第一，纵向的历史比较法，或时间序列法。指用银行本年度所取得的效益与以往年度相比较，寻找变化原因。经常利用的方法是增长率分析法和因素分析法。

第二，横向的类比比较法。比较该银行与同类型的其他银行的同期经营效果，发现管理上的优劣之处。利用的指标有偏离度和偏离系数：

$$偏离度=\frac{该银行收益指标值}{同类银行指标平均值}$$

$$偏离系数=\frac{该银行收益指标值-同类银行指标平均值}{同类银行指标标准差}$$

第三，预定目标比较法。将银行已取得的经营成果与事前预期的经营目标相比较，找出差距。计划完成程度是一个有用的指标：

$$计划完成程度=\frac{该银行收益指标实际值}{该银行指标目标值}\times 100\%$$

在使用三种评价方法时，应充分考虑到其局限性：（1）当不同时期的外部环境有较大改变时，银行的经营成果必然发生较大差别，第一种方法的应用就不太合适；（2）由于市场上不存在完全相同的银行，横向比较法会产生较大的误差；（3）银行的预期经营目标建立在该银行的过去经营成果之上，未能充分考虑可能发生的市场变化，从而不足以作为衡量银行经营成果的准确尺度。

六、新分行的建立：预期收益评价方法

银行分行的地址、计划和提供的服务首先取决于银行顾客的偏好，其次是银行管理者和雇员的偏好，银行管理者必须在确定新分行的地址方面综合考虑各方面的因素。同时，决定是否建立一个新分行是一个资本预算的决策，需要大量的最初现金流出来投资或租用土地进行运营。分行通常在这样的可能性下建立：未来净现金流量（NCF）之大足以保证银行可以接受的收益 $E(r)$。在投资资本上，也就是说，银行能够从下面的公式中估计到他们的预期收益：

$$\text{最初现金流出} = \frac{NCF_1}{[1+E(r)]^1} + \frac{NCF_2}{[1+E(r)]^2} + \cdots\cdots + \frac{NCF_n}{[1+E(r)]^n}$$

当评估一个新的分行的经济上的可行性时，如果预期收益 $E(r)$ 等于或超过银行股东所要求的最小收益（K），即 $E(r) \geqslant K$，建立新的分行在经济上是可行的。例如，如果一家新的银行预计将要花费 300 万美元来获得位置并安装所需的设备以开始运营，并在 10 年的收入中，每年的现金流入净值达 60 万美元，分行的预期收益为：

$$\$3000000 = \frac{\$600000}{[1+E(r)]^1} + \frac{\$600000}{[1+E(r)]^2} + \cdots + \frac{\$600000}{[1+E(r)]^{10}}$$

经计算可得到即将建立的分行的预期收益达到 15%。如果股东要求的最小收益率为 10%，这个分行计划体现出其经济上的可行性。

当考虑新的分行的位置的可能性时，管理阶层不仅应考虑从每个分行位置上获得的收益率，还应考虑以下几点：（1）预期收益的方差 σ^2 [R]，主要是由于这个分行服务的区域的经济条件有变动；（2）新分行、现存的分行以及其他以前建立或获得的银行的资产所获收益率的协方差（COV [R_i，R_j]），新分行的预期收益率（R_B）通过现存分行和其他资产（R_{OA}）对银行总体收益率（R_T）产生的影响是：

$$E(R_T) = W \times E(R_B) + (1 - W) \times E(R_{OA})$$

这里，W 是投资于新分行 B 的资金占总资产的比例；$(1-W)$是投资于所有的其他分行和资产占商业银行资产的比例。通过总收益方差的衡量得出的新分行对银行总体收益率(R_T)的影响是：

$$\sigma^2(R_T) = W^2\sigma^2(R_B) + (1 - W)^2\sigma^2(R_{OA}) + 2W(1 - W)COV(R_B, R_{OA})$$

这里，COV（R_B，R_{OA}）$=\rho_{B,OA} \times \sigma_B \times \sigma_{OA}$，其中，$\rho_{B,OA}$可描述为新分行预期收益和其他分行和资产的收益之间的相关系数；σ_B是新的分行预期收益的标准差；σ_{OA}是其他银行资产收益率的标准差。

从上述公式的有效性来看，我们可以假设下面的收益和风险信息为银行的管理新分行的计划部门已知：

$$E(R_B) = 15\%, \sigma_B = 3\%$$

$$E(R_{OA}) = 10\%, \sigma_{OA} = 3\%$$

假设新分行占银行总资产的 25%，银行的其他分行和资产占银行资产的 75%，即：$W=0.25$，并且新分行的收益与银行其他资产的收益是负相关关系（考虑一下，在什么情况下这是比较合理的），有：

$$\rho_{B,OA} = -0.40$$

运用上述公式，在投资新分行后，银行的预期收益为：

$$E(R_T) = 0.25 \times 15\% + 0.75 \times 10\% = 11.25\%$$

则增加新分行给银行带来的总的风险为：

$$\sigma^2(R_T) = 0.25^2 \times 3\% + 0.75^2 \times 3\% + 2 \times 0.25 \times 0.75 \times (-0.40) \times 3\% \times 3\% = 3.23\%$$

或：$\sigma(R_T) \approx 1.80\%$。

计算结果表明，预计要建立的分行不仅能使银行所有资产的总收益增长（从10%增长到11.25%），而且预计新分行与现存分行和其他资产的负收益相关也使银行的标准差从3%降低到1.80%，产生多样化的结果以减少银行所有的风险。分析结果同样表明，对银行管理阶层来讲，仅选择获取收益最高的分行地址不一定是最理想的，风险因素必须考虑在内。

第四节　商业银行风险统计分析

商业银行不同于一般工商企业的关键是它要依赖吸收存款等负债业务，其资本仅占总资产的较小比例，因此一旦其经营出现问题，就很容易引致破产；同时，由于金融体系的高度相关性，一家银行陷入困境或者破产就可能引发挤兑，导致整个金融体系的不稳定。所以银行的管理者和监管机构一直高度重视对银行风险的分析。

一、商业银行风险的类别

银行发生危机根源于它所面临的各类风险，因此我们首先必须对这些风险的类型及其计量方法、指标有所了解，然后介绍几种综合测度银行风险暴露程度的方法，包括VaR、压力测试及风险预警指标体系。

银行的赢利程度直接受到各种不同种类风险的影响。一般来说，银行的经营面临四大类型的风险：（1）环境风险（Environmental Risk），这是由银行所在国家的宏观经济环境所决定的风险。(2) 管理风险 (Management Risk),是由银行经营者引起的风险。(3) 交付风险 (Delivery Risks),是由银行提供的金融服务所致。(4) 金融风险 (Financial Risks),是从银行资产负债管理中产生的风险。

1. 环境风险是由银行赖以运作的社会经济环境决定,是银行本身不可控制的风险,包括立法风险、经济风险、竞争风险和管制风险。对这类风险的分析,一般从分析国家及地区经济运行及结构变化出发,分别包括对银行经营的影响、非银行金融机构和非金融产业结构参与银行服务对银行经营产生的压力等方面的分析内容。

对于广泛参与国际商业银行业务的银行而言,国家风险成为一个越来越重要的风险来源,尤其是东南亚金融危机爆发后,金融界对国家风险的关注变得更为重要。

2. 管理风险是由银行管理者素质与能力等因素产生的风险,例如由银行经营者不良品行所致的盗用公款风险;银行管理者组织水平低下所致的组织风险;银行经理缺乏银行管理决策所需的足够知识与能力的能力风险。

3. 交付风险。银行金融服务有四种交付风险。第一,操作风险,指银行是否有能力在获利的前提下提供金融服务的风险,由银行提供金融产品的能力及银行控制运作成本的能力组成。第二,技术风险,是指在技术进步的条件下,现存的银行服务系统由于技术设备陈旧而不能有效运作的风险。第三,新产品风险,如新产品的成本过高,市场对新产品的需求过低等。第四,战略风险,银行对未来发展作出的重大决策所可能产生的风险。

4. 金融风险。由银行资产负债管理所导致的金融风险有四类:信贷风险(信用风险)、流动风险、利率风险和资本风险。这是通常银行风险分析的主要内容,在此之外引致的有赢利风险和偿付风险等。

下面主要就金融风险做具体分析。

二、银行信贷风险统计分析

信贷风险，或称信用风险，是由银行资产质量优劣以及资产清偿拖欠与信贷违约程度所决定，它本质上是由银行的一些资产尤其是贷款贬值所引起的。事实上，由于信息的非均衡性分布，银行经理对银行资产质量进行准确评判非常困难，因此，银行管理者衡量信贷风险往往是对已发生或可能出现的资产清偿拖欠与信贷违约进行分析。

衡量信贷风险的主要概念：要准确衡量信贷风险，需要对信贷资产的质量分类提供依据。中国的商业银行历史上采用“一逾两呆”的分类方法，仅按照贷款的还款状况划分不良资产，现在则采用国际通行的做法，人民银行要求各商业银行采用五级分类法对资产进行分类，即将资产按标准划分为正常、关注、次级、可疑和损失五类，后三类列为不良资产。关于资产质量的详细内容我们在后面专节单独讨论。

主要指标：总贷款与总存款之比，不良贷款与总贷款之比，净贷款冲消额与总贷款之比，贷款损失准备金比例等，这些比例反映了银行过去经营结果产生的信贷风险。反映未来可能发生的信贷风险的指标有：信贷集中程度，反映了银行信贷的地区或行业集中程度及可能由此产生的风险；信贷增长率与高贷款利率，反映了将来可能发生的信贷违约数量的信息；准备金与违约信贷的比例，反映了银行对未来违约风险的事前预期及承受能力。

商业银行信贷风险分析体系包括以下内容：

1. 信贷风险监测报表体系。建立报表体系的原则是静态报表与动态报表相结合、流量指标与存量指标相结合，全面反映商业银行信贷风险的现状及发展特征。

报表体系要通过不同层面、多个视角捕捉采集信息，使管理部门能够及时掌握信贷资产运行状况及风险动态，发现问题，有针对性地进行检查、跟踪和预警。通过一些反映信贷资产质量及风险状况指标的设置，对银行的信贷风险进行监测，同时要按时间进行分段。报表要按银行信贷资产存量及当年新发放贷款分别设置不同表格，以反映信贷资产质量的变化趋势。

2. 信贷业务风险分析报告。在分析信贷风险监测报表体系数据的基础上，利用定量分析与定性分析相结合、单项指标分析与综合分析相结合、静态分析与动态分析相结合、问题分析与成因分析相结合的原则，对信贷资产运行状况、主要风险特征和问题与原因进行分析，提出风险预警及对策建议。内容包括：

（1）银行运行的经济、金融环境分析。

（2）银行信贷业务基本情况：信贷业务总量及品种占比；存贷比；不良贷款余额及不良贷款率；应收催收利息余额和贷款利息实收率；贷款风险集中度指标（最大 10 家贷款户余额占信贷资金贷款总余额的比例和最大 10 家不良贷款户不良贷款余额占总不良贷款余额的比重）；表外信贷业务风险状况；审批的高风险信贷业务量占比等。

（3）贷款结构与组合：客户结构，风险最大客户群；方式结构，风险最大的贷款方式；合同期限结构，风险最大的合同期限；贷种结构及风险最大的贷种；区域结构及风险最大的贷款区域；行业结构及风险最大的行业；不良贷款投放期和合同期限组合分布；不良贷款合同期限和贷款方式组合分布；不良贷款类别和贷款方式组合分布；贷款流动性和效益性组合分布。

（4）上述指标的变化趋势。

（5）原因及影响因素分析。

3. 贷款行业风险分析。行业信贷风险分析是指采用风险因素法，从影响行业发展的各种因素出发，充分利用掌握的各种信息，按照一定的程序和要求，采用定性分析和定量分析相结合的方法，对行业的风险程度及其对信贷资产的安全性、效益性和流动性的影响进行的分析。

行业信贷风险分析包括行业环境风险分析、行业经营风险分析、行业财务风险分析以及行业信贷资产风险分析。

银行信贷风险分析的核心内容是信贷资产风险的识别和计量，对我国商业银行而言这更是薄弱环节。长期计划经济体制造成的统计数据不准确、财务报表不真实、信息资源条块分割的弊端，客观上制约了风险识别和计量技术的运用和发展。但是随着商业银行管理的日益改进和数据质量的改善，先进的计量工具必将会得到广泛的应用。

三、利率风险

利率风险是由于市场利率变动的不确定性所导致的银行金融风险，指由于市场利率的变化对银行收益扣除营业成本后的毛利产生影响的风险。但是，银行自身的存贷结构是产生利率风险的条件之一，如果一家银行的存款和贷款的类型、数量和期限结构完全一致，就不会存在利率风险。

银行利率风险敞口测度：利率敏感性资产与利率敏感性负债，或两者的差额。这类指标的缺点是：选择作为利率敏感度指标的资产到期期限存在随意性；不断改变的再投资金额及市场利率几乎会影响利率敏感度指标；以到期期限为基础的指标没有考虑资产负债价值的利率敏感度。前瞻性的利率风险衡量方法包括以下指标：若干不同到期期限的资产与负债之间的差额指标；包含了银行再投资及利率变化因素的利率敏感资产与负债的动态差额；对于利率敏感资产、负债及资产负债表外项目的持续衡量等。

利率风险的敞口程度与银行的存贷款及其他资金结构密切相关，在分析利率风险时，我们只考虑那些直接受到利率变化影响的资产与负债。常用的利率分析方法有资金缺口分析和持续期缺口分析。

(一) 资金缺口和利率敏感系数

所谓资金缺口就是指利率敏感性资产与利率敏感性负债的差额:

$$\text{资金缺口} = \text{利率敏感资产} - \text{利率敏感负债}$$

资金缺口用于衡量银行净利息收入对市场利率的敏感程度,资金缺口可以为正值、负值,也可以为零。当利率变动时,资金缺口的数值将直接影响到银行的净利息收入。

假设A银行在未来3个月内的利率敏感资产是200万元而利率敏感负债是100万元,那么它的资金缺口为正100万元。如果在未来3个月内市场利率上升,银行的净利息收入就会增加,反之会下降。当借、贷款的利率变化一致时,净利息收入的变动额可以由下面公式计算:

$$\text{净利息收入变动} = \text{利率变动} \times \text{资金缺口}$$

例如,如果A银行资金缺口为100万元,利率下降1个百分点将导致该银行的净利息收入减少1万元[即100万元×(-1%)=-1万元]。

如果资金缺口为零,利率的变动对净利息收入无影响。但如果银行借款和贷款的利率变化不一致,则即使资金缺口为零市场利率的变化也会影响到净利息收入。如果银行管理者能够正确预测利率的变化方向,则可以充分利用资金缺口来增加利润,但我们将会看到这并不总是现实,所以谨慎的管理者会设法规避大资金缺口带来的利率风险。

我们也可以用利率敏感系数来衡量银行的利率风险:

$$\text{利率敏感系数} = \frac{\text{利率敏感资产}}{\text{利率敏感负债}}$$

利率敏感系数大于1,则资金缺口为正;小于1时资金缺口为负，这样我们就可以用资金缺口或利率敏感系数来衡量利率风险敞口。

运用资金缺口模型来分析利率风险的最大优点是简单明了，计划期内的资金缺口计算也很容易，尤其是利用计算机数据管理技术的便利。但是资金缺口管理只考虑一定期间内的资金流量，而没有考虑资金的时间价值。

（二）有效持续期缺口分析

有效持续期的概念是由麦考利在1938年提出的，但直到70年代，由于西方国家的商业银行面临更大的利率风险，人们才开始在理论上和实践上探讨有效持续期的应用。这一指标理论用以分析当利率发生变化时，银行的财务状况会发生怎样的变化。

1. 有效持续期的概念。债券的有效持续期是对债券的有效到期期限进行衡量的概念，它包含了关于债券未来现金收益的时间和数额两个因素，这一概念可以综合性地反映息票数额以及债券期限等对债券价格波动的影响。债券的有效持续期可以定义为债券价格相对于市场利率变动百分比的弹性，以公式表示为：

$$D = -\frac{(\Delta P/P)}{\Delta i/(1+i)} = \frac{\sum_{t=1}^{n}\frac{tC}{(1+i)^t} + \frac{nF}{(1+i)^n}}{P}$$

其中，D 为债券的有效持续期；P 为债券价格，i 为市场利率，C 为息票支付额，F 为债券面值，n 为债券到期期限。

这一概念可以扩展到银行的所有资产和负债项目，即有效持续期可以指任何一项资产或负债的平均有效期限，用公式表示为：

$$D = \frac{\sum_{t=1}^{n}\frac{tC_t}{(1+i)^t} + \frac{nF}{(1+i)^n}}{P}$$

其中，D 表示有效持续期；$P = \sum_{t=1}^{n}\frac{C_t}{(1+i)^t} + \frac{F}{(1+i)^n}$，表示

该资产或负债的现值；C_t 为第 t 期的现金流或利息；F 为资产或负债面值（到期日的价值）；n 为该资产或负债的期限；i 为市场利率。

例如，假设面值为1000元的5年期普通债券，每年支付一次息票，年息票率为10%，即每年的固定息票支付为100元。如果市场利率为10%，那么：

$$P=\sum_{t=1}^{n}\frac{C_t}{(1+i)^t}+\frac{F}{(1+i)^n}$$

$$=\sum_{t=1}^{5}\frac{100}{(1+0.1)^t}+\frac{1000}{(1+0.1)^5}=1000(\text{元})$$

$$D=\frac{\sum_{t=1}^{5}\frac{100t}{(1+0.1)^t}+\frac{5000}{(1+0.1)^5}}{1000}=\frac{4169.83}{1000}=4.17(\text{年})$$

债券的到期期限为5年，而有效持续期为4.17年。有效持续期实际上是加权的现金流量现值与未加权的现值之比。在持有期间不支付利息的金融工具，其有效持续期等于到期期限或偿还期限。而对那些分期付息的金融工具，其有效持续期总是短于偿还期限。这是由于同等数量的现金流量，早兑付的比晚兑付的现值高。所以，有效持续期反映了现金流量的时间价值。

有效持续期衡量了一系列固定的现金流量的平均期限，在上例中，4.17年的有效持续期为回收该笔现金投资（购买证券）的平均时间。有效持续期是证券到期期限（n）和现金流量（C）的函数，即：

$$D=D(\overset{+}{n},\overline{C})$$

公式中的正负号表示 D 是 n 的增函数而是 C 的减函数。根据弹性的概念，可以定义证券的利率弹性（e）为

$$\text{证券的利率弹性}=\frac{\text{证券价格的百分比变化}}{\text{市场利率的百分比变化}}$$

$$或:e = \frac{\Delta P/P}{\Delta i/i}。$$

因为证券的价格与市场利率成反比，所以一般 $e<0$。证券的利率弹性和有效持续期关系如下：$-e = D\left(\frac{i}{1+i}\right)$。根据利率的弹性定义，有如下近似公式：

$$D \approx -\frac{\Delta P/P}{\Delta i/(1+i)}$$

公式表明证券的有效持续期越长，对利率的变动越敏感，即利率风险越大。因此，决定证券利率风险的因素是有效持续期而不是偿还期限，我们可以用其来衡量一项资产或一项负债的利率风险。

2. 有效持续期缺口和利率风险。利用有效持续期来分析银行的总体利率风险的方法是：先计算每笔资产或负债的有效持续期，再根据每笔资产或负债在总资产和总负债中的权数，计算出银行总资产和总负债的加权平均有效持续期。若 D_{Ai} 和 D_{Li} 表示第 i 项资产和负债的持续期，W_i 表示第 i 项资产（负债）在总资产（负债）中所占比重，n、m 为资产和负债的种类个数，用 D_A 表示总资产的平均有效持续期，D_L 表示总负债的平均有效持续期，则有：$D_A = \sum_{i=1}^{n} D_{Ai}W_i, D_L = \sum_{i=1}^{m} D_{Li}W_i$。用 V_A 表示总资产的初始值，V_L 表示总负债的初始值，那么根据上面公式，当市场利率变动时，资产和负债价值的变化可由下式表示：

$$\Delta V_A = -\left[D_A V_A/(1+i)\right]\Delta i$$

$$\Delta V_L = -\left[D_L V_L/(1+i)\right]\Delta i$$

公式表明，当市场利率变动时，银行资产价值和负债价值的变动方向和市场利率的变动方向相反，而且银行资产和负债的有效持续期越长，资产与负债价值变动的幅度越大，也就是利率风险越大。为综合分析银行资产和负债价值的变动，可以利用有效持续期缺口：

$$\text{有效持续期缺口} = \text{资产平均有效持续期} - \frac{\text{总负债}}{\text{总资产}} \times \text{负债平均有效持续期}$$

$$即:DGAP = D_A - \mu D_L$$

其中，μ 是资产负债率。当DGAP为正值时，资产的平均有效持续期大于负债的平均有效持续期与负债资产系数之积。如果利率下降，资产负债的价值都会增加，但资产价值增加的幅度比负债大，银行的市场价值将增加，反之，如果利率上升，银行的市场价值将下跌（这不难从数学上证明）。对DGAP为负值或零时，利率变动对市场价值的影响情况请大家自己总结。

案例：亚丰银行是一家刚开张的银行，其资产负债表如表6－11所示。假设表中所有项目都以当前市场价值计算，所有的利息都按年支付，没有提前支付和提早存款，也不存在问题贷款。

表6－11 亚丰银行资产负债表

资产	市场现值（1000元）	利率（%）	有效持续期（年）	负债和资本	市场现值（1000元）	利率（%）	有效持续期（年）
现金	100			定期存款（1年）	520	9	1.00
商业贷款（3年）	700	14	2.65	可转让定期存单(4年)	400	10	3.49
国库券(9年)	200	12	5.97	总负债	920		
				股东权益	80		
总计	1000				1000		
资产平均有效持续期＝(700/1000)×2.65＋(200/1000)×5.97＝3.05(年) 负债平均有效持续期＝(520/920)×1＋(400/920)×3.49＝2.08(年) 有效持续期缺口＝3.05－(920/100)×2.08＝1.14(年)							

我们利用上面给出的计算每笔资产和负债的有效持续期公式和计算加权平均有效持续期和有效持续期缺口的公式，分别先计算每笔资产和负债的有效持续期，再计算加权平均有效持续期和

有效持续期缺口。例如：

$$\text{3 年商业贷款的有效持续期}=\frac{\frac{98}{1.14}+\frac{2\times98}{1.14^2}+\frac{3\times98}{1.14^3}+\frac{3\times798}{1.14^3}}{700}$$

$$=2.65\text{（年）}$$

$$\text{4 年定期存款的有效持续期}=\frac{\frac{40}{1.1}+\frac{2\times40}{1.1^2}+\frac{3\times40}{1.1^3}+\frac{4\times40}{1.1^4}+\frac{4\times440}{1.1^4}}{400}$$

$$=3.49\text{（年）}$$

该银行的有效持续期缺口不等于零。当利率变动时，资产和负债的价值变动幅度不一样，银行的市场价值将会改变。作为练习，请读者利用上面相关公式计算当市场利率全部增加一个百分点时，所有资产和负债的变化情况。

有效持续期缺口分析综合衡量了资产和负债结构的利率风险。有效持续期缺口的绝对值越小，银行面临的风险越小。由于这种方法考虑了每笔现金流量的时间价值，而资金缺口不能反映流量的时间价值，因此有效持续期方法在本质上是一种对利率风险进行动态分析的方法。

四、流动性风险分析

银行的流动性指银行满足存款者的提现需求和借款者的正常贷款需求的能力。但是，由于客户未来的提存和贷款需求难以预料，银行可以即时支付的现金款额可能不足以满足支付需求，从而出现流动性缺乏状况，产生流动性风险，严重的流动性危机则会导致银行破产。不难发现，银行的流动性风险源于未来的不确定性。衡量流动性的主要指标有以下几个：

1. 流动性缺口。指未来一定时期内资金使用和资金来源之差，若这一缺口为正值，则表示在未来一定时期内资金的供给不能满足资金的需求，银行就必须设法填补这一缺口。要估算流动性缺口，银行应该预测未来一定时期内新增贷款净值、新增存款净值以及到期的资产和负债等关键变量，相关的预测方法我们专门介绍。预测的流动性缺口的绝对值过大显然对银行不利。比较理想的状态是预测的流动性缺口略小于银行的可立即变现的资产总额，这样银行的流动性需求就能得到保证。

2. 核心存款与总资产的比率。核心存款是指那些相对来说比较稳定的，对利率的变化不敏感的存款，季节变化和经济环境对其影响也比较小。核心存款与总资产的比率在一定程度上反映了银行的流动性能力。

3. 贷款总额与总资产的比率。较高的贷款与资产的比率表明银行流动性能力较差，而该比率较低反映了银行具有很大的贷款能力。考虑到短期贷款比长期贷款流动性强，也有人建议根据贷款期限计算加权的贷款总额。一般来说，此比率随银行规模增大而增加。

4. 贷款总额与核心存款的比率。存贷比是一种传统的衡量银行流动性的指标，但人们发现易变存款不能作为银行稳定的资金来源，所以用核心存款来代替总存款。这一比例越小，银行“存储”的流动性就越高，相对来说，流动性风险就越小。

5. 流动资产与总资产的比率。流动资产是指那些到期期限短（不超过1年）、信誉好、变现能力强的资产。流动资产与总资产的比率越高，银行的流动性风险就越低。

6. 易变负债与总资产的比率。易变负债是指那些受利率等经济因素影响较大的银行资金来源，如大面额定期存单、国外存款、回购协议下卖出的债券等。一般来说，在其他条件相同的情况下，这一比率越大，银行面临的流动性风险也越大。

7. 证券的市场价格与票面价格的比率。当这一比率小于1时，证券的市场价格低于票面价格，若此时出售证券变现，银行就要承担较大的变现损失。所以，当此比率小于1，而银行决策者又不愿意承担这种损失时，银行的流动性能力将受影响。

其他的指标包括流动资产与易变负债的比率、风险资产与总资产的比率、股东权益与总资产的比率等。

银行要有效控制流动性风险，需要对流动性需求作出分析，也就是对未来的现金流量作出合理的预测，这包括现金收入与现金支出，两者的差额反映了银行面临的流动性风险敞口。影响流动性需求的因素比较多，有些因素，例如季节性因素，是比较容易控制的，而另一些因素则需要复杂的模型或其他工具才能准确反映。银行的流动性需求预测是银行预测工作的重要内容，因为这不仅关系流动性风险，对于银行的资金计划、保持适度现金库存也极为重要。流动性需求的技术和方法我们将在本章第五节中介绍。

五、资本风险分析

资本风险亦称为杠杆风险，此类风险由银行可能出现的无力偿还其债务所引起。当银行资产的市场价值低于其负债的市场价值时，银行便无力偿还其债务。在这种情况下，如果银行不得不将其资产变现而其变现资金不足以偿还所有的债权，则银行只得宣布破产。资本风险与资产质量及银行经营的总体风险紧密联系，银行的总体风险越高，资产质量越差，则所需资本越大。对资本风险的传统衡量指标包括：银行普通股票与总资产的比例，普通股票与总负债的比例以及普通股票与总存款的比例等。这些指标的不足是过分强调静态的资产负债表上的会计价值比例，不仅忽略了不同资产的风险差别及表外项目，而且忽略了以市场价值表现的资本、资产及负债项目。更为有效的衡量资本风险的方法有：包括不同风险的风险加权资产或风险调整资产与普通股票或银行资本的比例，风险调整资产的增长率与资本增长率之比较，包含了表外业务项目的资本风险指标等。

在衡量银行资本风险时，一个重要的问题是银行到底应该保持多大的资本金才算充足。一般银行的资本金最低限额由各国金融监管当局规定。为在国际上有一个统一准则，巴塞尔委员会在银行资本规定及其与资产风险的联系的认识基础上，制定了巴塞尔协议原则，在此原则下银行资本的规定有如下共同点：（1）银行的最低资本限额应与由银行资产结构决定的资产风险相联系，资产风险越大，资本限额则越高；（2）银行持股人的股本被认为是最重要的第一类资本或核心资本；（3）银行资本最低限额为其风险资产的8%，而其核心资本不能低于总资产的4%。

对于资产风险分析，请读者参考本章第六节。

六、银行收益与风险关系分析

在银行实际经营中，银行收益与银行所面临的某些市场风险存在着相互交替的关系；换言之，银行可以通过增加风险经营的方式来换取较高的收益率。一般来说，环境风险是属于不可控制的风险，它与银行收益之间不存在交替关系。环境风险的增加并不能使银行的收益上升，相反，它却构成银行收益增长的限制因素。银行的金融风险与收益率间存在着正向影响关系。当金融风险增加时，银行的收益率亦随之增大，并且，银行交付风险中的经营风险和银行收益之间也存在替代关系。如果用 r 表示银行的收益率序列，而 σ 表示银行的风险度量序列，我们可以建立如下模型：

$$r = r_f + b\sigma + \varepsilon$$

其中 r_f 和 b 为待估参数。模型的形式与资本资产定价模型一致，所以其估计方法是相同的。若把 r_f 视为无风险收益（但不是银行的均衡收益，因为银行不可能做到零风险经营），则 $r - r_f$ 就可视为银行承担风险 σ 的“补偿”收益，所以银行承担风险的“价格”是（$r-r_f$）/σ。在实际应用时，收益率可以用银行的股本收益率或资产收益率，而风险指标则需要慎重衡量，最好能够选择全面反映银行风险敞口程度的指标。从讨论中我们也发现，在进行银行间经营效益比较时，必须充分考虑银行的风险暴露程度，对风险暴露程度不同的银行而言，其同一口径上的收益率指标也不具有可比性。

Hannan 和 Haweck（1988）及 Liang 与 Savage（1990）用公式表示了银行收益与风险的关系。假定银行收益服从正态分布，则风险指数 g 可以表示为：

$$g = \frac{E(ROA) + \frac{1}{EM}}{S}$$

其中，E（ROA）为银行资产收益率的预期值，EM 为普通股票乘数，S 为银行资产收益率的标准差。

当银行预期收益增加，普通股票乘数下降，预期收益率波动降低时，风险指数 g 的数值将上升，它表明了银行经营的风险程度下降，因而银行无力偿还的概率下降。

当银行净值被耗尽时，银行便宣布破产。所以，银行资产收益率小于普通股乘数倒数的负值，即 $ROA < -1/EM$，是银行破产的临界点。

Hannan 和 Haweck（1988）通过对美国的 300 家大银行的测算，得出了银行无力偿还债务可能性的计算公式：$\rho=1/(2g\times g)$。根据计算结果，银行平均的无偿还能力可能性在 12 个月内为 0.35%，这时风险指数为 11.95。

例：假设某银行的预期资产收益率为 2%，普通股乘数为 12，资产收益率的标准离差为 0.5%，假定银行的收益服从正态分布，则该银行的风险系数和倒闭概率分别为：

$$g = (2\% + 1/12)/0.5\% = 20.67$$

$$\rho = 1/(2 \times 20.67 \times 20.67) = 0.117\%$$

七、银行资产风险识别统计分析

所谓风险识别，是指商业银行在其宏观和微观风险环境和内部经营环境中识别出可能给商业银行带来额外损失或额外收益的风险因素。风险识别是风险分析和估计、风险控制的基础，对银行经营者至关重要。风险识别需要银行管理者对银行的经营环境、经营业务有充分的了解和丰富的实践经验，一般来说，商业银行风险识别有两种方法：一是财务报表分析法，二是环境风险分析法。

（一）财务报表分析法

财务报表分析法是对商业银行资产风险分析与识别最方便、最直接的工具。它通过评价商业银行目前的财务状况和经营状况，识别出可能影响银行资产风险的因素，包括以下几种方法：

1. 比较分析。本期财务报表与前几期财务报表或同业财务报表的资产科目的绝对额或者相对百分比的变动进行详细的比较，分析资产质量状况。

2. 趋势分析。选择某一基期计算以后每一年资产科目的趋势百分比，分析资产总规模的增长及其结构变化（我们在第二节做过详细讨论），以及这些变化可能带来的风险因素。

3. 比率分析。同期财务报表上有一些项目彼此有一定的关联，可以设定一些比率指标，来衡量资产的安全性。主要应考察银行资产本息回收的可靠程度，比率指标主要有逾期贷款回收率、逾期贷款比率、资本充足率等。把这几种方法结合起来进行分析会更有意义。

（二）环境风险分析法

该方法主要从商业银行经营管理的内、外部环境出发，识别有关不确定因素，涉及国家宏观经济政策、经济周期、金融管理当局对商业银行的监管、国际经济环境、国家经济政策、金融同业竞争、市场交易、银行业务的产业与地区分布等环境。具体讲，风险的环境分析可以从以下几个方面把握：

1. 宏观经济条件。经济波动的周期性是商业银行面临资产风险的一个重要因素。当经济状况良好时，商业银行资金周转快，资产收益高；当经济不景气时，由于贷款户所处行业萧条，致使商业银行坏账增加，资产收益率降低，甚至资金周转受阻而面临破产。

2. 金融同业竞争。银行业之间的激烈竞争往往导致银行业整体收益率下降，资产的风险增加，同时证券业的蓬勃发展对传统银行业形成严峻的挑战。在分析银行风险因素时必须对同业竞争压力予以充分注意。

3. 利率和汇率波动。目前国际上大多实行浮动汇率体制，汇率波动频繁而剧烈，同时利率波动幅度因为通货膨胀等原因也趋于扩大，国内金融当局也越来越倾向于使用利率工具，这导致商业银行大量资产“敞口”在外，面临巨大风险。

4. 银行业务的行业和地区分布。如果银行将大量资金集中于较少几个产业（行业集中度大）或经济不发达地区，势必增大资产风险敞口程度。

八、测定银行整体风险敞口程度的方法

前面详细介绍了商业银行面临的各种类型的风险及测定方法，对商业银行而言，只是了解各类风险敞口是不够的，必须对整体风险暴露程度进行判断和估计。

在商业银行管理实践中，对风险敞口的测量技术不断得到改善。自 1996 年 J. P. Morgen 首用 VaR（Value at Risk，风险值）测量风险敞口以来，这已经成为美国商业银行广泛应用的风险测量工具，近年来，尤其是东南亚金融危机的影响，金融监管机构

和金融机构越发重视大的突发事件对银行风险状况的影响，压力测试（Stress Test）方法得到迅速而广泛的应用。这两种方法的计算原理都需要一些复杂的统计工具，我们在此只是简单介绍其原理。

（一）VaR

VaR，可将其直译为“处于风险中的价值”，从严格意义来讲，VaR 的含义是，在一定持有期、一定置信度内，某金融投资组合所面临的最大损失额。从该定义来看，VaR 与时期 t、置信度 α 直接联系，其结果是一个确定的数值，在进行计算时必须首先确定风险测度时期和置信水平。

VaR 最常用于估计证券投资组合的风险敞口程度。由于商业银行的资产主要以贷款形式存在，所以该方法在银行中的应用关键就是确定银行贷款组合在一定时期内、一定置信水平下最大的损失水平，这就要求银行必须对贷款损失分布作出合理的估计。记 P_0 为银行资产组合的初始价值，R 为在设定的全部持有期内的收益率，P_1 为资产组合的期末价值（包括期间收益），则：

$$P_1 = P_0(1 + R) \tag{6.1}$$

其中收益率 R 为一随机变量，并与资产组合的持有时间（t）直接联系，记 μ 为收益率 R 的年度均值，σ^2 为收益率 R 的年度方差，Δt 为资产组合的持有年限，$\mu\Delta t$ 为资产组合收益率 R 在 Δt 年内的均值，$\sigma^2\Delta t$ 是资产收益率 R 在 Δt 年内的方差。

设资产组合 P_0 在置信水平 $1-\alpha$ 下的最低回报率为 R，则 P_0 在该置信度下的最低期末价值 $\hat{P}$ 为：

$$\hat{P} = P_0(1 + \hat{R})$$

可以看出，资产组合的期末价值 P_1 低于 $\hat{P}$ 的概率为 α；P_0 的期末价值减去 $\hat{P}$ 即为资产组合面临的最大损失，即 VaR：

$$VaR = E(P) - \hat{P} \tag{6.2}$$

不难证明，

$$E(P) = P_0 + P_0\mu$$

所以，我们有：$VaR = P_0 + P_0\mu - P_0(1 + \hat{R}) = P_0(\mu - \hat{R})$

$$(6.3)$$

若将时间 Δt 引入，则有 $VaR = P_0(\mu\Delta t - \hat{R})$ (6.4)

因此，计算 VaR 值的关键是求资产组合的最低回报率 $\hat{R}$。根据定义，不难发现：

$$1 - \alpha = \int_{\hat{P}}^{+\infty} f(P)dP \quad (6.5)$$

$$\text{或}\ \alpha = \int_{-\infty}^{\hat{P}} f(P)dP \quad (6.6)$$

公式（6.5）、（6.6），表明若给定置信水平 $1-\alpha$，则可以找到 $\hat{P}$，使得 P 小于 $\hat{P}$ 的概率为 α。求得 $\hat{P}$ 后再将其回代入公式（6.2），即可得资产组合的 VaR 值。

上述 VaR 的基本原理可以通过几个步骤转换为一个更加直观的形式：

（1）确立处于市场风险中的资产组合价值，用 P_0 来表示；

（2）确立风险测度时期 t、资产组合未来值 P_1、置信水平 $1-\alpha$，以及收益水平 R；

（3）对风险测度时期内未来收益水平 $\hat{R}$ 进行估计，使收益水平 R 以 α 的概率小于 $\hat{R}$；以概率的形式表示为：

$$\text{probability}(R < \hat{R}) = \alpha$$

（4）得到 $\hat{R}$ 后，则可以得到“最坏情况下”资产组合未来价值 $\hat{P}$ 的估计：

$$\hat{P} = P_0(1 + \hat{R})$$

从而

$$VaR = P_0 - \hat{P}$$

通过这个较为简单的表示，可以将 VaR 的计算方法视为收益率 R 的 $100-\alpha$ 分位点的寻找过程。VaR 的计算方法有好几种，原理不尽相同。

美国联邦储备委员会一般规定大商业银行必须每年报告其*VaR*值，作为衡量其风险暴露程度的主要依据之一。

（二）压力测试

实践证明，VaR虽然在正常市场条件下可以作为合适的风险敞口程度的测度方法，但是当银行资产组合的价格发生异常波动（例如在东南亚金融危机期间银行遇到的情况）时就不足以用来充分测量银行面临的风险水平。更适合的用于风险管理的一类方法称为压力测试法。其基本思想是考虑一个较大的价格波动情况，并在这种情况下计算银行资产组合可能的收益或损失。有许多方法用以获得这样的价格波动情况，主要用到的有：

1. 情景分析（Scenario Analysis）。设想一个可能出现的经济情景，这种经济情景会对银行资产价值产生重要影响，例如石油价格上涨50%，汇率下跌20%或市场利率突然上升了1%，考虑在这种情景下银行资产组合的收益或损失所受的影响。

2. 历史模拟（Historical Simulation）。假设历史上发生的事件重新发生，考虑其对银行资产组合收益或风险的影响。所用的事件如过去某天或某段时期内金融市场发生的巨大变化，例如东南亚金融危机就经常被用以进行压力测试。

3. 压力VaR（Stressing VaR）。指用于计算VaR的参数受到“冲击”，即发生变化，对所计算得到的VaR值所产生的影响。经常对波动性或方差（Volatility）和资产相关系数矩阵进行变化来考虑结果的变化。

4. 系统压力测试（Systematic Stress Testing）。设想一个广泛的情景组合，它对所有主要风险因素产生压力，计算在这种广泛的情景下资产组合可能获得的收益或损失。

对于商业银行而言，现在一个极端事件发生的概率以及随之对目前市场情况下风险是否可以接受的评价还有部分是主观判断，部分是基于对历史收益序列的观察。统计学的一门分支学科——极值理论（Extreme Value Theory，EVT），使得在不同资产组中一致地发生极端事件的概率成为可能。EVT 理论现在已被广泛应用于银行业风险管理中。（关于 EVT 理论及压力测试的技术讨论请读者参考相关书目。）

现在压力测试已经成为银行日常风险管理过程的一部分。在 J. P. Morgen 公司 1999 年度的报告中，我们可以发现在其风险管理框架中压力测试是一个主要的风险测量工具之一（另外两个是 DEaR——VaR 的一种形式和 VID）。

九、银行风险预警指标体系

由于银行面临的风险巨大，不仅金融监管当局对银行业实行严格监管政策，银行本身也密切关注自身面对的风险敞口，并发展了系列测度风险程度的指标体系，一些金融分析专家也对银行的破产概率模型进行了广泛的探讨。根据所能得到的数据，管理者和监管者建立了一些复杂的计量经济模型，来分析何处可能发生严重问题，这些模型是分析各个时期影响银行破产概率提高或降低的因素，有关这方面的论述 Demirguc-Kunt（1989）做了详细的调查，Cole&Gunther（1995）做了更新的论述。银行破产概率早期预警指标体系在许多银行中得到广泛应用，其结构如表 6－12 所示。

表 6－12　银行破产概率早期预警指标

指　　标	预期效果[①]
资本	
资本充足率	－
贷款损失准备/资产	－
银行规模（筹资能力）	－
资产质量	
逾期 30～89 天的贷款/资产	+
逾期 90 天以上的贷款/资产	+

续表

指　　标	预期效果[①]
非增值贷款/资产	+
预先关闭的房地产/资产	+
安全投资证券/资产	−
资产增长比率	−
贷款/资本	+
贷款/资产	+/−
行业贷款/资产（几个行业）	+/−
管理	
检查者现场检查对管理的评级	−
以前的现场总评级	−
公司结构	+/−
费用/总收入	+
赢利	
净收入/资产	−
贷款收入/总收入	+/−
抵押贷款收入/总收入	−
利息和手续费收入的变化/资产	−
利息支出的变化/资产	+
流动性	
大额存单/资产	+
流动资产/总资产	−
利率敏感资产/总资产	+
市场结构	
本地银行市场集中程度	+
经济状况	
存款增长率	+/−
石油价格	+/−
公司拖欠风险	+
经常项目平衡	+
通货膨胀率（通货紧缩）	+
市场利率/债券收益	+/−
股票价格/收益	+/−
贸易条件	−
实际 GDP	−
国际资本流动	+/−
汇率变化	+
政府赤字，政府对银行业的债务	+
政策冲击	+

①表示每一个解释指标对银行破产概率效果的方向，+表示数值高对应于高破产概率，−表示相反，+/−表示不确定。

这一模型的重要意义在于研究发现，很少几个指标就会反映出银行的破产概率或风险敞口变化程度，因此引起了相关方面的关注。

第五节　商业银行预测

银行预测的目的是通过定量分析对银行未来发展有重要影响的变量的测定，来描绘银行在未来的某一时期内有可能达到的总体经营状况。预测不能是将过去已取得的经营成果简单地推演到未来的若干年度，而是在充分考虑到各种重要变量的影响的前提下预测银行的未来经营变化情况。商业银行预测工作要考虑的因素包括：选取需要预测的变量；选择对未来变量预测的时间长度；选择利用的预测方法。

显然，银行没有必要对所有的变量进行预测，这是因为：（1）并非每一个变量对经营结构都有显著影响；（2）对所有变量不加区别地同等对待不仅增加了预测与管理成本，而且易于混淆主从影响关系。一般而言，银行应该首先预测对其经营有重大影响的银行未来存款水平与贷款水平两大组变量。其他重要变量包括银行称职人员的充实程度、资产收益幅度、新分行的成本和新产品的成本，同时银行还应有选择地预测重要的经济变量，最重要的当属利率。银行所预测的变量必须与银行的基本业务有显著的相关关系，否则预测是毫无意义的。

银行必须选择对未来变量预测的时间长度。若时间长度太短，例如仅为数月或半年，预测结果可能仅仅是由于随机变化所致。若预测时间太长，例如超过 10 年，则由于不可控制因素的影响，预测的可信度极差。在通常情况下，银行对未来变量预测的时间长度为 3 ~5 年。

银行对重要变量的预测方法的选择可以是多样的，从简单的增长率分析到最近发展起来的复杂的计量经济模型，主要方法包括：

1. 银行管理模拟模型，这是一种基于计算机技术和银行管理模型相结合的方法，只要定义一些重要参数的数值，计算机就可以对银行的未来发展可能作出模拟预测，比较著名的有斯坦福银行管理模拟系统、银行模拟系统（Bankism，ABA/FDIC）、资产——负债管理：商业银行管理模型（Dlson Research Ass.）等。

2. 市场调查与问卷分析，对于深入分析市场环境变化趋势等是很重要的方法。抽样调查的技术和分析方法是其核心。对于一些对银行管理有重要意义的经济指标，例如经济形势、利率变化、汇率变化等，德尔菲法（专家调查）有非常重要的意义。

3. 时间序列计量方法。从简单的增长率分析、指数平滑模型到一些复杂的模型技术例如 ARMA 模型等，都有广泛的作用。常用的时间序列分析法有：简单平均法、移动平均法、指数平滑法、趋势延伸法、季节指数、时间序列模型法，由于篇幅所限，我们不可能对这些方法一一介绍，读者可参考相关参考书。现在时序计量模型在金融中的应用研究已经成为经济科学中最热门的方向，一些复杂的模型技术在银行管理中也得到广泛的应用。可以说，国际上一些先进的银行的管理已经在很大程度上建立在计量模型之上，例如 J. P. Morgen 银行的风险管理就是建立在风险值计算的基础上。

4. 横截面计量方法，这是指利用可得的影响变量对目标预测变量进行回归预测。这类方法中最常见的是回归分析法、计量模型法和投入产出法。

5. 时间序列与横截面结合的方法，这是前两种方法的结合。

方法的选择要结合具体的分析目的，一些简单的方法可以迅速地对变量的趋势作出预测，对于不要求准确的分析目的来讲可以节省很多成本，但在目标要求准确的情况下，则需要选择更为复杂的方法。下面结合预测技术给出一些分析的实例。

（一）增长率分析法

计算一段时期内变量的增长速度能够基本反映该变量变动的趋势，并为预测变量的未来趋势提供参考依据。表6－13是某商业银行前7个月的各项贷款余额和增长速度序列：

表6－13　某商业银行贷款余额及增长速度序列表

单位：亿元

月份	1998.10	1998.11	1998.12	1999.01	1999.02	1999.03	1999.04	1999.05
贷款余额	11510.7	11597.2	11735.6	11777.9	11860.2	12002.1	12102.5	12240.4
增长率	—	0.75%	1.19%	0.36%	0.70%	1.20%	0.84%	1.14%

在前几个月中，贷款余额均保持了正增长，但增长速度有所不同；因此我们有理由相信1999年6月份该行贷款将持续增长。我们可以利用简单算术移动平均法对下期增长率作出预测：N期移动平均是利用前n期的增长率的平均值作为下期的增长率的预测值，以上面数据为例，6月份的增长率的三期移动平均预测值为：（1.20%＋0.84%＋1.14%）/3＝1.06%，从而6月份贷款余额的预测值为：12240.4×(1＋1.06%)＝12370.1(亿元)。但在实际中，预测增长速度需要结合以下方面深入分析，如季节因素、业务拓展状况、宏观经济形势及重要政策变动如调息等。

（二）趋势递推法

这种方法的前提是变量序列本身具有一定的变动规律，或者可以寻找到一些显著的解释变量对因变量的变动作出解释。

例：贷款预测。由于贷款现象影响因素比较复杂，自身也存在一些运行机制，所以进行分析时可能要运用比较复杂的统计模型；但是，一些简单的模型也可以描述基本变动规律。这里介绍以时间为自变量的一元回归模型。下例是某商业银行前24月的贷款余额。

表 6-14　某商业银行前 24 个月的贷款余额

单位：亿元

贷款（y）	9605. 3	9743. 31	9813. 24	9916. 51	10291. 7	10291. 7	10250. 5	10252. 6
时间（t）	1	2	3	4	5	6	7	8
贷款（y）	10396. 5	10470. 6	10585. 8	10827. 8	10952. 0	11196. 3	11432. 7	11510. 7
时间（t）	9	10	11	12	13	14	15	16
贷款（y）	11597. 3	11735. 6	11735. 7	11777. 9	11860. 3	12002. 1	12102. 5	12240. 4
时间（t）	17	18	19	20	21	22	23	24

利用上面数据拟合模型：

$$y_t = a + bt + \varepsilon_t$$

其中 a，b 为参数，ε_t 为扰动项。

参数的最小二乘法估计采用以下公式：

$$\hat{b} = \frac{n\sum ty - \sum t\sum y}{n\sum t^2 - (\sum t)^2}$$

$$\hat{a} = \frac{\sum y}{n} - \hat{b}\frac{\sum t}{n} = \bar{y} - \hat{b}\bar{t}$$

其中 n 为观测变量个数，这里为 24。将上面数据代入求得：

$$\hat{b} = 116.892$$

$$\hat{a} = 9480.065$$

从而，$y_t = 9480.065 + 116.892t$

图 6-4 是贷款序列的原始数据和模型拟合数据图形。

模拟的拟合程度比较好。变量 t 分别取 25、26，利用模型预测下两个月的贷款余额为（亿元）：

$$y_{25} = 9480.065 + 116.892 \times 25 = 12402.37（亿元）$$

$$y_{26} = 9480.065 + 116.892 \times 26 = 12519.26（亿元）$$

商业银行对未来贷款水平的预测应遵循如下原则：（1）应

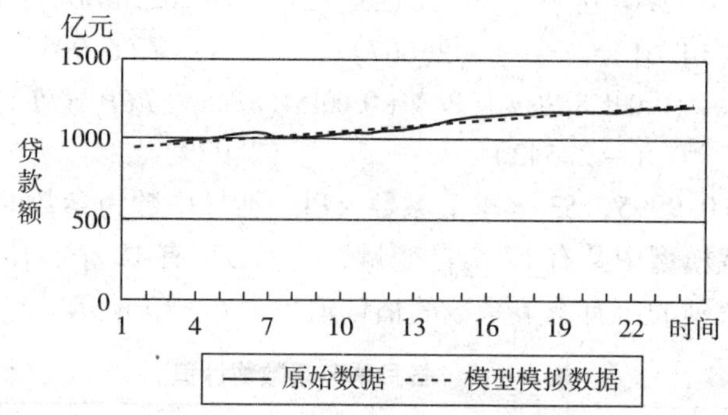

图6-4　贷款序列模型拟合图

该区分不同种类的贷款与对象（例如，工商贷款、房地产贷款、个人贷款等）；（2）分析影响这些贷款的可控性因素（对不同贷款实施不同利率、不同贷款条件等）和非可控因素（如经济环境的变化、经济周期等）。

（三）回归分析法和季节指数法

例：可转让定期存款的预测。为预测按月计算的公众持有的可转让定期存款（CD）的数量，选取如下解释变量：定期存款的基本利率（RCDP）、国库债券的利率（RTB）、企业债券的利率（RBaa），将所有这些变量乘以个人收入（PI）（想想看，这有什么经济含义?）。从理论上讲，RCDP 与预测变量是正向相关关系，而 RTB、RBaa 与预测变量则是负相关关系（为什么?）。另外，企业债券利率和主要商业证券利率（RCP）的差额也是一个解释变量，代表长短期利率的差异。由于定期存款总量肯定受季节因素的影响，引进一组季节虚拟变量，这组季节变量（S3）采用月份虚拟变量乘以个人收入的形式，即第一个季节变量在一月份取值为一月份的个人收入，其余月份为0，依此类推，有12个这样的变量。为消除多重共线性影响，模型不包含常数项。模型的最小二乘估计结果为：

$$\hat{CD}_t = 0.72947CD_{t-1} - (0.00150RTB_t)(PI_t) + (0.00225RCDP_T)(PI_t)$$
$$(14.61) \qquad (-2.667) \qquad (6.903)$$
$$-(0.00128RBaa_t)(PI_t) + 0.00154(RBaa_t - RCP_t)(PI_t) + S3_t$$
$$(-2.543) \qquad (2.929)$$

$R^2 = 0.9995$，$S3_t$ = 季节系数 × PI。括号中数为参数的 t 检验值。注意模型中共有 17 个自变量，后面 $S3_t$ 有 12 个，使用最小二乘法得到的所有季节系数的估计值见表 6－15 所示。

表 6－15　各月季节系数估计值

月　份	季节系数	T 统计量	月　份	季节系数	T 统计量
1	0.01057	2.886	7	0.00163	3.317
2	0.00977	2.768	8	0.01208	3.265
3	0.00974	2.279	9	0.01113	2.986
4	0.00916	2.607	10	0.01179	3.167
5	0.00952	2.656	11	0.01117	3.016
6	0.00971	2.659	12	0.01147	3.086

回归结果表明，各解释变量都对定期存款量有显著的解释效果，RTB 与 RBaa 如预期的那样与定期存款量呈反方向变动，其余解释变量都是正的，其中定期存款自身的一阶滞后值对其解释作用最为显著。

所有的季节系数在 5% 的显著水平下全部显著，说明季节因素对定期存款总量影响很重要。从系数值分析，从 8 月到 1 月是公众的定期存款量较高的月份，而 1 月到 8 月间定期存款量较少。

但是，显然利用这个模型进行预测还有很多要解决的问题。首先要对预测期的各种利率作出合适的预测，后面将会看到，这是很困难的一项工作。然后还要对个人收入作出预测。因此，这个看起来非常精致的模型必须与其他的一些预测模型结合才能对可转让定期存款作出预测。

当银行预测未来的存款水平时，要注意以下诸因素：（1）银行需区分不同形式的存款，如活期存款、储蓄存款、定期存款等，以及不同类型的客户如机构客户、个人客户、政府客户等；（2）银行需考虑影响各类存款变化的因素，包括可控因素（促销手段、金融服务、存款利率等）和非可控因素（宏观经济状况的变化、人口增长、市场竞争加剧等）。

（四）利率预测

很明显地，利率是银行管理人员必须密切关注的变量，由利率变动导致的风险是银行面临的主要风险之一。但是利率预测并不总是能有令人满意的结果，虽然许多学者开发了非常复杂的预测工具。曾经有一个笑话，说爱因斯坦遇见了三个智商不同的男人，第一个智商是300，爱因斯坦高兴地说，让我们一起来谈论一下我的新相对论理论吧；第二个智商是150，爱因斯坦对他说，我们可以谈论一下全球政治走向；第三个智商只有75，爱因斯坦想了一会说，请你预测一下一年后的利率水平是多少？笑话显然是暗示预测利率是愚蠢的事情，但我们可以观察一些用于利率预测的模型和工具，有一些效果还不错。

利率被认为是由流动资金的总需求和总供给决定的，所以影响总供给和总需求的变量都会对利率的变化产生影响。一个预测美国3个月期国债利率（R_t）的模型选择了如下变量：联邦储备委员会的工业生产指数（IP，1987 = 100），名义货币供给（M_2，10亿美元），所有商品的生产价格指数（PW，1987 = 100），并取 $GM_{2t} = (M_{2t} - M_{2t-1}) / M_{2t-1}$，$GPW_t = (PW_t - PW_{t-1}) / PW_{t-1}$，由于残差序列存在异方差，采用 Cochrane 提出的一种叠代估计方法（注意不同于最小二乘估计）得到：

$$\hat{R}_t = -49.601 + 0.244IP_t - 62.358GM_{2t} + 6.210GPW_{T-1}$$

$$(-0.35) \quad (6.01) \quad (-6.55) \quad (2.09)$$

$$R^2 = 0.97, DW = 1.64$$

模型说明，工业生产指数和上一期的价格变化水平对利率有正向影响，而货币供给量对利率的影响是反向的，这与理论预期相一致。实证结果表明用这一模型来预测利率的变化有较强的可信度。

预测利率的另一种方法是采用时间序列模型，一些比较复杂的时序模型被人们用以研究利率序列的规律性。R. S. Pindyck 和 D. L. Rubinfeld（1998）在他们的经典的教科书中对美国 1960 年 1 月到 1996 年 3 月的 3 个月期国债利率时间序列数据进行分析，拟合了一个 ARIMA（8，1，4）模型，模型形式为：

$$(1-0.4564B+0.7676B^2-0.3146B^3+0.7932B^4$$

$$-0.3351B^5+0.3661B^6+0.0172B^7-0.0367B^8)\nabla y_t$$

$$=0.00167+(1-0.1142B+0.5613B^2$$

$$-0.1381B^3+0.6309B^4)\varepsilon_t$$

$$R^2=0.228, \chi^2(12,36)=47.18$$

其中 B 为滞后算子，即 $By_t=y_{t-1}$，$B^m y_t=y_{t-m}$，模型将利率变化量表示为过去的变化量及误差的线性函数，意味着利率的变化具有“记忆性”，以前的利率变化会对目前的变化产生影响。预测结果表明，该模型可以捕捉到时间序列的趋势，但却不能预测序列激烈变化的转折点，对长期预测更是如此。利用回归—时间序列组合的复杂模型对利率的预测给出了对历史序列拟合程度相当准确的模型，模型的 R^2 可以达到 0.9729，模型的结果请参看 R. S. Pindyck 和 D. L. Rubinfeld（1998）的教科书。

由于准确预测利率的水平困难较大，而对管理者而言更有意义的是利率的变化方向和时间，所以用以预测利率变化或转折点的模型是非常重要的。詹姆斯·库恩在他的经典性文章《预测利率周期的转折点》一文中，创造性地利用了序贯分析法在预测 1953 ~ 1989 年期间美国利率周期转折点时应用的情况。他采用的是纳西（1982）设计的一种序贯过滤技术，这种技术常被用以预测经济周期中即将发生转折的信号，这种方法在确定利率转折点中产生了令人鼓舞的效果。

（五）银行的流动性需求预测

商业银行的流动性需求是客户对银行所提出的必须立即兑现的资金需求。银行的流动性需求包括存款客户的提现要求和贷款客户的贷款要求。银行准确地预测流动性需求是保证其头寸管理和现金支付的前提条件。如果银行的现金准备过低，在出现异常现金需求时将导致银行出现流动性危机，发生挤兑现象，在严重的情况下还会导致银行倒闭；反之，若银行现金储备过多，会严重影响银行的利润。由于市场状况的多变性及客户行为的不可控性，银行管理始终面临着不确定的现金需求，这里主要讨论不同种类的流动性要求及其预测（银行的流动性风险已在本章第四节讨论）。

银行的流动性需求预测不仅要考虑宏观经济运行状况和金融形势，而且要把银行自身的经营状况计算在内，同时还要了解银行客户的行为特征及可能的变化，这些因素构成了预测流动性需求的主要经济变量，而计量经济学方法是用以预测银行未来流动性需求的基本工具。

一般来说，商业银行流动性需求存在以下波动：短期变化、长期变化、周期变化和随机现金需求变化，了解这些波动是进行流动性需求预测的前提。

1. 短期流动性需求。短期流动性需求是一种短期现金需求，季节性因素影响着存款的变化和贷款需求的波动。通常银行的贷款客户多为其存款客户，流动性需求的季节性变化过程因此也是存款和贷款的相互影响过程。例如，农业地区的银行在春季播种期间农户存款下降，同时贷款需求增加。在秋季农作物收获以后，农户存款上升，而贷款需求则下降。同样，工业企业在年初购入原材料时需要大量贷款，而在年末销售产品后偿还贷款并增加存款。这样，如果银行的客户比较单一，季节性流动性需求就尤为明显。季节性需求具有可预测性，并且重要客户的季节性需求影响着银行的季节性现金需求，这种影响程度取决于银行的规模大小和客户存贷金额的大小。

我们以下面的例子说明如何预测短期流动性需求。假设1995年末大华银行经理要预测1996年的银行基本存贷变化。表6－16是大华银行1995年12月的资产负债表。

表6－16 大华银行资产负债表（1995年12月31日）

单位：万元

资产		负债	
准备金	1710	往来账户	10000
证券	7500	波动存款	2000
波动贷款	2000	其他存款	15000
其他贷款	18000	拆借	1000
其他资产	790	股东权益	2000
合计	30000	合计	30000

其贷款可以分为两类：波动贷款和其他贷款。波动贷款随大客户贷款变化而波动，而其他贷款主要受季节性因素的影响。银行的存款也分为两类：波动存款和其他存款。波动存款是重要客户的存款，它的变动影响着银行的存款变动。为简单起见，我们假设其他存款每月增加100万元，并假设此银行往来账户的法定准备金是12%，其余存款的法定准备金是3%。根据历年的经营情况预测出每个月份的波动贷款和存款，这是根据重要客户的账户资金变动情况分析得到的（这实际上是财务数据的观测结果）；同时根据历史资料估计出往来账户和其他贷款的季节性指数（利用各月份的平均值除以总的平均值就是每一月份的季节指数），这些指数乘以12月的往来账户和其他贷款就得到1996年各个月份的预测值。表6－17给出了这些预测值。

表 6－17　1996 年各月指标预测值　　单位：万元

月份	波动贷款	其他贷款季节指数与预测值		往来账户季节指数与预测值		波动存款	其他存款
1 月	2000	96%	17280	102%	10200	2000	15100
2 月	2500	94%	16920	106%	10600	2000	15200
3 月	2500	100%	18000	101%	10100	1500	15300
4 月	2500	110%	19800	94%	9400	1500	15400
5 月	2500	104%	18720	92%	9200	1500	15500
6 月	2200	98%	17640	98%	9800	1000	15600
7 月	2200	94%	16920	104%	10400	1000	15700
8 月	2700	96%	17280	105%	10500	1000	15800
9 月	2700	102%	18360	104%	10400	1000	15900
10 月	2700	104%	18720	98%	9800	1500	16000
11 月	2700	102%	18360	96%	9600	1500	16100
12 月	3000	100%	18000	100%	10000	1500	16200

根据上表可以计算出 1996 年各月份的总贷款和总存款，从而得出预测的现金需求，表 6－18 给出了这些结果。

表 6－18　1996 年各月份的总贷款和总存款及预测的现金需求表　　单位：万元

月　份	总贷款	总存款	预测现金需求
1 月	19280	27300	1020
2 月	19420	27800	1480
3 月	20500	26900	－600
4 月	22300	26300	－3000
5 月	21220	26200	－2000
6 月	19840	26400	－440
7 月	19120	27100	980
8 月	19980	27300	320
9 月	21060	27300	－760
10 月	21420	27300	－1120
11 月	21060	27200	－860
12 月	21000	27700	－300

可以看到，预期现金缺口最高月份是4月，预测达3000万元，且有7个月份出现缺口是负值的情况。需要指出的是，银行在实际预测中可能以星期而不是以月份为时间单位，为特别目的甚至可能是以天（例如，预测银行的现金需求额以确定每日的现金额度）作为时间单位。由于现代计算技术日益成熟，银行完全可以在技术上将存贷款划分为更详细的类别，从而有效地提高预测的效果。

2. 长期流动性需求。长期流动性需求由银行所服务社区或产业的经济发展决定。例如，如果银行服务的社区是新开发地区，或者银行服务的产业是新兴产业，其贷款需求一般会大于存款，在较长时间内表现为净资金需求，而如果银行服务于成熟稳定发展的地区或产业，贷款需求小于存款，则现金需求较小。

对银行的长期流动性需求要进行长期预测，这较为复杂，我们不做太多介绍，但应该指出，对银行的长期流动性需求应将资产区分为流动资产和非流动资产，负债也对应分为波动负债和稳定负债。未来的流动性需求是通过若干计量分析和数学计算而得出的预测结果。

3. 周期流动性需求。由于市场经济运行的复杂性，经济周期的基本特征很难预测，因此由经济周期波动所引发的周期流动性需求也难以预测。根据历史上的现金需求，银行可以利用下面的方法进行周期性现金需求预测：（1）应用时间序列较准确地估计周期性现金需求。根据以往经济周期的信贷规模可以较准确地预测下个周期中的现金需求水平。近年来，时间序列法在进行长期分析方面有所突破，预测的准确性有很大提高，成为银行对未来进行预测的可靠方法之一。（2）根据银行存款与贷款与一些宏观经济指标如市场利率、国民收入等之间的相关性，预测银行存贷款的变化，从而预测银行现金需求的变化方向。周全的计量经济学模型可以消除周期性因素的影响，从而较准确地估计现金需求。但是这种大规模计量经济模型需要高速电子计算机作为技术后盾。

4. 临时流动性需求。这部分需求往往难以预测，银行必须准备部分现金以备急用，譬如由信用危机引起的挤兑、临时性贷款需求增加等。对于银行应该持有多少临时性现金，国际上没有统一标准，而各国中央银行均设有相应标准，这些标准基本上能满足银行所面临的临时性现金需求。

第六节　商业银行资产质量统计分析

商业银行的资产质量直接关系到银行的赢利水平的风险敞口程度，因此管理者必须高度重视资产质量的现状及发展变化情况。对于商业银行而言，资产质量统计分析工作的内容应该包括：设计一套完整的反映资产质量和风险水平的指标体系，构建合适的资产质量分析方法（成因分析方法与趋势分析方法），并有行之有效的资产风险识别与计量方法。

一、资产质量的分类体系

商业银行对资产质量的评价集中于其主要赢利资产——贷款上。我国商业银行传统上是以贷款的偿还情况为依据对贷款进行分类，类别有正常贷款、逾期贷款、呆滞贷款和呆账贷款。其中后三者通常被称为不良贷款。这种分类体系的标准是一维的，即借款人的还款时间或还款状况。这种分类体系的优点是分类过程非常简单，但评价滞后，不利于及时发现有问题的贷款。

现在人民银行要求商业银行利用国际上通行的五级分类法对贷款质量进行评价。贷款五级分类实际上是一套对银行的贷款质量进行评价并对银行抵御贷款损失的能力进行评估的系统方法。五级分类法按照贷款质量的高低依次将贷款分为正常、关注、次级、可疑和损失。这种方法评价贷款质量的标准是多维的，包括借款人偿还本息的情况、借款人的财务状况、借款目的及使用、信贷风险及控制、信贷支持状况等。贷款五级分类法有助于商业银行更系统、更全面地评价把握贷款质量，其优点是使用多维的标准评价贷款质量，方法更为全面；评价的结构与过程有利于进行贷款管理；更符合审慎会计原则等。

二、贷款分类与质量评价的框架

贷款分类是指按照一定的标准将贷款划分为不同档次的过程。一般情况下贷款分类是指对单笔贷款进行分类，分类结果即表示单笔贷款的质量，对全部单笔贷款的分类结果进行汇总即形成商业银行贷款的总体质量。

对于检查人员而言，由于时间和人力的限制往往不可能对全部贷款进行分类，所以必须通过抽样，并对样本贷款进行分类，然后使用适当的统计推断技术合理推断贷款的总体质量，贷款抽样是贷款分类和质量评价过程的不可缺少的重要环节。

一般而言，贷款抽样有两种方法，一是随机抽样，指所有贷款都有相同的被抽中的概率，这种方法可以排除主观印象，并能从概率意义上控制对总体的推断结果的误差；二是判断抽样，指有些贷款因自身的特性而被优先抽取，判断抽样的样本内容和构成取决于检查人员的专业判断。贷款检查一般采用判断抽样，往往优先抽取风险较大的贷款，在达不到样本容量的要求时才会采取随机抽样原则，这样的优势是可以充分发挥检查人员的专业知识，最大程度地发现贷款质量中存在的问题。

贷款样本选定之后，就遵循有关程序进行单笔贷款的分类。贷款分类是一项实践性很强的工作，在很大程度上依赖于检查分类人员的信贷管理经验和分析判断能力。其中的内容我们不做太多介绍。

在所有样本贷款的分类完成之后，检查人员要对贷款质量进行综合评价。在使用判断抽样的情况下，一般以样本贷款的质量状况推断或替代贷款总体的质量状况。这样的评价结果会低估商业银行的贷款质量，但从审慎角度看是可以接受的。在对贷款质量进行评价时，应考虑如下因素：关注类贷款的总额及变动趋势；逾期贷款的总额及变动趋势；贷款集中情况；信贷政策和信贷管理的有效性及贷款准备的充足性。

美国联邦储备银行一般通过计算加权不良贷款比率对贷款质量进行评级，方法如下：

首先根据表 6－19 计算不良贷款比率和加权不良贷款比率指标：

表 6－19　不良贷款权重

贷款分类	权　重	贷款分类	权　重	贷款分类	权　重
次级	20%	可疑	50%	损失	100%

$$\text{不良贷款比率} = \frac{\text{不良贷款总额}}{\text{核心资本} + \text{贷款损失准备}}$$

$$\begin{array}{l}\text{加权不良}\\ \text{贷款比率}\end{array} = \frac{\left(\begin{array}{l}\text{次级}\\ \text{贷款}\end{array} \times 20\%\right) + \left(\begin{array}{l}\text{可疑}\\ \text{贷款}\end{array} \times 50\%\right) + \left(\begin{array}{l}\text{损失}\\ \text{贷款}\end{array} \times 100\%\right)}{\text{核心资本} + \text{贷款损失准备}}$$

然后根据表 6－20 对贷款质量进行综合评级。

表 6－20　对贷款质量的综合评级

加权不良贷款比率	评　级	不良贷款比率
50% 以下	1. 良好	30% 以下
5% ~15%	2. 满意	30% ~70%
15% ~30%	3. 一般	70% ~100%
30% ~50%	4. 勉强合格	100% ~150%
50% 以上	5. 不佳	150% 以上

在评级时，联邦储备银行以加权不良贷款比率为标准，如果其处在临界值位置如5%、15%等，就使用不良贷款比率以确定合适的贷款质量评级。各质量等级的含义为："1级"表示资产质量很高，风险很小；"2级"表示资产质量比较令人满意，其他方面也不存在问题，管理水平较好；"3级"表明资产质量一般，存在一定程度的问题；"4级"表明资产质量存在严重问题，如不采取及时措施会进一步恶化；"5级"表明资产质量极差，很可能会在近期倒闭。

三、资产质量评价指标体系

在设计指标体系时既应该考虑资产质量管理的内在要求，又要考虑数据的来源及可操作性，一般要求方便实用，达到评价分析的目的。在设计指标体系时，要对描述贷款类资产质量指标、表内其他资产质量评价指标、表外业务（或有资产）质量评价指标分别设计。指标体系要求选用的指标应该全面反映资产质量现状和变化情况，不能遗漏重要内容，同时指标体系还要考虑指标间的相互关系。针对不同的企业状况设计的指标体系也会有所差异，要结合实际工作需要完成。

四、资产质量评价分析方法

上面介绍的美国联邦储备银行计算加权不良贷款比率对贷款质量进行评级的方法是一种常用的评价方法。我们下面介绍对资产质量的现状、成因、趋势等进行分析的一些常用工具。

1. 现状分析。可以采用贷款资产风险度和偏离度分析法。

贷款资产风险度是资产风险权重额占同期资产余额的比例，计算公式是：

贷款资产风险度 = 贷款方式风险系数 × 客户信用等级系数 × 贷款形态系数 × 100%

贷款资产风险权重额 = 贷款余额 × 贷款资产风险度

$$\text{全部贷款资产风险度} = \frac{\sum \text{贷款资产风险权重额}}{\sum \text{贷款余额}} \times 100\%$$

全部贷款资产风险度主要用于衡量贷款综合风险的程度，其数值越小，说明贷款风险越小。

偏离度分析法是用于分析商业银行资产质量与同类或全部商业银行平均水平的偏离度。用 X_i 表示商业银行第 i 个指标的数值，$\overline{X_i}$ 为该指标全部商业银行的均值或标准值，σ_i 为该指标的行业标准差，则单个指标的偏离度为：

$$\text{单个指标偏离度} = \left(1 - \frac{X_i}{\overline{X_i}}\right) \times 100\%$$

综合偏离度 = ∑（各单项指标偏离度 × 该项指标对应权数）

2. 成因分析。经常用的方法是敏感度分析方法，即运用弹性系数等技术将影响某个指标的多种因素变化率分别同该类指标的变化率对比，计算该指标的敏感度，公式为：

$$\text{某指标的敏感度} = \frac{\text{被影响指标的变化率}}{\text{影响因素的变化率}} \times 100\%$$

3. 趋势分析。在常利用的预测工具（见本章第五节介绍）之外，在资产质量分析中还常用到马尔可夫状态转移矩阵法。方法的原理是：在将资产划分为不同的风险类别的基础上，分别估算每类贷款在一定时期后转化为其他类型贷款的概率，构造状态转移概率矩阵，然后根据现在贷款的质量状况乘以状态转移概率矩阵求得下期以及以后各期的质量状况。

弄清楚每类贷款最终出现坏账损失的可能性并为各类贷款设定参照性的百分比数据是一项复杂的技术性工作，具体做法是：在每次对贷款进行分类时，都要进行一项附带的统计工作，将本次分类结果与上次分类结果进行比较，统计每类贷款转化为其他类贷款的比例，经过长期的周而复始的基础工作，就会积累许多经验数据，根据这些数据就可以构造状态转移概率矩阵。

假设某商业银行各类别贷款的一年期状态转移概率阵如表6－21所示。

表6－21　某商业银行各类别贷款一年期状态转移概率表

	正常	关注	次级	可疑	损失
正常	P_{11}	P_{21}	P_{31}	P_{41}	P_{51}
关注	P_{22}	P_{22}	P_{32}	P_{42}	P_{52}
次级	P_{13}	P_{23}	P_{33}	P_{43}	P_{53}
可疑	P_{14}	P_{24}	P_{34}	P_{44}	P_{54}
损失	P_{15}	P_{25}	P_{35}	P_{45}	P_{55}

其中P_{ij}表示状态i转为状态j的概率。若该银行目前各类贷款分别为正常X_1，关注X_2，次级X_3，可疑X_4，损失X_5，则一年后正常贷款预计为：$X_1 \times P_{11} + X_2 \times P_{21} + X_3 \times P_{31} + X_4 \times P_{41} + X_5 \times P_{51}$，相应地，如果将一年后各类贷款数量记为$X(1) = (X_1(1), X_2(1), X_3(1), X_4(1), X_5(1))$，状态转移概率矩阵记为$P$（即表格中的5×5矩阵），则我们有$X(1) = X \times P$，$X$为目前各类贷款数额向量。如果要计算两年后的情况，只要将预测得到的一年后的数值再乘以转移概率矩阵即可：$X(2) = X(1) \times P = X \times P \times P$。

五、资产风险权重

由于银行各类资产面临的风险敞口程度并不一致，有关方面对资产赋予了不同的风险权重，比较常用的是《巴塞尔协议》对资产风险权数的确定和我国人民银行对资产风险权数的确定。《巴塞尔协议》是1988年7月在国际清算银行库克委员会会议上通过的关系到国际银行领域的一份重要协议，其中对风险的阐述分为资产负债表内不同资产种类的风险、资产负债表外项目的风险和国家风险三部分，感兴趣的读者可以参考相关资料，我们主要介绍我国商业银行对风险权数的规定。

中国人民银行把银行业资产划分为若干种类，并按不同的风险程度划分为不同的权数，风险权数按不同百分比划分为5个档次，第一级为0%，表示无风险的资产；第二级为10%；第三级为20%；第四级为50%；第五级为100%，即具有完全风险的资产。同时把商业银行的资产划分为六大类：第一类为现金；第二类为对中央政府与中央银行的授信；第三类为对公共企业的债权(邮电、水、电话、煤气、交通等基础部门)；第四类为对一般企业和个人的贷款；第五类为同业拆放；第六类为居住楼抵押贷款。根据这些分类，中央银行规定的商业银行资产风险权数为：

项目	风险权数（%）
（1）现金	
A. 现钞	0
B. 存放人民银行款项	0
C. 存放同业	10
（2）对中央政府和人民银行的授信	
A. 对中央政府的债权	0
B. 对人民银行的债权	0
（3）对公共企业的债权	
A. 对国家投资的公共企业的债权	10
B. 对省市政府投资的公共企业的债权	20
C. 对市以下政府投资的公共企业债权	50
（4）对一般企业和个人的贷款	
A. 信用贷款、透支	100
B. 担保贷款	

①商业银行及政策性银行担保	10
②其他银行担保	20
③非银行金融机构担保	50
④大型或特大型企业担保	50
⑤其他企业担保	100
⑥其他担保	100
C. 抵押贷款	
①国债抵押	0
②现汇抵押	10
③金融债券抵押	10
④商业银行及政策性银行承兑的汇票贴现	10
⑤其他银行承兑的汇票贴现	20
⑥商业承兑汇票贴现	100
⑦其他有价证券及可转让的权利	50
⑧土地房屋产权证抵押	50
⑨其他抵押	100
D. 融资租赁	100
(5) 同业拆放	
A. 商业银行	0
B. 其他银行	10
C. 全国性金融公司	20
D. 省市级金融公司	50
E. 区县级金融公司	100
F. 中国境内注册的外资金融机构	50

(6) 居住楼抵押贷款

本条所称居住楼抵押贷款必须符合以下四个条件，否则风险权重为100%：

A. 贷款人必须以个人名义；

B. 抵押贷款的数额不能超过买入价或市场估价的70%，两者以较低者为准；

C. 住宅是借款人自住或出租用途；

D. 必须是第一担保,即抵押贷款的债权人必须是第一债权人。

用银行资产负债表上的资产项目分别乘以相应的风险权重，然后再将各个乘积相加，得到风险加权后的资产，以其作为除数，银行的核心资本与附属资本之和作为被除数，两者相除再乘以100%就得到银行的资本风险比重，这个比率不应低于8%。

第七节　国有商业银行与外资银行竞争力比较研究

在中美签署加入WTO协议后，中国银行业的开放问题受到了广泛关注。中国国有商业银行在与外资银行竞争中处于怎样的地位？本节以中国银行作为国有商业银行的代表，比较其与外资银行的竞争力情况。

一、银行竞争力指标体系

银行竞争力指标体系包括：经济效益指标，反映银行的经营成果；业务能力指标，反映营销经营能力；技术能力指标，反映银行硬件装备和技术应用方面的能力；人力资源指标，反映用人方面的有效性；安全能力指标，反映避免和承受风险的能力；文化建设能力指标及金融创新能力指标。

经济效益是生存的基础，安全能力则代表其长期稳定发展的能力，业务能力是存在和发展的根本。以中国银行为代表的中国国有商业银行和以花旗银行和荷兰银行为代表的外国银行的比较分析结果如下。

二、经济效益指标分析

（一）股权收益能力分析

一般银行的股权收益率都要高于市场平均利率。外资银行能达到15%以上，但中国银行的股权收益率却不到10%，缺乏最起码的竞争力。

表6－22　中外银行股权收益率、资产收益率比较

指标 银行	股权收益率（%）			资产收益率（%）		
	1995	1996	1997	1995	1996	1997
花旗银行	18. 88	19. 42	17. 49	1. 03	1. 07	0. 96
荷兰银行	13. 9	16. 4	15. 75	0. 48	0. 55	0. 46
中国银行	6. 64	6. 58	4. 48	0. 24	0. 25	0. 18

资料来源：《金融统计年鉴1999》。

资产收益率在某种程度上是银行经营能力指标。中国银行的资产收益水平只有外国银行的1/2到1/5。

（二）经营能力分析

可以用三个指标反映：股权系数＝资产总额/股权，反映经营者利用股权的能力；管理费用比率＝管理费用/营业总收入，反映经营者取得一定收入所需花费的管理成本及折旧费用；资产利用率＝营业总收入/资产总额，直接反映银行利用资产获取营业收入的能力和效率。

表6－23　中外银行股权乘数、管理费用比率、资产利用率比较

指标 银行	股权乘数			管理费用比率			资产利用率		
	1995	1996	1997	1995	1996	1997	1995	1996	1997
花旗银行	15. 89	16. 32	16. 66	34. 7	36. 1	37. 5	6. 85	7. 12	7. 37
荷兰银行	26. 92	23. 97	23. 41	67. 5	67. 7	69	2. 97	3. 19	2. 84
中国银行	27. 92	26. 31	25. 44	16	12. 3	12. 9	7. 03	6. 22	6. 33

资料来源：《金融统计年鉴1999》。

可以看出，中国银行在经营能力方面与外国银行是并驾齐驱的，并且在管理费用率和股权乘数这两个指标上还具有相当大的优势。这一方面表明中国银行在成本控制、费用开支上做得较好，另一方面也是国有性质使其敢于用更大的乘数。管理费用率低的优势是可以在市场竞争中不断获益并得到强化的，但股权乘数将会趋向一个合理的风险水平。

（三）获利能力分析

可以用四个指标衡量：收入利润率 = 净收入/营业总收入；利息支付率 = 利息支出/利息收入；非利息支出率 = 非利息支出/经营总收入，该比率越低银行获利能力越高；人均创利率 = 净收入/银行职工总人数，表现职工的人均创利能力，综合反映了一家商业银行的人才素质、服务质量和运转效率。

表 6-24 中外银行获利能力指标比较

银行＼指标	收入利润率			利息支付率		其他获利能力指标（1995）		
	1995	1996	1997	1996	1997	利息支出比率（%）	非利息支出比率（%）	人均创利率
花旗银行	9.8	10.4	9.3	56.4	58.3	62.6	41.6	7.1 万美元/人
荷兰银行	16.1	17.3	16.2	70.1	69.7	—	—	—
中国银行	3.7	4.0	2.8	72.6	68.5	83.9	17.96	2.2 万元人民币/人

资料来源：《金融统计年鉴 1999》。

中国银行在收入利润率方面远低于国外银行，造成利润率低下的原因也不难发现：人均创利率低，冗员多，效率低下。在非利息支出方面中国银行处于明显优势，这是由两方面的原因造成的：一是中国银行的非借贷业务量所占份额较小，非利息支出也相对较少；二是中国银行在成本控制、费用开支方面比较节俭。

三、安全能力指标分析

银行的安全性关系到银行的稳定与发展。安全能力的评价可以通过分析其资产负债管理来进行，下面用两个经常利用的指标进行比较：

1. 资产风险指标，该指标可以通过自有资本率和资本充足率来表示。由表6-25可以看出，中国银行的自有资本率和资本充足率都低于花旗银行。

2. 流动性指标，这里采用三个指标表示：存贷比率、总资产的流动性比率（即流动资产/总资产）和备付金比率。由表6-25可以看出，中国银行的存贷比率低于花旗银行，但也非常接近于信贷资产质量监控标准（75%），同时由于两者负债结构不一致，我们也不能依此推断中国银行的流动性好于花旗银行；中国银行在1993年、1995年流动比率高于花旗银行而1994年低于花旗银行，两者大体相当；而在备付金方面，中国银行与花旗银行有较大差距。

表6-25 中外银行资产风险指标和流动性指标分析（1993~1995）

单位:%

指标 \ 银行		1993		1994		1995	
		中国银行	花旗银行	中国银行	花旗银行	中国银行	花旗银行
资产风险指标	资本充足率	11.99	21.21	10.02	12.56	12.03	20.56
	自有资本率	2.23	6.59	4.42	6.90	4.72	7.07
流动性指标	存贷比率	84.48	89.35	80.97	89	84.9	88.42
	流动性比率	31.59	28.23	33.43	35.05	34.08	30.68
	备付金比率	6.68	18.36	8.29	21.28	9.66	19.93

资料来源：《金融统计年鉴1999》。

四、业务能力分析

（一）存贷款业务

从分析中国国有商业银行的存款品种来看，种类远不及外资商业银行。例如中国银行在最近几年新推出的存款业务如定期一本通、活期一本通、电话银行、通知存款等，在国外早已推出，国外商业银行的许多存款种类国内还没有开展。在贷款种类上，国有商业银行与外资银行也有较大差距，贷款品种明显较少，在消费者贷款和分期偿还贷款业务上的差别也非常明显。在存贷款的客户分析技术上也有较大差距。

（二）表外业务

在金融自由化、国际化的经营环境下，商业银行业务表外化成为当今国际金融业发展的一大趋势。表外业务主要分为四类：担保业务、贷款承诺、金融工具创新和中介服务。西方银行的中间业务的大发展始于80年代，他们利用商业银行良好的信誉以及强大的信息、资金和技术优势，大力拓展专业化的金融服务，中间业务也得到迅速发展。而我国商业银行经营管理水平还比较低，因此表外业务品种少，档次低，开办面窄，收益差，主要还是进行一些传统的表外业务，如一些担保业务。在金融工具创新上，我国商业银行更远不及外资商业银行，而至于信托业务，中国国有商业银行并未涉足这一领域。

本章介绍了商业银行统计分析的主要内容和一些常用的方法。从商业银行的资产负债表出发，我们首先了解了商业银行资产和负债业务的主要内容，并对资产和负债的一些统计分析内容进行了介绍。利用杜邦模型和安尔伯茨的一种分析方法，我们对银行的收益状况进行了分析说明，并介绍了一些对银行经营收益有影响的因素和银行效益评价方法。银行的风险分析是一项重要的工作，我们介绍了银行面临的主要风险，并对几种主要的市场风险的衡量方法做了详细介绍。在衡量银行风险的方法中，我们既涉及了比较传统的诸如指标分析、结构分析等方法，也对金融界最近采用的较新颖的方法例如 VaR、压力测试等进行了介绍，由于一些方法需要比较高深的统计计量技术，我们只给出了简单的描述说明，目的是使读者了解其基本思想，具体的技术细节还需参考其他书目。

预测技术是统计学方法在商业银行分析中应用极为广泛的，所以我们单列一节介绍常用的统计方法。这类方法的复杂程度也是千差万别的，比较简单的如增长率分析、以时间变量为唯一解释变量的趋势递推法等大家可以很容易掌握，在读完本书后就可以应用了；但一些高深的模型工具如时间序列模型、联立方程计量模型等虽然在预测精确度上更令人满意，但因为比较复杂而使我们只能用一些实例使大家有直观了解。

资产质量分析在商业银行管理中的重要性越来越大，我们专门用一节介绍了这方面的知识和分析方法。

最后一节是利用一套指标体系和实际数据对中国银行和外资银行的竞争力情况进行了比较。

第七章 保险运营统计分析

第一节 保险精算的基本理论

一、有关利息理论的基本概念

利息理论是保险运营的基本理论，它直接关系到企业制定保费、提取责任准备金以及其他各种营运分析。一个人持有一定量的货币，就可以用它进行投资，取得收益；他也可以把货币的使用权转让给别人，进而从货币的使用者那里取得一定的收入，这种收入称为利息。严格地说，利息就是掌握和运用他人资金所付出的代价，或转让货币使用权所取得的报酬。

（一）累积函数

一般称最初投资的资金为本金，将本金经过一定时间后形成的金额称累积额。显然，累积额 = 本金 + 利息。若以 $A(t)$ 表示 t 时的累积额，$I(t)$ 表示 t 时的利息额，当 $t=0$ 时，$A(0)$ 就是本金，所以有：

$$A(t) = A(0) + I(t)$$

累积函数定义为：

$$a(t) = A(t)/A(0)$$

它表示一单位货币额经过 t 年后的价值。

由累积函数可以求出第 t 年的实际利率，即一年内一单位本金的利息，一般用 i_t 表示：

$$i_t = \frac{a(t) - a(t-1)}{a(t-1)}$$

例：若张三借给李四 1000 元钱，累积函数 $a(t) = 3t + 1$，那么在第 5 年，李四应支付的利息是多少呢？

解：因为 $$i_5 = \frac{a(5) - a(4)}{a(4)} = \frac{3}{13} = 23\%$$

所以有：$I(5) = 1000 \times 23\% = 230$（元）

（二）单利和复利

利息的计算方法有单利和复利两种。单利只在本金上计算利息，复利除本金计算利息外，所生利息也要计算利息，所以，它们的累积函数分别为：

$$a(t) = 1 + it$$
$$a(t) = (1 + i)^t$$

它们随时间的变化如图 7－1 所示：

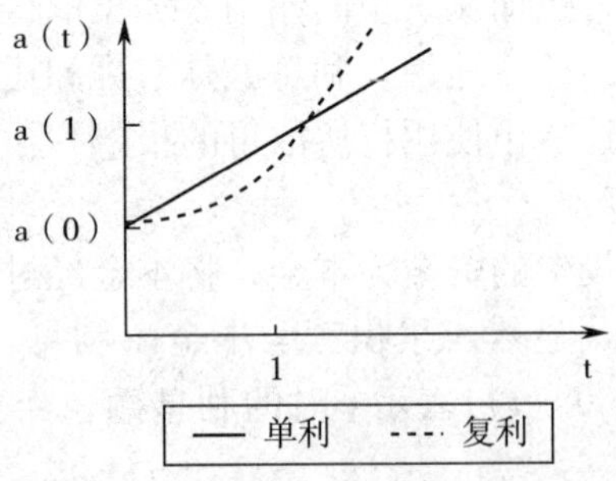

图 7－1　单利和复利累积比较

（三）现值、贴现率和折现率

一单位本金经过 t 年后的累积值为 $a(t)$，那么一单位累积值在 t 年前的值便为 $1/a(t)$。称现在一单位本金在 t 年前的值或未来 t 年一单位本金在现在的值为 t 年现值。所以，在单利方式下，t 年的现值为$\frac{1}{1+it}$，在复利方式下，t 年的现值为$\frac{1}{(1+i)^t}$。

贴现的水平用贴现率表示，它是单位货币额在单位时间内的贴现额。通常用 d_n 表示第 n 年的贴现率：

$$d_n = \frac{a(n) - a(n-1)}{a(n)}$$

有些时候，在现值的计算中，还使用折现率的概念。它实际上是指利率，只不过是在计算现值中的一种常用叫法，表示符号是 d_t。在本章以后的计算中，所用的折现率就是这一概念。

二、有关年金的基本概念和计算

年金是收付款项的一种方法，它是每隔一个相等时间间隔的一系列固定金额的收付款方法。年金在保险，尤其在寿险中的应用非常广泛。年金根据付款时点不同可分为期初年金和期末年金，根据付款时期不同可分为定期年金和永续年金。

1. 年金现值。年金现值是一系列等额付款在收付期初的值。它是通过把一系列的付款折现到期初求得的。如每年收付一单位元，共收付 n 年的年金，如果收付款在每年年末发生，若用 $a_{\overline{n}|}$ 表示其现值，计算方法如下：

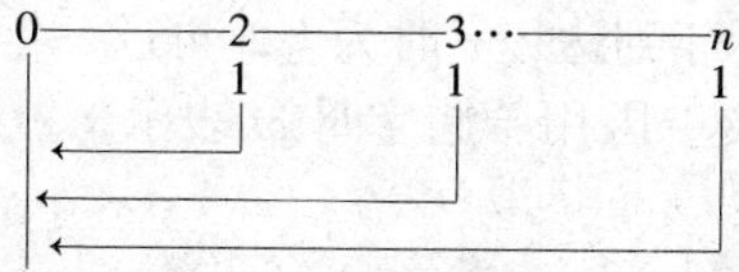

$$a_{\overline{n}|} = 1/(1+i) + 1/(1+i)^2 + \cdots\cdots + 1/(1+i)^n$$
$$= \Sigma 1/(1+i)^t$$

2. 年金终值。终值是经过一定时期的本金与利息之和。年

金终值是指一系列等额付款在收付期末的终值之和。若每年一单位元，每年末收付的年金终值用$S_{\overline{n|}}$表示，则有：

$$S_{\overline{n|}} = 1 + (1+i) + (1+i)^2 + \cdots\cdots + (1+i)^{n-1}$$

例1： 张华花1000元买了一份保单，在以后的10年每年末，他每年可得到200元，若利率为15%，那么，这份保单是否合算？

解： 每年200元可以看作一个10年的年金，则其现值为：

$200a_{\overline{n|}} = 200\Sigma 1/(1+0.15)^t = 1003.75$（元）

由于$1003.75 > 1000$，所以买此保单是合适的。

例2： 张力每年在银行存款10000元，若利率为10%，那么，10年后张力的账户上有多少钱？

解： $10000S_{\overline{n|}} = 10000\Sigma(1+i)^{t-1} = 159374$（元）

三、有关生命表的基本概念

生命表是研究同时出生的一批人（同批人）随着年龄的增长不断死亡的规律的工具，它以表格的形式简单清楚地表述了同时出生的一组人以怎样的死亡率逐渐死去的全过程。这里简单介绍一下有关生命表的一些函数和记号。

1. l_x 它表示存活到确切整数年龄x岁的人数，其中$x = 0, 1, 2, \cdots, \omega - 1$。

l_0是同时出生的一批人，称为生命表基数，一般取$l_0 = 100000$。l_0经过一年到达一岁时为l_1，再过一年就是l_2，依次类推。生命表的年龄上限用希腊字母ω表示，一批人存活的最高年龄为$\omega - 1$岁。

2. d_x，表示在$x \sim x+1$岁死亡的人数。

d_x表示一批人活到x岁并在$x \sim x+1$岁之间死亡的人数，明显地，$d_x = l_x - l_{x+1}$。另外，一般用${}_nd_x$表示在$x \sim x+n$岁之间死亡的人数，${}_nd_x = l_x - l_{x+n}$。

3. q_x，x 岁的死亡概率。

q_x 表示存活到确切年龄 x 岁的人在到达 x+1 岁前死亡的概率，它用 x~x+1 岁的死亡人数 d_x 占 x 岁的存活人数 l_x 表示。即 $q_x=\frac{d_x}{l_x}$。

因为 $l_\omega=0$，所以 $l_{\omega-1}=d_{\omega-1}$，因而 $q_{\omega-1}=1$

同${}_nd_x$ 一样，用${}_nq_x$ 表示 x 岁的人群在 x~x+n 岁的死亡概率。

$$ {}_nq_x=\frac{{}_nd_x}{l_x}=\frac{l_x-l_{x+n}}{l_x} $$

4. p_x，x 岁的生存概率。

p_x 也称尚存概率，它表示 x 岁的人群 l_x 能存活到 x+1 岁的概率。

$$ p_x=\frac{l_{x+1}}{l_x},p_{\omega-1}=0 $$

显然 $p_x+q_x=1$

同样，以${}_nd_x$ 表示 x 岁的人存活 n 年的概率，${}_np_x=\frac{l_{x+n}}{l_n}$

同样，${}_np_x+{}_nq_x=1$

5. L_x，x 岁的人平均生存的人年数。

L_x 是指活到确切年龄 x 岁的人群 l_x 在到达 x+1 岁前平均存活的人年数。人年是表示人群存活时间的复合单位，例如一人年表示一个人存活了一年。一般假设死亡人数在每个年龄区间上均匀分布，所以有：

$$ L_x=\frac{L_x+L_{x+1}}{l_x} $$

但是 0 岁时的死亡人数的分布很不均匀，一般采用如下经验公式计算：

$$ L_0=0.276l_0+0.724l_1 $$

6. T_x，是指 x 岁的人群未来累计生存人年数。

T_x 表示存活到确切年龄的人群未来将存活的总人年数，所以有：

$$T_x = L_x + L_{x+1} + \cdots\cdots + L_{\omega-1} = \sum_{t=0}^{\omega-x-1} L_{x+t}$$

7. $\overset{0}{e}_x$，表示 x 岁的人群的平均余寿。

$\overset{0}{e}_x$ 表示存活到 x 岁的人群 l_x 平均还能存活的人年数，它等于 x 岁的人群未来存活的总人年数被 l_x 平均。即 $\overset{0}{e}_x = \frac{T_x}{l_x}$，当x =0时，$\overset{0}{e}_x = \frac{T_0}{l_0}$表示出生时的平均寿命，就是通常所说的平均寿命。

第二节　保费的计算方法和应用

一、保费计算方法的发展过程

保费的计算方法根据其发展过程分为净保费附加法和现金流量定价法。

最早的定价方法为净保费附加法（Cost Plus），即保费 = 净保费 + 附加费。净保费是指保险公司在不考虑费用支出和利润获得的情况下，为保证正常的损失赔偿和支付，所应收取的保费金额。附加费是指保险企业经营保险业务所需的各种费用和适当的利润。净保费附加法的优点是清楚、易理解。在保险业发展初期，由于保险产品的设计相对比较简单，产品的种类比较单一，所以，净保费附加法不失为一种有效且简单的方法。但随着保险业的不断发展，净保费附加法的弊端显露出来，主要是保险公司没有一个精确的标准来度量净保费上的附加是否合适，对利润的影响怎样。导致这种缺点的原因是：净保费之上的附加额往往逐年固定，而各年的实际费用尤其是初年费用和续年费用及利润目标往往差异很大，这种差异造成保险公司很难找到一个合理的恒定的附加值，使得该保费在长期能够弥补费用、实现利润目标。不妨举例说明，假如保险公司初年费用为100%的净保费，续年费用为10%的净保费，利润目标是10年收回成本。单纯利用净保费附加法，精算师很难确定在净保费之外收取多少固定附加额才能在10年内收回成本。能够自然而然联想到的对策是预测未来10年的费用、利润产生情况，将不同的附加值代入这个过程中进行模拟测试，直至发现合适的保费，这也构成了现金流量法定价的初衷。

现金流量定价法的指导思想是在定价时预测某一险种未来资金的流入和流出，并据此反映该产品逐年赢利变化情况。根据预先设定的利润目标，不断调整保费使得利润符合目标，满足该目标的保费也就是最终保费。更具体的，该过程可以描述成：先找到一个初始保费，它可以是净保费，也可以是保费附加法产生的保费，这并不要紧，然后将其代入以下的流程图中：

收入：保费收入 = 总投保人数 × 人均保费

投资收入 = （年初责任准备金 + 保费收入 - 费用、赔付等）× 投资收益率

支出：各项费用

保险赔付

退保及到期给付

责任准备金的增加值 = 年末责任准备金 - 年初责任准备金

收入 - 支出 = 净利润

根据寿险产品具体的投保年限，对未来各年的现金流量表作

出预测，用产生的利润与事先确定的目标做比较。如果不同于利润目标，则调整初始保费，直至目标满足为止。以上便是现金流量法定价的总过程。当然，对未来我们永远不可能完全预测，因而该分析是建立在一系列假设之上的。既然是假设，就一定有不确定性存在，即未来的实际利润有可能偏离我们的目标利润。所以有必要对利润的稳定性进行分析。与净保费附加法相比，该方法是更客观和切合实际的。首先，它研究的对象是总保费，即保险公司实际可以收到的保费，而不是隐藏于总保费中的净保费；其次，它将保险赔付、费用支取、退保等因素同时纳入分析，而没有人为地将支出区分为保险赔付和费用两部分分别定价，这更贴近公司的实际运作；最后，该方法为分析利润的稳定性提供了可能，这也是净保费附加法所无法实现的。

传统的计算方法一般是净保费附加法，因为该方法容易操作，它利用各种生命表直接确定保费，[①] 或者计算保险费率，进而确定净保费。随着计算机技术的发展，各种需要大量计算的方法的应用成为可能，因而各种模拟试算的方法大量运用。在这种模拟运算中，由于考虑的变量比较多，因而计算的结果就更加贴近现实，现金流量定价法计算就是以此为基础的。

二、保费计算方法

每一份保单保费的厘定是伴随着大量的公式和计算的，下面以寿险产品为例说明保费计算需要的步骤和公式。

假设产品为死亡险种类，并无任何附加险种。不妨定义如下：

死亡率 $q_{x,t}^{d}$，利息率 $i_{x,t}$，费用 $\text{expen}_{x,t}$，退保率 $q_{x,t}^{w}$，现金价值 $\text{CV}_{x,t}$，保单分红 $\text{Dividend}_{x,t}$，责任准备金 $V_{x,t}$，折现率 d_t，保

① 详见：王晓军：《保险精算学》，北京，中国人民大学出版社。

额 $DB_{x,t}$ 和利润目标。

其中 x 为投保年龄，t 为保单年度。

假设保费为年初交纳，费用在年初发生，退保在年末发生，死亡连续均匀分布在一年中。

（一）净保费附加法（Cost Plus）

由于保费 = 净保费 + 附加费，所以要分两步计算保费。

第一步，净保费的计算。其计算原理是使得每年初交纳的净保费的精算现值等于每年发生的保险赔付的精算现值。那么什么又是精算现值呢？许多人对存在银行的钱都有现值的概念，即未来的钱经利率折合到目前是多少。例如，现在有 100 元钱存在银行，一年以后的本利和是 110，那么，100 就是 110 的现值。精算现值的概念是类似的，但将未来资金折合时不仅要考虑利率还要考虑死亡率。所以每年初交纳一元钱的精算现值是：$\Sigma {}_tp_x^d 1/(1+d)^t$，其中，${}_tp_x^d$ 是指生存概率，${}_tp_x^d + q_{x,t}^d = 1$，${}_0p_x^d = 1$，${}_tp_x^d = {}_{t-1}p_x^d\ (1 - q_{x,t}^q)$。

假如 x 岁的投保者在第 t 年交纳的净保费是 $NP_{x,t}$，那么净保费的精算现值是：$\Sigma NP_{x,t}\,{}_tp_x^d 1/(1+d)^t$。x 岁的投保者在第 t 年出险或死亡的概率是 ${}_{t-1}p_x^d q_{x,t}^d$，如果死亡发生，他能得到的死亡赔付是 $DB_{x,t}$，折合到目前的现值就是：${}_{t-1}p_x^d q_{x,t}^d DB_{x,t}/(1+d)^t$。

要解得 $NP_{x,t}$ 即需要解：$\Sigma NP_{x,t}\,{}_tp_x^d 1/(1+d)^t = \Sigma_{t-1}p_x^d q_{x,t}^d DB_{x,t}/(1+d)^t$。

如果每年的保费和保额相等，解得的净保费就叫做均衡净保费，公式也就是很多人所熟悉的表示形式：

$NP = DB_{x,t}\ [\Sigma_{t-1}p_x^d q_{x,t}^d/(1+d)^t]\ \Sigma_t p_x^d 1/(1+d)^t = DB_{x,t} A_x/\ddot{a}_x$

第二步，附加费的计算。附加费是以经营管理费和预期利润为基础，根据以往若干年的附加费用和利润估计的，一般为净保费的一个比例，如保费的 10% 等。假设附加费为净保费的 c% 。

因而最终总保费 $GP_{x,t}$ 为：

$$GP_{x,t} = NP_{x,t}(1 + c\%)$$

例 1：李青在今年投保，若在明年死亡可得到 5000 元的赔付，若折现率为 6%，死亡率为 0.5，附加费率为 10%，那么保险公司应收的保费为多少？

解：$NP = 5010 \times (1 \times 0.5/(1+0.06))/(1/(1+0.06))$

$= 2500$（元）

$GP = NP \times (1+0.10) = 2750$（元）

（二）现金流量法

与净保费附加法相比，现金流量定价法要复杂一些。

以下是现金流量分析的几个概念：

$prem_{x,t}$：投保年龄为 x 岁的人在第 t 年年初的保费额；

$AS_{x,t}$：投保年龄为 x 岁的人在第 t 年年末对应的资产份额即保险人对每份保单预先估计的资产额，也即平均每份有效保单所能分配的资产额。它表示第 t 年末该投保人在保险公司所拥有的资产值，其具体推导过程如下：

$AS_{x,0} = 0$

$$p_{x,t} AS_{x,t} = (AS_{x,t-1} + prem_{x,t}) \times (1 + i_t) - SD_{x,t} \quad (7.1)$$

SD（Sum of Decrement）：各减因素之和

$SD_{x,t} = expen_{x,t}(1 + i_t) + DB_{x,t} \cdot i_t/\delta_t \cdot q^d_{x,t} + CV_{x,t} \cdot q^w_{x,t} + Dividend_{x,t}(1 - q^d_{x,t})$

$p_{x,t} = 1 - q^d_{x,t} - q^w_{x,t}$

$\delta_t = \ln(1 + i_t)$，δ_t 是利息力，是指确切时点上的利率水平。

$i_t/\delta_t \approx 1 + i_t/2$，为一元钱在一年连续支付时在年末的累计值。

定义 $Surplus_{x,t}$ 为第 t 年度末的自由资本，对保险公司的意义是在满足了投保人责任后可供公司自由支配的资本。

$Surplus_{x,t}=AS_{x,t}-V_{x,t}$

定义 $Profit_{x,t}$ 为保单在第 t 年度产生的盈利。其意义是 t 年度到 t+1 年度自由资本的变化值。

$$
\begin{aligned}
Profit_{x,t} &= Surplus_{x,t}-1/p_{x,t}Surplus_{x,t-1}\ (1+i_t)\\
&= (AS_{x,t}-V_{x,t})\ -1/p_{x,t}\ (AS_{x,t}-V_{x,t})\ (1+i_t) \qquad (7.2)\\
&=1/p_{x,t}\ [\ (AS_{x,t}+Prem_{x,t})(1+i_t)-SD_{x,t}]\ -V_{x,t}\\
&\quad -1/p_{x,t}\ (AS_{x,t-1}-V_{x,t-1})\ (1+i_t)\\
&=1/p_{x,t}\ [\ (V_{x,t-1}+Prem_{x,t})\ (1+i_t)\ -SD_{x,t}]\\
&\quad -V_{x,t} \qquad (7.3)\\
&=1/p_{x,t}\ [\ (V_{x,t-1}+Prem_{x,t}-expen_{x,t})\ (1+i_t)\\
&\quad -DB_{x,t}\cdot i_t/\delta_t\cdot q^{d}_{x,t}-CV_{x,t}\cdot q^{w}_{x,t}]\ -V_{x,t} \qquad (7.3')\\
&=1/p_{x,t}\ \{p_{x,t}\ [\ (V_{x,t-1}+prem_{x,t}-expen_{x,t})\\
&\quad (1+i_t)\ -Dividend_{x,t}-V_{x,t}]\\
&\quad +q^{d}_{x,t}\ [\ (V_{x,t-1}+prem_{x,t}-expen_{x,t})\ (1+i_t)\\
&\quad -DB_{x,t}\cdot i_t/\delta_t]\\
&\quad +q^{w}_{x,t}\ [\ (V_{x,t-1}+prem_{x},\ t-expen_{x,t})\ (1+i_t)\\
&\quad -Dividend_{x,t}-CV_{x,t}]\} \qquad (7.4)
\end{aligned}
$$

定义：

$$PVP_x=PV\ (Profit)\ =\Sigma_t p_x 1/\ (1+d)^t\cdot Profit_{x,t} \qquad (7.5)$$

它的意义是年龄为 x 的投保人在今后各保单年度的利润贡献的精算现值。其中 d 是折现率，假设各年相等。

最基本的现金流量分析就是对同批人（同批人指在某一时期内发生过某一共同起始事件的一批人。如 1996 年出生的人的总体可以称为出生同批人）不同期的分析。其基本思想是假设 $1_{x,0}$ 个年龄为 X 的投保者，由于死亡及其他原因，保单逐渐减少。保险公司逐年预测他们的现金流动状况，分析利润的产生，依据预定利润目标来调整保费。

先从公式推导入手，假设所有的投保人不会因死亡及退保以外的原因退出保险公司，并且保单都为非分红类型，即 $\text{Dividend}_{x,t}=0$。公式（7.4）成为：

$$\text{Profit}_{x,t}=1/p_{x,t}\{p_{x,t}[(V_{x,t-1}+\text{prem}_{x,t}-\text{expen}_{x,t})(1+i_t)-V_{x,t}]+q^{d}_{x,t}[(V_{x,t-1}+\text{prem}_{x,t}-\text{expen}_{x,t})(1+i_t)-DB_{x,t}\cdot i_t/\delta_t]+q^{w}_{x,t}[(V_{x,t-1}+\text{prem}_{x,t}-\text{expen}_{x,t})(1+i_t)-CV_{x,t}]\} \quad (7.6)$$

常用的利润目标有：

（1）在目标内部收益率 IRR 下，使得

$$PVP_x=\Sigma_t p_x 1/(1+IRR)^t\cdot \text{Profit}_{x,t}=0$$

设定该利润目标的优点在于：内部收益率是保证公司总收益现值不为负的最大折现率。只要实际折现率小于内部收益率，公司就可以保证该批人总收益是正数。目标内部收益率越高，目标总保费就越高，从而总收益为正的可能性也就越大。

设初使保费为 Prem^1_t。

由公式（7.5）和（7.3）知：

$$PVP^1_x=\Sigma_t p_x 1/(1+IRR)^t\{1/p_{x,t}[(V_{x,t-1}+\text{Prem}_{x,t})(1+i_t)-SD_{x,t}]-V_{x,t}\}$$，一般不会为零。

则有：

$$PVP^1_x=\Sigma_t p_x/(1+IRR)^t\{1/p_{x,t}[(V_{x,t-1}-SD_{x,t}]-V_{x,t}\}+\Sigma_t p_x/(1+IRR)^t\text{Prem}^1_{x,t}(1+i_t)$$

即：

$$\Sigma_t p_x/(1+IRR)^t\text{Prem}^1_{x,t})1+i_t)=PVP^1_x-\Sigma_t p_x/(1+IRR)^t\{1/p_{x,t}[(V_{x,t-1}-SD_{x,t}]-V_{x,t}\}$$

设目标保费为 Prem^2_t，而利润目标是 $PVP^2_x=0$，则有：

$$\Sigma_t p_x/(1+IRR)^t\text{Prem}^2_{x,t}(1+i_t)$$

$= -\Sigma_t p_x /\ (1+\mathrm{IRR})^t\ \{1/p_{x,t}\ [\ (V_{x,t-1}-SD_{x,t}]\ \ -V_{x,t}\}$

令 $Q=-\Sigma_t p_x/(1+\mathrm{IRR})^t\{1/p_{x,t}[(V_{x,t-1}-SD_{x,t}]-V_{x,t}\}$

容易得到：$Prem^2_{x,t}=-Q/\ (PVP^1_x-Q)\ \cdot Prem^1_{x,t}$　　(7.7)

(2) 几年后，有 $AS_{x,n}=V_{x,n}$ 或 $AS_{x,n}=T$，T 为 n 年后资产份额的目标值。

拥有该利润目标的优点在于：由于公司自由支配资本为 $AS_{x,t}-V_{x,t}$，若 n 年末能保证 $AS_{x,t}=V_{x,t}$，则能保证此后公司自由支配资本为正数并逐年增长。

由公式（7.1）知：（设 $v_n=1/\ (1+i_n)$）

$p_{x,n}v_nAS_{x,n}-AS_{x,n-1}=Prem_{x,n}-SD_nv_n$

$p_{x,n-1}v_{n-1}AS_{x,n-1}-AS_{x,n-2}=Prem_{x,n-1}-SD_{n-1}v_{n-1}$

……

$p_{x,1}v_1AS_{x,1}-AS_{x,0}=Prem_{x,1}-SD_1v_1$

$AS_{x,0}=0$

令 $DIS_t\ (1+i_n)\ /p_{x,n-1}$，则有：

$AS_{x,n}-DIS_nAS_{x,n-1}=DIS_nPrem_{x,n}-DIS_nSD_nv_n$

$DIS_n\ AS_{x,n-1}-DIS_nDIS_{n-1}\ AS_{x,n-2}=DIS_nDIS_{n-1}\ Prem_{x,n-1}-DIS_nDIS_{n-1}SD_{n-1}v_{n-1}$

……

$DIS_nDIS_{n-1}\cdots DIS_2AS_{x,1}-0=DIS_nDIS_{n-1}\cdots DIS_1Prem_{x,1}-DIS_nDIS_{n-1}\cdots DIS_1SD_1v_1$

叠加以上多项式，得到 AS_n 的表达式：

$$AS_{x,n}=\Sigma(\Pi^s_0Dis_{n-t})Prem_{n-s}-\Sigma(\Pi^s_0Dis_{n-t})SD_{n-s}/(1+i_{n-s})\tag{7.8}$$

对于初始保费 $Prem^1_t$，得到的 AS^1_n 通常不会等于"T"，就有：

$$AS^1_{x,n}+\Sigma(\Pi^s_0Dis_{n-t})SD_{n-s}/(1+i_{n-s})=\Sigma(\Pi^s_0Dis_{n-t})Prem^1_{n-s}$$

容易证明：目标保费为：

$$Prem_t^2 = Prem_t^1 \left[T + \Sigma \left(\Pi_0^s Dis_{n-t} \right) SD_{n-s} / \left(1 + i_{n-s} \right] / \left[AS_{x,n}^1 + \Sigma \left(\Pi_0^s Dis_{n-t} \right) SD_{n-s} / \left(1 + i_{n-s} \right] \right.\right. \quad (7.9)$$

通过一些计算机软件如 Excel，前面推导的繁杂计算会很容易实现。

现金流量定价法以利润为核心，但我们每个人都明白由于这个利润是建立在假设上的预期利润，实际不会等同于假设，实际实现的利润也不会等于预期利润，因此人们还想知道这些利润的稳定性。现金流量定价法优于净保费附加法的原因之一就是它允许计算利润的均值和方差。

假设保单为非分红类型，即 $Dividend_{x,t}=0$。回忆一下我们事先得到的公式（7.6）：

$$\begin{aligned} Profit_{x,t} = 1/p_{x,t} \{ & p_{x,t}[(V_{x,t-1} + prem_{x,t} - expen_{x,t})(1+i_t) - V_{x,t}] \\ & + q_{x,t}^d[(V_{x,t-1} + prem_{x,t} - expen_{x,t}(1+i_t) - DB_{x,t} \cdot i_t/\delta_t] \\ & + q_{x,t}^w[(V_{x,t-1} + prem_{x,t} - expen_{x,t})(1+i_t) - CV_{x,t}] \end{aligned}$$

定义生存利润为：

$$PS(i_t) = (V_{x,t-1} + prem_{x,t} - expen_{x,t})(1+i_t) - V_{x,t}$$

它是保费、t－1 期的责任准备金及利息并扣除费用和第 t 期责任准备金的差额，一般为正值。

定义死亡利润为：

$$PD(i_t) = (V_{x,t-1} + prem_{x,t} - expen_{x,t})(1+i_t) - DB_{x,t} \cdot i_t/\delta_t$$

它是保费、t－1 期的责任准备金及利息扣险费用和死亡赔付的差额，一般为负值。

定义退保利润为：

$$PW(i_t) = (V_{x,t-1} + prem_{x,t} - expen_{x,t})(1+i_t) - CV_{x,t}$$

它是保费、t－1 期的责任准备金及利息扣除费用和退保金的差额，通常起始几年可能为负，随投保年数的增加会逐步成为正值。

在传统的方差计算中，以上公式中确定的因素即保险公司在某些程度上可以决定的因素被认为是：

（1）保费（prem）：由合同规定。

（2）责任准备金（Vt）：由事先选择采用的责任准备金方法而决定。

（3）费用（expen）：严格意义上讲保险公司不能完全预测费用支出，但由于保险公司在很大程度上可以控制决定这一因素，因此作为确定性因素。

（4）投资收益率 i_t：这里认为它由公司的投资政策决定，但严格地讲来它还受宏观经济形势及一些不可预测因素的影响，忽略它的波动性的方差是不完全的。

公式中不确定的因素有：

（1）死亡率（$q^{d}_{x,t}$）。

（2）退保率（$q^{w}_{s,t}$）。

因此，传统的利润均值和方差计算公式是：[①]

$$E(PVP) = \Sigma^{n}_{t=1\ t-1} \mid q^{d}_{x}\ (pvprofitd_{x,t}) + \Sigma^{n}_{t=1\ t-1} \mid q^{w}_{x}\ (pvprofitw_{x,t}) + {}_{n}p_{x}\ (pvprofitp_{x,n})$$

$$E((PVP)^2) = \Sigma^{n}_{t=1\ t-1\mid} q^{d}_{x}\ (pvprofitd_{x,t})^2 + \Sigma^{n}_{t=1\ t-1\mid} q^{w}_{x}\ (pvprofitw_{x,t})^2 + {}_{n}p_{x}\ (pvprofitp_{x,n})^2$$

$D_0 = 0$

$D_t = D_{t-1} / (1 + j_t)$，其中 j_t 为折现率。

$pvprofitp_{x,n} = \Sigma^{n}_{t=1} D_t PS_{x,t}$

$pvprofitd_{x,n} = \Sigma^{t-1}_{s=1} D_s PS_{x,s} + D_t PD_{x,t}$

① 详细的计算参见：Introduction to Pricing and Asset Shares. David B. Atkinson, Society of Actuaries, 1998。

$pvprofitw_{x,n} = \Sigma^{t-1}_{s=1} D_s PS_{x,s} + D_t PW_{x,t}$

PS、PD 和 PW 分别为生存、死亡和退保利润。

$Var(PVP) = E((PVP)^2) - (E(PVP))^2$

如果 $1_{x,t}$ 是 x 岁的投保人在时刻 t 的总人数，那么 $l_{x,0}$ 是目前 x 岁的投保人的总人数，总利润的精算现值 $TPVP_x = \Sigma^{1x,0} PVP_x$，如果投保人间相互独立并且 $1_{x,0}$ 足够大，那么总利润的精算现值 $TPVP_x$ 服从：

$$TPVP_x = 1_{x,0} \times PVP_x \backsim Normal[1_{x,0} E(PVP_x), 1_{x,0} Var(PVP_x)]$$

在得到这个总利润分布后，我们可以以此计算破产概率，即利润为负的概率。如果这个概率太大，那么保费需要进一步调整来实现我们期望的破产概率。

与从前的假设一致，我们设定 Dividend = 0，对分红保单存在的一个问题是：保单总分红精算现值 $PVDividend_x$ 多少是比较合理和保险公司可以承受的。由于 Dividend 是可由公司决定的，可看作外生变量，因此有：

$$TPVP_x - PVDividend_x \backsim Normal[E(TPVP_x) - PVDividend_x, Var(TPVP_x)]$$

如果公司要求利润高于 P 的概率超过 p，则 $PVDividend_x$ 的最大值要满足：

$$Pr(TPVP_x - PVDividend_x \geqslant P) = p$$

$$Pr(TPVP_x \geqslant P + PVDividend_x) = 1 - \Phi((P + PVDividend_x - E(TPVP_x)) / V_{ar}^{1/2}(TPVP_x)) = p$$

$$(P + PVDividend_x - E(TPVP_x) / Var^{1/2}(TPVP_x) = Z^{-1}(1-p)$$

$$PVDividend_x = Var^{1/2}(TPVP_x) Z^{-1}(1-p) + E(TPVP_x) - P$$

注意到这里解决的 $PVDividend_x$ 其实是投保人在未来 $Dividend_{x,t}$ 的现值和。至于保单分红到底在各投保年度和人群中如何分配，是有关公司政策及公平和效率的话题，与本文主题关系并不密切，这里就不提及了。

三、保费计算的实例分析

下面我们就利用目前中国保险公司普遍采用的 CL90-93 的非年金混合表对如何利用净保费附加法和现金流量定价法对第一种利润目标进行实例分析。

背景：

保险产品：终身寿险产品，保险金在死亡时给付。终身恒定保费，年初支付。投保人只能由于退保或死亡脱离保险公司，无任何附加险种。

投保年龄：20

保险金融：1000

投资收益率：3%

净保费之上的附加：30%

现金流量定价法中的目标内部收益率：10%

生命表：CL90-93

责任准备金计算方法：净保费法

退保率、现金价值及费用为假设数据。

1. 净保费附加法

根据背景知识和前面提供的公式，并假设折现率 d 等于投资收益率 3%，我们可以计算得：

$$A_x = \Sigma_{t-1}p_x^d q_{x,t}^d / (1+d)^t = 0.2008$$

$$\ddot{a}_x = \Sigma\, {}_tp_x^d 1/(1+d)^t = 27.4134$$

$$NP_x = DB \cdot A_x / \ddot{a}_x = 7.32$$

因此：

$$GP_x = NP_x (1 + c\%) = 7.32 \cdot (1 + 30\%) = 8.62$$

2. 现金流量定价法

表 7－1 初步计算的数据准备

时间	累计生存率	生存率	死亡率	退保率
t	tPx	Pt	Qt（d）	Qt（W）
1	0.849222	0.849222	0.000778	0.150
2	0.784865	0.924217	0.000783	0.075
3	0.725387	0.924219	0.000781	0.075
4	0.670427	0.924233	0.000767	0.075
5	0.619641	0.924249	0.000751	0.075
6	0.572710	0.924261	0.000739	0.075
7	0.529340	0.924272	0.000728	0.075
8	0.489255	0.924274	0.000726	0.075
9	0.452204	0.924270	0.000730	0.075
10	0.417953	0.924257	0.000743	0.075

表 7－2 资产价值的计算

时间	资产份额	保费	保险金	现金价值	费用	投资收入	资产份额
t	ASt-1	Premt	DBt	CVt	Expent	It	ASt
1	0	10.69	1000	6.05	8.02	0.07	1.24
2	1.24	10.69	1000	12.42	4.81	0.20	6.07
3	6.07	10.69	1000	19.13	3.21	0.39	12.69
4	12.69	10.69	1000	26.20	2.14	0.63	20.70
5	20.70	10.69	1000	33.65	1.07	0.90	30.24

续表

时间	资产份额	保费	保险金	现金价值	费用	投资收入	资产份额
t	ASt-1	Premt	DBt	CVt	Expent	It	ASt
6	30.24	10.69	1000	41.48	1.07	1.18	40.24
7	40.24	10.69	1000	49.71	1.07	1.48	50.73
8	50.73	10.69	1000	58.35	1.07	1.80	61.72
9	61.72	10.69	1000	67.40	1.07	2.13	73.23
10	73.23	10.69	1000	76.88	1.07	2.47	85.28

表 7-3 利润的计算

时间	责任准备金		剩余	利润	利润现值（在 IRR 下）
t	Vt-1	Vt	Surplus	Profit	* PV（Profit丨IRR）
1	0	6.73	-5.48	-5.48	-4.23
2	6.73	13.65	-7.59	-1.47	-0.96
3	13.65	20.80	-8.11	0.35	0.19
4	20.80	28.17	-7.47	1.56	0.72
5	28.17	35.80	-5.56	2.77	1.07
6	35.80	43.66	-3.42	2.77	0.90
7	43.66	51.78	-1.05	2.76	0.75
8	51.78	60.15	1.57	2.74	0.63
9	60.15	68.78	4.46	2.71	0.52
10	68.78	77.65	7.63	2.66	0.43
				合计	0.00

*：此列是为了验证在该保费水平下利润以 IRR 折现值为零。

通过表 7-1 至表 7-3 的计算步骤，我们可以得到 10.69 是符合利润目标的最终保费。

3. 利润均值和方差的计算

表 7－4 利润均值和方差的初步计算

时间	生存利润	死亡利润	退保利润					
t	PS(It)	PD(It)	PW(It)	pvprofitp	pvprofitd	pvprofit	E(PVP)	E(PVP^2)
1	－3.97	－1012.25	－3.30	－3.68	－937.27	－3.06	－1.19	685.25
2	－0.67	－1002.02	0.56	－4.25	－862.75	－3.20	－0.78	495.68
3	0.97	－993.23	2.64	－3.48	－792.71	－2.16	－0.61	385.32
4	2.05	－984.77	4.03	－1.97	－727.32	－0.52	－0.43	294.35
5	3.13	－976.07	5.28	0.16	－666.27	1.62	－0.25	223.74
6	3.12	－968.22	5.30	2.12	－609.98	3.50	－0.12	170.86
7	3.10	－960.12	5.17	3.93	－558.10	5.14	－0.01	130.99
8	3.09	－951.75	4.90	5.60	－510.27	6.58	0.06	101.84
9	3.09	－943.13	4.46	7.15	－466.20	7.84	0.12	79.88
10	3.10	－934.25	3.87	8.58	－425.59	8.94	3.75	94.34
Var(PVP)＝2662.24－0.54			2661.95				0.54	2,662

Lx，0　1000

E（TPVP）　538.98

Var（TPVP）　1631.54^2

根据以上计算结果，计算总利润小于零的概率：

Pr（TPVP＜0）＝φ（－538.98/1631.54）＝37.1%

这个概率也许并不能让我们满意，因为利润小于零的概率还多于三分之一。我们期望进一步调整保费使得这个概率为10%。通过计算，我们得到，当保费是11.12时，有表7－5所示的结果。

表 7－5 根据利润均值和方差计算目标保费

时间	生存利润	死亡利润	退保利润					
t	PS(It)	PD(It)	PW(It)	pvprofitp	pvprofitd	pvprofit	E(PVP)	E(PVP^2)
1	－3.85	－1012.3	－3.18	－3.57	－937.15	－2.94	－1.17	684.99
2	－0.41	－1001.75	0.82	－3.91	－862.41	－2.86	－0.76	495.15
3	1.31	－992.89	2.97	－2.87	－792.10	－1.55	－0.58	384.59

续表

时间	生存利润	死亡利润	退保利润					
t	PS(It)	PD(It)	PW(It)	pvprofitp	pvprofitd	pvprofit	E(PVP)	E(PVP^2)
4	2.44	-984.38	4.41	-1.08	-726.43	0.37	-0.38	293.62
5	3.57	-975.64	5.72	1.35	-665.08	2.81	-0.19	223.20
6	3.55	-967.79	5.73	3.59	-608.52	4.96	-0.05	170.62
7	3.53	-959.68	5.60	5.65	-556.38	6.86	0.06	131.07
8	3.53	-951.32	5.33	7.55	-508.32	8.53	0.14	102.25
9	3.52	-942.70	4.90	9.31	-464.03	10.00	0.20	80.58
10	3.53	-933.82	4.31	10.95	-423.22	11.31	4.82	114.62
Var(PVP) = 2681 - 2.10² =			2676.59				2.10	2,681

Lx,0　1000

E(TPVP)　2095.45

Var(TPVP)　1636.03^2

Pr（TPVP < 0）= φ（-2095.45/1636.03）= 10%

因此原来 10.69 的保费需要增加 4.4% 达到 11.16 以实现目标破产概率。

第三节　保险责任准备金的计算和影响分析

一、保险责任准备金的意义

在保险中，尤其在人寿保险中，保险公司每年收到的保险费和支付的保险金是不同的，例如，终身寿险的保险费在各个年度保持不变，但是，随着被保险人的年龄增大，死亡率逐渐增高，因而保费的支付也就越来越多，这就使得在投保初期，保费的收入大于保险赔付的支出，投保后期，保费的收入又小于保险赔付的支出，如图 7-2 所示：

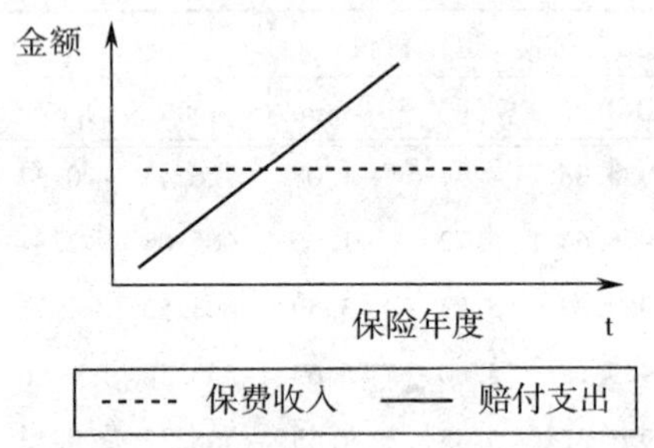

图 7－2　保费收入和赔付支出示意图

因而，保险公司只有把前期过多的保费收入积存起来，才能弥补后期赔付的不足。这种以保险契约为依据，为将来发生的给付而提存的基金，就是保险责任准备金。责任准备金是保险公司对被保险人的负债，并不是保险公司的收入。它是保险公司依据事故发生的风险大小进行的合理分配。

二、保险责任准备金的计算

计算方法由于目的和监管者的不同又可以分为以下几种。

（一）净保费法

该方法的思路很简单，忽略一切费用、退保因素求得净保费，利用净保费和将来法计算责任准备金，具体公式如下：

$$\Sigma_{t=1} NP_{x,t\ \ t-1}p_x v^{t-1} = \Sigma_{t=1} DB_{x,t\,t-1}p_x q_{x+t-1}{}^{v^t}$$

$$^1V_{x,t} = \Sigma_{s=1} DB_{x,t+s\ \ s-1}p_{x+t} q_{x+t+s-1} v^s - \Sigma_{s=1} NP_{x,t+s\ \ s-1}p_{x+t}{}^{v^{s-1}}$$

（二）修正的净保费法

由于佣金、广告和保单发行等原因，保险公司的初年费用往往会相当于年缴总保费甚至更高。用净保费法计算责任金并没有考虑到这一特点，常常导致保险公司初年责任准备金过高，加剧公司财务压力，要求公司具备相当雄厚的融资能力。基于这一缺点，修正的净保费法降低了初年净保费而提高了以后年度净保费，从而降低了用将来法计算的责任准备金，缓解了公司财务压力，具体公式如下：

$$E_{t=2}NP^{1}_{x,t\ t-1}p_x v^{t-1} = \Sigma_{t=2}DB_{x,t\ t-1}p_x q_{x+t-1}v^{t+\alpha}$$

α 可以看作从保险公司“借”的头年净保费的数额。

$$^{2}V_{x,t} = \Sigma_{s=1}DB_{x,t+s\ s-1}p_{x+t}q_{x+t+s-1}v^{s} - \Sigma_{s=1}NP'_{x,t+1\ s-1}p_{x+t}v^{s-1}$$

（三）总保费法

不同于修正的净保费法人为地设定对头年费用的补偿，总保费法最现实地刻画了实际收入和支出，它用总保费代替了净保费，以费用支出和死亡赔付代替了从前单纯的死亡赔付，公式说明如下：

$$^{3}V_{x,t} = \Sigma_{s=1}DB_{x,t+s\ s-1}p_{x+t}q_{x+t+s-1}v^{s} + \Sigma_{s=1}expen_{x,t+s\ s-1}p_{x+t}v^{s-1} - \Sigma_{s=1}GP_{x,t+s\ s-1}p_{x+t}v^{s-1} \quad (7.10)$$

其中 GP 为 Gross Premium，指总保费。

（四）US GAAP

US GAAP 是美国证券交易委员会（SEC）要求所有股份公司上报财务报表时所使用的方法，美国上市的保险公司都必须采用这一核算方法，因此也将它纳入本书中作简略的说明。

US GAAP 将保险公司的支出分为两类，一类包括初年由于销售产品才产生的费用（即获得费用），另一类包括初年其他费用和续年费用及保险赔付。第一类中会产生一个虚拟的“费用保费”，使得经过现金流量分析，到保单完结时，得到的资产份额为零。这个虚似保费可以用上文介绍的方法求得，由该保费算得的责任准备金为负值，在公司的资产负债表上属资产 DAC，称作 DAC（Deferred Acquisition Cost），用于抵销公司责任准备金，减轻公司财务压力。从第二类中也可以得到一个责任保费使得经过现金流量分析，到保单完结时，得到的资产份

额为 V_n。其中 V_n 是根据 US SVL（Standard Valuation Law）规定算得的。这个保费也可由上文中讨论的方法求得，具体的公式如下：

设初年获得费用为 AC（Acquisition Cost），求得 CP_t（Cost Premium），使得：

$$AC = \Sigma_{t=1} CP_{x,t\,t-1}p_x v^{t-1}$$

则 $DAC_s = AC\ (1+i)^s / {}_sp_x - \Sigma_{t=1} CP_{x,t}\ (1+i)^{s-t} / {}_{s-t}p_{x+s}$

设责任保费 BP（Benefit Premium），其他费用为 OC（Other Cost），则使得：

$$\Sigma_{t=1} BP_{x,t} \cdot {}_{t-1}p_x v^{t-1} = \Sigma_{t=1} DB_{x,t} \cdot {}_{t-1}p_x q_{x+t-1} v^{t-1} + \Sigma_{t=1} OC_{x,t} \cdot {}_{t-1}p_x v^{t-1} \quad (7.11)$$

则

$$V'_{x,s} = \Sigma_{t=s} DB_{x,t} \cdot {}_{t-1}p_{x+s} q_{x+s+t-1} v^{t-1} + \Sigma_{t=s} OC_{x,t} \cdot {}_{t-1}p_{x+s} v^{t-1} - \Sigma_{t=s} P_{x,t} \cdot {}_{t-1}p_{x+s} v^{t-1} \quad (7.12)$$

实际责任准备金为 ${}^4V_{x,t} = V'_{x,s} - DAC_s$

三、责任准备金对利润的影响分析

在介绍了这四种责任准备金后，可将它们作为定价过程中的 V_t，观察对利润的影响。从保险公司的角度，这几种方法各有利弊。如果要求保守的结果，用净保费法、US GAAP 法尤其是净保费法，可以保证预期的利润的实现但逐期释放的利润相对较小。而总保费法是最现实的描述，没有人为的安全性因素在其中，按照该方法提取责任准备金，在相同的保费水平下，逐期释放的利润最高。修正的净保费法是人为设定的方法来减少责任准备金对保险公司的压力，从表 7－6 可以看出它的效果介于后两种方法之间。下面是各种方法的计算结果并将它们与资产份额 $AS_{x,t}$ 加以比较，以掌握不同的变动关系。

表7－6 不同方法下的责任准备金和相应的利润

时间	方法1	利润	利润现值	方法2	利润	利润现值
Time	Reserve (1)	Profit	* PV (Profit/IRR)	Reserve (2)	Profit	* PV (Profit/IRR)
1	6.73	－5.48	－4.23	0.00	1.24	0.96
2	13.65	－1.47	－0.96	6.72	－2.04	－1.32
3	20.80	0.35	0.19	13.65	－0.23	－0.13
4	28.17	1.56	0.72	20.81	0.97	0.44
5	35.80	2.77	1.07	28.20	2.15	0.83
6	43.66	2.77	0.90	35.84	2.14	0.69
7	51.78	2.76	0.75	43.72	2.11	0.57
8	60.15	2.74	0.63	51.84	2.07	0.47
9	68.78	2.71	0.52	60.21	2.01	0.39
10	77.65	2.66	0.43	68.82	1.94	0.31
合计			0.00			3.21

时间	方法3	利润	利润现值	方法4			利润	利润现值
Time	Reserve (3)	Profit	* PV (Profit/IRR)	DAC	V	Reserve (4)	Profit	* PV (Profit/IRR)
1	0.83	0.41	0.32	7.32	7.75	0.82	0.42	0.33
2	4.77	0.84	0.54	6.60	11.88	6.08	－0.48	－0.31
3	10.18	1.06	0.58	5.86	17.43	12.79	－0.08	－0.04
4	16.69	1.22	0.56	5.10	24.02	20.57	0.24	0.11
5	24.40	1.37	0.53	4.31	31.68	29.46	0.63	0.24
6	32.36	1.37	0.44	3.50	39.59	38.63	0.74	0.24
7	40.58	1.37	0.37	2.66	47.75	48.10	0.84	0.23
8	49.04	1.37	0.31	1.80	56.16	57.86	0.93	0.21
9	57.73	1.37	0.26	0.91	64.83	67.92	1.01	0.19
10	66.64	1.37	0.22	0.00	73.75	78.27	1.08	0.17
合计			4.14					1.37

＊：GAAP方法中BP为8.28，AC为8.02，CP为1.38。

利润现值是用IRR＝10%和CL9093累计而成。

从以上的计算中首先可以发现不同责任准备金方法对利润的作用是不同的；其次我们从图7－3中看到，由于利润因素的作用，资产份额的增长速率快于责任准备金变化。但我们需注意的是，只要最终责任准备金与方法无关，不同的责任准备金方法改变的只是利润实现的时间，而并不改变利润的总精算现值。[①]

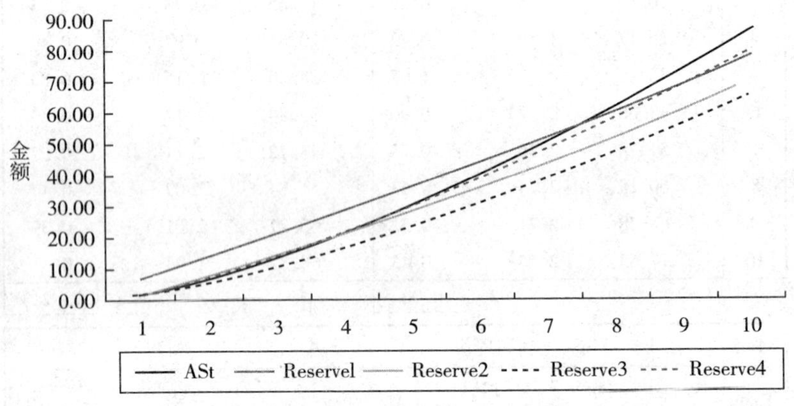

图7－3　资产份额和不同方法下的责任准备金

第四节　现金偿付能力的分析

一、现金偿付能力分析的基本问题

与责任准备金密切相关的一个问题就是现金偿付能力，具有现金偿付能力意味着保险公司拥有足够的资产在公司停止运营时保证投保人所有合同规定的责任和他们在合同以外合理的预期回

① 详细的证明参见：Introduction to Pricing and Asset Shares，Dauid B. Atkinson，Society of Actuaries，1998。

报。保险公司的现金偿付能力的保证不是通过提取法律规定的责任准备金就一定能满足的。在提取了责任准备金之后，公司需要对未来资产（责任准备金部分）和负债（包括保险赔付、退保和费用等）在不同情景下的现金流量进行测算，并根据最终测算年度的剩余或资本（资产减负债）是否为正来判定资产（责任准备金）是否在未来大部分可能情景中是充足的。

测算现金偿付能力需要的技术主要是现金流量分析（Cash Flow Analysis）和情景测试（Scenario Testing）。这个过程需要测算者得到关于各测算险种对应的负债和资产状况信息，以及对它们未来的发展作出假设。在进行测算前，精算师必须要挑选合适的情景集（Scenario Set）、退保率函数（Lapse Function）（负债方）、投资产品提前偿付率函数（Prepayment Function）（资产方）和再投资率函数（Reinvestment Function）（资产方）等一系列假定和函数。

二、情景集（Scenario Set）的概念

相对于现金偿付能力的测算而言的情景主要是针对利息率的。情景就是一组利息率曲线集合，而每一组利息率曲线就是对不同期限的无风险投资产品的回报率的集合，在各个国家往往是不同期限的政府债券对应的回报率。图 7－4 就是两条利息率曲线的示意。曲线 1 是正常的利息率曲线，即投资期限越长，回报率越高；曲线 2 是不正常的利息率曲线，即投资期限越长，回报率反而越低。反常的利息率曲线在现实中被证明是会出现的，如美国 1981 年就出现了持续相当时间的反常的利息率曲线。

顾名思义，情景集就是一组情景的集合。图 7－5 是情景集中一个情景的示意，Y_0 是时期 1 的利息率曲线，Y_1 是时期 2 的利息率曲线，依此类推。因此整个被研究期间的利息情况就由这 n 条曲线所描述。

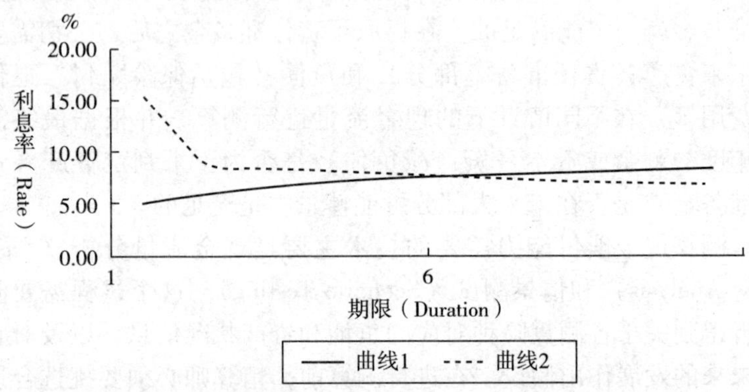

图 7－4　利息率曲线（Yield Curve）的示意

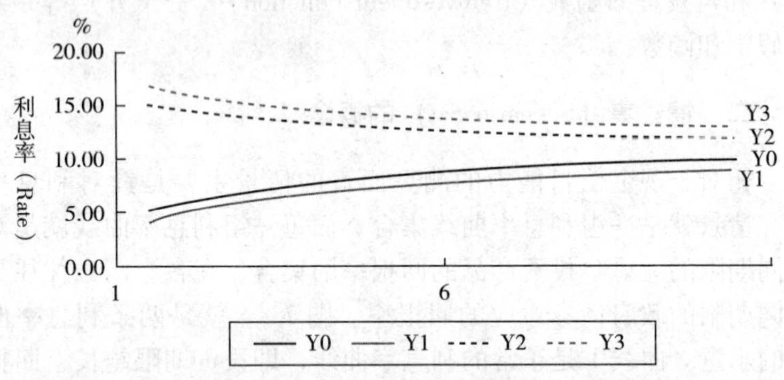

图 7－5　情景集中一个利息率情景的示意

我们的问题是我们如何得到各个形态各异的情景集？在有些国家，如美国和加拿大，监管者往往会规定一些供测试的情景，如纽约 126 号法规第 7 号情景集（7scenario NY 126 Regulation）。但普遍认为，政府规定的情景个数太少，从统计上不能有效反映未来变化对结果的影响。因此大量的公司都采用随机的方法来产生几十个甚至几百个情景。常用的两种方法是转换概率法和连续比率法。

三、情景集分析方法

（一）转换概率法

该方法首先需要一组标准的利息率曲线。它们可以从历史数据的研究上得到。然后需要定义一个转换概率距阵。即 P_{ij} 是 c_j 曲线紧随曲线 c_i 后的概率，转换概率距阵往往在咨询了投资部门专家后确定。这之后，从目前的利息率曲线 c_0 出发，利用蒙特卡罗模拟（Monte Carlo Simulation），我们就可以着手产生第一个情景了。第一次模拟后，重新回到起点，第二个、第三个，依此类推，直至整个情景集得到。

（二）连续比率法

这是根据对两个连续时点的利息回报率的比率 Y_{n+1}/Y_n 进行的随机建模方法。Morgan Stanley 工作组发现，对数正态分布可以很好地模拟这一比率变化曲线，即：

$x=\ln(Y_{n+1}/Y_n)$ 满足正态分布。因此，$e^xY_n=Y_{n+1}$

通常为简化运算，往往只先产生短期回报率和长期回报率，中间的数值根据一些插值计算得到。下面是该方法的详细说明。

令 i_t 为时间 t 上利息率曲线的短期回报率。

j_t 为时间 t 上利息率曲线的长期回报率。

$X=\ln(i_{n+1}/i_n)$，$Y=\ln(j_{n+1}/j_n)$

E（x）、STD（x）、E（y）、STD（y）、ρ_{xy} 分别为 x、y 的均值、标准差和相关系数。那么 x、y 满足二维正态分布 f（x，y）。

$$f(x,y)=1/(2\pi STD(x)STD(y)(1-\rho^2)^{1/2})\cdot e^{(-1/2(1-\rho2)[((x-E(x))/STD(x))2+((y-E(y))/STD(y))2-2\rho((x-E(x))/STD(x))((y-E(y))/STD(y))]}$$

根据以上分布，随机产生 x、y，并根据当前 i_0、j_0 有：

$i_{n+1}=e^xi_n$，$j_{n+1}=e^xj_n$

三、现金偿付能力的实例分析

下面的分析中，我们将演示美国1987年9月30日到10月1日在德克萨斯州召开的精算师大会上的例子。因为该例子典型地展示了我们是如何分析责任准备金的充足程度的。①

1. 产品背景：

产品类型：趸交保费延期年金产品（Single Premium Deferred Annuity）

产品退保罚金：第一年7%，逐渐在第7年下降为0%

该产品包括对保险公司费用补偿

保证的最低收益率：4%

目前许诺回报率：10.25%

回报率许诺方针：公司的实际投资回报率－1.5%

公司投资方针：将资产和测算过程中产生的现金流出投资于5年期A级公司债券（包括买入期权，Call Option）

2. 相关假定：

平均参加年龄：50

死亡率假定：1965～1970男性最终生命表（Ultimate Male Table）

投资费用：0.25%

其他费用：每份保单固定费用$30，并随通货膨胀率调整

通货膨胀率：5年期政府债券回报率－4%

收入税：34%的可征税收入

测算期限：20年

3. 其他说明。当我们投资于有买入期权（Call Option）的公

---

① 详见：Cash Flow Analysis Techniques, taken from the Proceedings of the Valuation Actuary Symposissm, September 30-October 1, 1987, Dallas, Texas。

司债券时，模型必须考虑到在市场利息率下降时增加的期权实现率。即在某些随机产生的利率情景中，大量的债券提前到期，公司产生大量现金流入，而这些现金只能在目前低利率时进行再投资。这可以通过建立市场利率和买入期权实现率的函数完成。

当我们对投保人承诺的回报率低于市场回报率时，我们必须考虑到退保率大量增加而产生现金流出。当现金流出大于现金流入时，我们应考虑到从外部借入资本的代价。

4. 目前业务状况。目前业务状况如表 7 – 7 所示：

表 7 – 7　目前业务情况

发行年	保单个数	账户价值	责任准备金	发行年	保单个数	账户价值	责任准备金
1980	3700	92500	92038	1984	3300	109200	104286
1981	4000	116500	114752	1985	5500	128900	121809
1982	3500	92500	90189	1986	1500	40600	37961
1983	3000	85000	82024	总计	24500	665200	643059

5. 利率情景集的产生。根据前面已经讨论的蒙特卡罗模拟法，我们产生 40 个利息率情景。

表 7 – 8 是第 20 个情景的数据。

表 7 – 8　政府债券回报率

单位：%

年	利息率曲线号	短期	3 年期	10 年期	20 年期
1986	16	6.29	6.36	6.96	8.17
1987	18	7.26	7.32	7.87	8.97
1988	21	9.49	9.53	9.85	10.49
1989	20	8.64	8.69	9.11	9.94
1990	20	8.64	8.69	9.11	9.94
1995	25	13.95	13.93	13.73	13.11
2000	26	15.33	15.29	14.95	13.87
2005	18	7.26	7.32	7.87	8.97

6. 结果总结：

第 20 年末剩余（资产 – 负债）：

均值	\$ 90644
最高值	135814
最低值	– 86135
标准差	42721
最终剩余为负的情景个数	1
20 年末剩余小于零的概率	1.7%
要使得剩余小于零的概率小于 1%，额外需要的准备金	1815

7. 以上结果的获得和相关的分析。在前面的结果总结中，最大值、最小值和最终剩余为负的情景个数是显然的。均值和标准差通过假设各情景同等概率发生得到。

计算 20 年末剩余小于零的概率如果通过 1/40 显然是不准确的，并且要计算要使得剩余小于零的概率小于 1%，额外需要的准备金直接根据数据算不出来。因此需要假定剩余服从一定的分布，并根据该分布计算相关概率和相关概率对应的值。假设 40 个情景可以使得大数概率和中心极限概率成立，那么第 20 期的剩余满足均值为 90644、标准差为 42721 的分布。从而，20 年末剩余小于零的概率为：

$Pr(Surplus_{20} < 0) = \phi(-90644/42721)$

额外需要的准备金为：

$\phi^{-1}(1\%) \cdot 42721 + 90644$

精算师可以通过这些指标评价资产即责任准备金是否充足。如果他认为责任准备在 98.3% 的概率下可以保证负债是足够安全的，那么他可以签署报告作出评价。计算额外需要的准备金具有双重意义，一是可以知道保险公司还需额外注入多少资金以保证目标安全概率，二是可以知道在不增加责任准备金时，公司资本是否能与责任准备金一起保证公司目标安全度的实现。如果结果显示责任准备金很有可能保证不了负债的支出，那么保险公司要么增加资金注入提高责任准备金，要么重审产品设计及投资策略，改善责任准备金支持负债的能力。

第五节　统计分析方法在保险公司运营其他环节的应用

统计分析方法除在产品定价、责任准备金计算和现金偿付能力分析方面的应用外，在其他许多环节都起着很重要的作用。这一节将就这些作用予以简单的介绍。

一、出险率的获得

很多出险率在死亡险产品中表现为死亡率，在疾病险产品中表现为发病率，等等。它是保险公司定价、责任准备金计算及其他重要环节的基础。虽然我国保险公司使用的死亡率由监管者明确规定，但如果公司能够根据自己的经验制定经验生命表，则更有利于公司明确自己的定价准确性及真实的盈利能力。以死亡率 q_x 为例，表示年龄为 x 的人在一年内死亡的概率。根据贝努利大数定律，我们可以通过计算大样本中的死亡频率来估计，即：

$$q_x = \frac{\text{观察期内死亡人数}}{\text{期初研究人群人数}}$$

分子与分母一定要一致，即死亡人群一定是对应于研究人群的。

与此对应的还有中心死亡率 m_x，即死亡概率，它的定义是：

$$m_x = \frac{\text{观察期内死亡人数}}{\text{研究人群有效时间}}$$

可以发现两者的区别主要在于分母。什么是研究人群有效时间呢？它是指被研究人在被研究期内有效的时间。设研究期为一年，被保险人从期首存活到期末并都满足年龄为 x 的定义，则有效时间是一年。如果被研究人期中死亡，那么他的有效时间只是他存活的那一段，即为 1/2 年。

在实际调查中，很难找到大量的相同生日的人，在他们到达 x 岁的第一天观察到全部达到 x + 1 岁或死亡为止。为保证在较少精力下能达到较高的计算精度，一些统计近似就会用到。例如假设死亡均匀分布在日历年度内，那么就可以近似地认为 6 月 30 日是平均死亡时间。假设被研究人的生日均匀分布在日历年度内，如果在某一时点有 n 个人是 x 岁，那么就可以近似地认为他们的平均准确年龄是 x + 1/2。通过这一系列近似，近似的死亡率就可以通过以上公式得到。

二、数据的修匀

在对保险公司某些环节进行调查后，如对死亡发生的调查，直接从调查结果中得到的数据往往是不随着投保年龄的上升呈现光滑趋势。但对事物的认识和直觉告诉我们，出险率随年龄的增长应呈现一定的规律性。从商业的角度，消费者也很难接受这样的出险率计算的保险费率。例如他们会问，为什么 36 岁人的保费要比 35 岁人的低？从理论的角度，我们知道无论是 q_x 还是 m_x，都是样本估计值，必然会伴随着估计误差。无论从哪个角度出发，我们都有必要对初始出险率进行加工，消除掉它的随即波动。最理想的结果是，经过处理了估计误差之后，修匀的出险率最接近它的真实数值。

对数据修匀，要考虑两个因素：一是平滑性。即出险率随年龄变化平稳变化。二是忠实性，即加工后的数据要忠实于原有数据。即使曲线非常漂亮，如果它偏离了真实数据，也就成为空中楼阁、无本之木，失去了意义。以上的两点又是一对矛盾体，数据修匀，凸凹不平的曲线难以让人接受并可能产生类似上面例子中一些谬误的结果。这种情况叫修匀不足。同样的，曲线修匀得过于平滑，则可能丧失一些原数据的重要特征。澳大利亚国家人口局每隔 5 年要进行一次人口普查并公布公众死亡率曲线。每次的结果都显示出死亡率曲线在 17 ~ 25 岁的男性有一个明显突起，70 年代前人们认为这是由于数据误差引起，所以总是将这一突起修匀掉。但由于这一规律恒定地出现在每次调查结果中而且在其他国家也发现了类似的规律，人们终于认识到这一死亡率突起是由于这一年龄段的男性事故率很高而引起的，并非数据误差。过去的这种做法叫做修匀过度。

常用的修匀方法有：手绘法、公式法和函数法。

手绘法。它是通过在原有数据上手工绘制一条平衡均匀的曲线。它的优点在于简便快捷，对计算机的要求低，并往往适用于数据信息量少、其他两种方法都无法施展的情况。它的缺点是要求绘制者具有丰富的经验并且绘制的曲线缺乏科学性和理论依据。

公式法。它是通过一定的公式形式兼顾数据的忠实性和平滑性，使得修匀的曲线既忠实于原有数据，又较平滑。

函数法。可以用函数表现的图形自然是平滑的。函数法相信真实的出险率曲线可以分为很多段，每段都可以用一定的多项式形式来体现，只要我们通过适当的方法能够找到每段曲线对应的多项式形式，通过连接这些曲线就可以得到整个曲线。一般来说，整体曲线分的段数越多，则越忠实于原始数据，但越不平滑，最极端的情况是每两个年龄连接成一段，那么得到的曲线严格等于未修匀曲线。相反地，段数越少，曲线越平滑而无法忠实于原有数据。最极端的情况是整个曲线由一个多项式来表示。在这种情况下，曲线严格的连续且可导，显然是平滑的，但它忠实于原有数据的程度就可想而知了。

在得到了修匀曲线后，往往要对它进行平滑性和忠实性的检验，以保证该曲线既平滑又不失真实性。平滑性检验主要通过最终数据的三阶差分来反映，三阶差分越小，则越平滑。忠实性检验可以通过卡方检验、标准差检验和符号检验等方法进行。

三、假设的设定

从前面已经知道，无论是定价，还是计算责任准备金，还是测算偿付能力，都需要一系列关于死亡率、退保率、费用和利息率等的设定。假设的设定从统计的角度就是根据历史经验表现对未来进行预测。回归和时间序列方法大量地应用在这一过程中。

在对每一个假设单独分析之外，还必须考虑到假设之间的相关关系。例如，市场利率的提高往往伴随着通货膨胀率的上升，也意味着费用的上升。再如，如果市场利率上升导致公司产品的投资回报率失去优势，那么可预测到大量的退保产生。又如，退保率的上升往往会导致只有那些相信自己会发生保险事故的人仍保持单有效，从而导致投保人群死亡率或出险率上升。忽视它们之间的相关关系只会误导公司运营。因此有必要利用统计分析方法揭示它们之间的经验相关关系。

四、运营指标分析

经营决策者需要知道公司的发展趋势，这要求计算许多经营指标，如保费收入增长率、利润增长率、资本回报率、赔付支出率、费用增长率、资产负债率，等等。分析者需要采用比率分析法、趋势分析法、相关分析法和因子分析法等各种方法理解公司的发展趋势、竞争优势及潜在问题。总之，保险公司的运营无时无刻不体现着统计分析的必要性和重要性。

第八章　资金流量统计分析

第一节　资金流量核算的基本理论

一、资金流量核算的产生和发展

二次世界大战后，金融业的发展十分迅速，金融活动在将储蓄有效地转化成投资的过程中，起到了一种中枢作用，几乎每一种经济单位都在不同层次上参与了不同的金融活动。如何全面、综合地反映国民经济中的各种金融交易，成为金融统计面临的一个重要任务之一。

1947 年和 1952 年，美国经济学家 M. A. 科普兰发表了《通过美国经济跟踪货币流通》以及《美国货币流量研究》，书中用资金流量的方法对美国主要经济部门的金融活动做了全面的研究，构造了资金流量表的最初表式。这标志着资金流量统计体系的诞生。书中的方法很快得到美国联邦储备委员会的重视，其中的表式被采纳，1955 年美国编制了资金流量账户。

50 年代后期，金融活动在世界经济中的地位越发突出，金融机构和金融工具不断创新，金融对经济发展的作用也不断提高。在这种背景下，许多国家都认识到要全面地分析和把握金融活动对国民经济的影响，必须要编制资金流量账户。资金流量账户作为一种金融统计工具，开始在一些发达的市场经济国家推广。

1968 年，联合国在修订国民经济核算体系（简称 SNA）时，把资金流量账户正式列入国民经济核算账户中。这是资金流量核算发展历史上的重要进步，因为含有资金流量账户后的国民经济核算体系能够十分清晰地反映国民经济的实物运行与金融交易之间的关系。此后，资金流量核算的普遍性更有所提高。许多国家在贯彻国民经济核算体系时，都根据本国的具体国情建立了自己的资金流量账户，并逐渐形成制度，定期发表有关数字。

我国于 90 年代开始编制中国的资金流量账户，到目前为止，已公布了自 1992 年以来的资金流量账户，为我国的储蓄投资分析、金融结构分析、金融发展分析、社会融资活动分析等方面提供了充分的统计依据。

二、资金流量核算

（一）资金流量表

资金流量核算是采用复式账户或矩阵账户的方法，记录核算期内国民经济各机构部门之间以及国内与国外之间发生的各种金融交易。具体表式见表 8－1。

从表 8－1 中可以看出，资金流量表主要由两个部分组成：金融交易和机构部门。该表反映了每一个机构部门所发生的各种金融交易的情况。要进行资金流量核算，首先要判断某个交易是否是金融交易。如果是金融交易，是哪一种金融交易，是哪个部门发生的金融交易。

当一个机构单位向另一个机构单位缔结了有关有偿提供资金的契约时，金融债权和债务便得以产生，这也就意味着发生了一笔金融交易。大部分金融交易形成了金融资产和负债。但也有一部分金融交易虽然形成了金融资产，却没有对应的负债。股权是最典型的例子。尽管股票或股权的持有人对接受资金的一方没有金融债权，但是，接受资金的一方有义务让股东参与收益的分

表 8－1　资金流量表表式

单位：亿元

机构部门 / 交易项目	住户		非金融企业		政府		金融机构		国内合计		国外		合计	
	运用	来源	运用	来源	运用	来源	运用	来源	运用	来源	运用	来源	运用	来源
实物交易部分														
1. 可支配总收入		38491		9188		9505		431		57615				57615
2. 最终消费	26944				6691				33635				33635	
3. 总储蓄		11547		9188		2814		431		23980				23980
4. 对外经常差额												－135		－135
5. 资本转移				1601	1611			10	1611	1611			1611	1611
6. 资本形成总额	3067		19036		1597		177		23877				23877	
7. 其他非金融资产的获得减处置														
8. 净金融投资	8480		－8247		－394		264		103		－135		－32	
9. 统计误差	34		168		305		－473		34		－2		32	
金融交易部分														
10. 净金融投资	8514		－8079		－89		－209		137		－137		0	
11. 资金运用合计	8869		4889		1284		17195		32237		4167		36404	
12. 资金来源合计		355		12968		1373		17404		32100		4304		36404

续表

机构部门 / 交易项目	住户		非金融企业		政府		金融机构		国内合计		国外		合计	
	运用	来源	运用	来源	运用	来源	运用	来源	运用	来源	运用	来源	运用	来源
13. 通货	447		128		6		16	597	597	597			597	597
14. 存款	7723		4519		1173			13415	13415	13415			13415	13415
15. 贷款		355		9696		-105	9946		9946	9946			9946	9946
16. 证券	608		-2	-2	-4	1014	1461	1051	2063	2063			2063	2063
17. 保险准备金	91		47					138	138	138			138	138
18. 结算资金			729					729	729	729			729	729
19. 金融机构往来							-38	-38	-38	-38			-38	-38
20. 准备金							2280	2280	2280	2280			2280	2280
21. 库存现金							62	60	62	60		2	62	62
22. 中央银行贷款							889	889	889	889			889	889
23. 其他（净）			-2146					-2146	-2146	-2146			-2146	-2146
24. 国际资本往来			1614	4761	109	464	701	429	2424	5654	5654	2425	8078	8079
25. 国际储备资产							1878		1878			1877	1878	1877
26. 国际收支错误与遗漏				-1487						-1487	-1487		-1487	-1487

配。因此，在核算时可将股权类金融交易看作是提供资金一方的金融资产，接受资金一方的负债。

（二）资金流量账户

表8－1从内容上也反映了资金流量核算体系，它是由反映四个机构部门以及国外的金融交易的金融账户组成的。将各机构部门以及国外的金融交易复式账户用矩阵的形式联结成为一张表，就是资金流量矩阵账户形式。表8－1的金融交易部分是我国资金流量表金融账户的形式。它包括四个机构部门：住户部门、非金融企业部门、政府部门和金融机构部门，以及国外五大类交易主体：十三类主要金融交易是：通货、存款、贷款、证券、保险准备金、结算资金、金融机构往来、准备金、库存现金、中央银行贷款、其他（净）、国际资本往来、国际储备资产。

（三）资金流量核算的范围

关于资金流量核算的范围，一般有三种说法。一是以增加值为核算起点，核算内容包括国民收入的初次分配和再分配、最终消费和储蓄形成、实物投资以及金融交易；二是以可支配收入为起点，核算内容包括最终消费和储蓄的形成、实物投资以及金融交易；三是以净金融投资为起点，核算内容仅含金融交易。本书采用的是第三种核算范围，即以反映金融交易为重点的金融账户。由于在实际分析应用中，对金融交易的分析离不开对储蓄投资的分析，因此，表8－1在给出资金流量金融账户（第10至26项）的同时，也反映了储蓄投资的内容（第1至8项），以便能更清楚地理解金融交易与实物经济运行之间的关系。

资金流量核算是对金融交易流量加以核算，与之相对应的存量核算是国民资产负债表中的金融资产与负债核算。事实上，要更好地说明社会融资活动、金融结构变动等重要经济现象，只有将存量数据和流量数据相互结合使用，才能掌握完整的分析数据基础。因此，本章虽以资金流量核算为讲述重点，但同时对资金流量核算与国民资产负债核算之间的对应关系也加以说明，给出用于分析的完整的数据体系概念。

(四) 资金流量核算与国民资产负债账户

国民资产负债账户是反映一个国家或一个部门在一定时期内某一时点上资产、负债的存量账户。该账户由两部分组成：一是非金融资产存量，具体包括固定资产、存货等；一是金融资产与负债存量，其具体内容与资金流量核算是完全一致的，也就是说，国民资产负债账户对金融资产与负债的部门和交易分类的原则和内容，与资金流量核算账户是完全一致的。

简单地说，流量与存量之间有以下对应关系：

期初存量+本期流量=期末存量

但是，实际中由于核算期内机构部门以及交易项目的调整、金融资产价格的变化等因素，往往是期初、期末存量差额不等于当期流量规模，上述等式关系难以成立。因此，在做实际的统计工作时，采用的等式是：

期初金融资产负债存量+本期金融资产负债流量+本期金融资产负债调整流量=期末金融资产存量

关于金融资产与负债的流量调整，有一套完整的账户和核算方法。本书暂不做详细介绍。

在本章的以下内容中，资金流量核算和国民资产负债账户中的金融资产与负债核算二者之间，除了流量与存量的差别外，其他特点及结构都是基本相同的。除非某些地方有显著差异，否则，对存量账户不做单独的讲解。

三、资金流量核算中的平衡关系

资金流量矩阵账户存在以下几种经济平衡关系。值得注意的是，这些经济平衡关系不仅仅是账户核算的平衡，更重要的是反映了宏观经济运行中一些重要的经济变量之间的关系。

（一）储蓄、资本形成与金融资产、负债的平衡

核算期内，各部门形成的金融资产总额（在表中反映为资金运用合计）与形成的负债总额（在表中反映为资金来源合计）的差额，等于各部门总储蓄与资本形成总额的差额。这个差额被称为净金融投资。由于金融交易核算和实物交易核算的资料来源不同，在实际的统计工作中，通过金融账户得到的各部门资金运用合计与资金来源合计的差额，与通过资本账户得到的各部门总储蓄与资本形成总额的差额之间会出现差距，这个差距用统计误差加以反映。因此，这个平衡关系可用公式表述为：

总储蓄－资本形成总额＋统计误差

＝形成的金融资产总额－形成的负债总额

＝净金融投资

以表8－1中的非金融企业为例：

总储蓄(9188)－资本形成总额(19036)＋统计误差(168)

＝形成的金融资产总额（4889）－形成的负债总额(12968)

＝净金融投资（－8079)

这个平衡关系式是最重要的等式，它的具体经济含义如下：如果一个机构部门的储蓄大于投资，它是资金赢余部门，净金融投资为正（如表8－1中的住户部门)；如果一个机构部门的投资大于储蓄，它是资金赤字部门，净金融投资为负（如表8－1中的非金融企业部门)。资金赢余部门可以通过金融市场向资金赤字部门提供资金，或者说，资金赤字部门可通过金融市场向资金赢余部门融通资金。

（二）金融资产和负债的平衡

核算期内，全社会通过某种金融工具形成的资产数量等于通过该类工具形成的负债数量。

某一个或某几个机构部门通过某类金融工具，形成对其他机构部门的债权或股权关系，其他机构部门同时必定发生与之相对应的债务或被控制关系。

以表 8 - 1 中的国内合计和全部合计栏为例，全部金融交易所形成的金融资产和负债的合计都是平衡的。不涉及国外的金融交易所产生的金融资产和负债在国内各机构部门之间是平衡的。

这种平衡关系表明了某种金融工具是从哪些部门聚集资金的，又是如何将聚集来的资金分配到哪些部门的。以表 8 - 1 中的存款类金融交易为例，核算期内，存款类金融交易分别从住户、非金融企业和政府部门聚集资金 7723 亿元、4519 亿元和 1173 亿元，又将这些资金全部分配给金融机构部门，共 13415 亿元。

（三）机构部门间及整体与国外之间的平衡

核算期内，各个机构部门及国外相互间通过金融交易所发生的资产数量等于所发生的负债数量。

金融交易在各机构部门和国外之间是相互发生的，某一部门的资产必定是另外一个或几个部门的负债，从总量上看，全部资产等于全部负债。另外，由于第二类平衡关系的存在，在第三类平衡关系的前提下，可推出，核算期内，国内形成的金融资产与负债的差额，等于国外形成的金融资产与负债的差额。

以表 8 - 1 中的数据为例：

住户(8869) + 非金融企业(4889) + 政府(1284) + 金融机构的金融资产形成总额(17195) + 国外金融资产形成额(4167)

= 国内金融资产形成总额(32237) + 国外金融资产形成额(4167)

= 全部金融资产形成(36404)

= 全部金融负债形成(36404)

=住户(355)+非金融企业(12968)+政府(1373)+金融机构(17404)的负债总额+国外负债形成(4304)

=国内负债形成总额(32100)+国外负债形成(4304)

同时可以推出:

国内金融资产形成总额(32237)-国内负债形成总额(32100)

=国外负债形成(4304)-国外金融资产形成额(4167)

这个平衡关系的经济含义是:如果国内金融资产形成总额大于国内负债形成总额,表明国内资金赢余,并流向国外;如果国内负债形成总额大于国内金融资产形成总额,表明国内资金赤字,国外资金流入国内。

总的说来,上述各项平衡关系可总结为,国民经济的资金通过金融交易工具总是由赢余的部门流向不足的部门,或者,金融工具在金融市场上将资金供给方的资金转移到资金需求方;资金不足或资金需求部门可以通过金融工具,从资金赢余或愿意提供资金的部门得到资金。

四、资金流量核算的特点

资金流量核算作为一个统计体系,它具有以下特点。

第一,资金流量核算范围广、覆盖面宽。

资金流量核算账户记录了国民经济机构部门之间,以及机构部门与国外之间的所有金融交易,反映了所有机构部门的资产负债以及净金融投资状况。它不像货币与银行统计、国际收支统计等金融统计体系,只以某个部门为主,统计某些特定的金融交易。它是一个由各个机构部门的金融交易账户所共同构成的统计账户体系。通过资金流量账户,不仅可以观察到已在货币与银行统计和国际收支统计中有所反映的金融机构部门的金融资产与负债的变动状况,或者国外与国内的金融交易等,而且,还可以观察到住户、非金融企业以及政府等部门的金融交易行为。

第二，资金流量核算是国民经济核算体系的一部分。

资金流量核算根据国民经济实际运行中储蓄向投资转化过程，以及金融交易在这个转化过程中的作用，秉承国民经济核算体系的收入分配和使用账户以及积累账户，反映全社会金融交易的规模，以及各机构部门之间发生的债权债务往来。它既是一个独立的统计体系，又是国民经济核算体系的一个组成部分。

第三，资金流量核算与其他统计体系具有高度的协调性。

资金流量核算作为国民经济核算体系的一个组成部分，它的定义、分类和统计方法与国民经济核算高度统一。由于其他重要的宏观经济统计体系，如货币与银行统计、国际收支统计、政府财政统计等，与国民经济核算体系相协调，因此，资金流量核算与其他的宏观经济统计体系之间具有高度的协调性。

第四，资金流量核算具有国际可比性。

1953 年联合国公布了国民经济核算体系及其附属表，随后分别于 1968 年和 1993 年重新修订这套统计体系，使该体系日臻完善。到目前为止，几乎所有的市场经济国家都将这套统计体系的基本原则贯彻到本国的国民经济统计工作中。因此，尽管各国的金融体系各不相同，各国的资金流量核算作为国民经济核算的一部分，由于使用相同的核算原则，相互间也具有很高程度的可比性。这为对比研究不同国家金融发展与经济发展之间的关系提供了数据基础。

第二节 资金流量统计

一、统计基础

（一）统计基础数据来源

资金流量统计的基础数据主要来源于货币与银行统计、国际收支统计、证券统计、政府财政统计、保险和养老基金业统计、证券基金以及其他从事辅助性金融活动的金融机构统计。可以看出，各种金融统计数据构成了资金流量统计的主要数据来源。这是因为，尽管资金流量统计涉及到住户、非金融企业等非金融机构部门，但由于金融交易同时发生于债权、债务双方，因此，能够掌握一方的金融交易数据，就基本上能够编制资金流量金融账户。最好的情形是在充分掌握了上述数据来源的同时，能够通过调查等手段，得到反映住户部门金融状况、非金融企业的资产负债状况等数据，这样能够进一步提高资金流量统计的准确性。

由于资金流量核算具有广泛性的特点，使得它对基础数据的要求，非常不同于货币与银行统计、国际收支统计或某些其他证券统计等针对专门领域的统计体系。即它没有一套专门的、由基本经济单位直接上报的数据搜集系统，它只能利用已有的各种统计体系以及统计调查中的数据，按照资金流量核算的要求，进行加工，满足资金流量核算的数据需要。对于上述所列举的各个专门领域的统计，它们都有各自一套完整的基础数据来源系统。如，金融机构单位定期向中央银行按规定报送用于编制货币与银行统计的基础报表；全国多数涉及与国外经济往来的经济单位要填报用于编制国际收支平衡表的申报单。也就是说，这些专门领域统计体系的基础数据来源于专门为其服务的、由基层单位直接负责填报的数据搜集系统，而资金流量核算没有专门的上报系统，它直接取数于这些已有的各类经济统计。所以资金流量核算的基础数据的质量，取决于它所要从中取数的统计体系与资金流量核算体系的协调程度。二者的协调性越高，资金流量核算的基础数据的质量就越高。

（二）资金流量核算的统计基础

资金流量核算的质量关键取决于它所要从中取数的统计体系与资金流量核算体系的协调程度。因此，在实际工作中，资金流量核算的统计基础重要的是对这种协调性的高度要求，具体反映在如下两个方面。

第一，对经济交易主体的分类要有高度协调性。资金流量核算作为国民经济核算的一部分，其对交易主体的分类一如国民经济核算，即国民经济的交易主体可区分为住户、非金融企业、政府和金融机构四大机构部门以及国外。目前，在我国，这种部门分类标准已被逐渐贯彻到货币与银行统计、国际收支统计以及政府财政统计等多种重要的经济统计体系中。但是，这些专门统计都有自己的统计目标，对一些具体单位的划分，还是与资金流量统计有所出入，或是详细程度不够。例如，国际收支统计常将国内经济单位区分为货币当局、政府、银行和其他部门，这里的其他部门就包含住户部门、非金融企业以及某些非银行金融机构，这就给资金流量核算在利用国际收支统计数据时带来了数据分解的困难。类似的困难在资金流量统计中经常遇到。又如，证券市场统计一般只提供证券存量的总额，而各个部门持有的证券存量却是难以统计的。因此，资金流量统计工作人员必须对这种不满足部门分类的统计数据做进一步的调查，得到直接或辅助的数据，计算或估算各部门的实际数据。

第二，对金融交易分类要有高度的协调性。各种统计体系对金融交易的分类基本上是一致的，但由于统计目的不同，各统计体系常在最终的账户和报表上，将某些金融资产与负债项目根据需要做了合并或轧差处理，隐藏了某些金融交易原来的数量。以联合国提供的标准的资金流量核算账户为例，它将所有的金融交易区分七大类：货币黄金和特别提款权、通货和存款、股票以外的证券、贷款、股票和其他股权、保险准备金和其他应收/应付。但有些金融交易在其他专门统计体系中不做特别反映。如，国际收支统计对国外在国内保险公司投保所形成的保险准备金资产，不做单独反映；又如，货币与银行统计可能将其他股权和其些杂项合并到一起，难以相互区分。所以，资金流量统计工作人员不仅要深入考察性质已经明确的金融交易的部门分类，而且还要对其他统计体系的合并荐及轧差项做深入的调查，以满足资金流量统计的要求。

二、资金流量核算方法

（一）复式记账方法

如同工商会计一样，资金流量核算以复式记账原则和方法为基础。每一笔金融交易必须记录两次，一次作为资金来源，记录核算期内负债的变化；同时作为资金运用，记录核算期内金融资产的变化。记录的资金来源总额与资金运用总额必须相等，以保证资金流量金融账户的一致性。

以表 8 - 1 中的贷款为例，说明复式记账原则在资金流量核算中的运用。

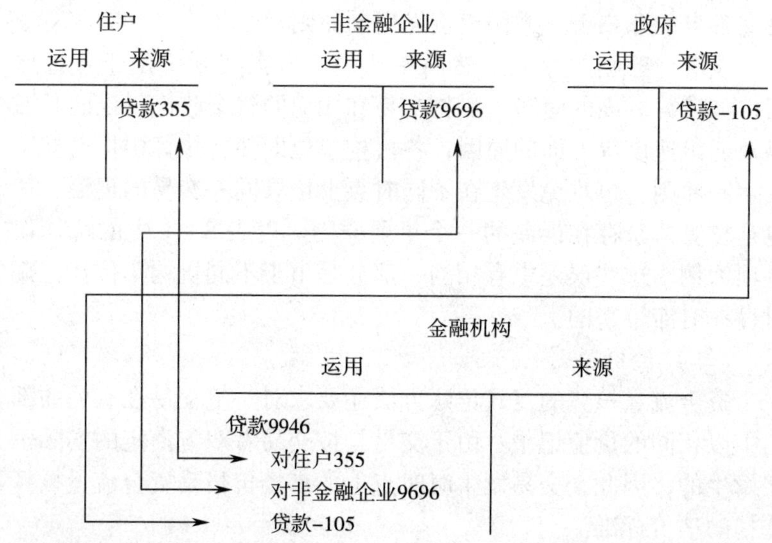

（二）项目合并与轧差

资金流量核算范围的广泛性特点，使得数据采集和统计技术很难达到编制非常详细的金融账户的要求。所以，各国在编制金融交易账户时，与其他专门统计相比，可能采用的是比较粗的口径。进而在编制时，经常将反映不很重要的经济现象的交易项目，或是数据来源有困难的项目做合并或轧差处理。

例如，表 8 –1 中将股票、各类债券合并在证券一个项目下；另外，其他（净）项是对其他类资产负债做轧差处理。

三、资金流量核算原则

（一）权责发生制原则

资金流量核算的复式记账方法要求某一笔交易在发生时，必须同时记入到有关交易单位双方各自的账户中。也就是说，机构单位之间的交易必须是在债权和债务发生、转换或取消时同时记录在各自的账户上，遵循权责发生制原则。

该统计原则的原理虽然简单清楚，但在实际中由于各种原因，如清算方面的时滞、实物交易和相应的资金收讫付讫的时滞以及通讯速度等方面的原因，各机构单位即使在核算中贯彻权责发生制原则，也难免发生在不同时点上记录同一交易的现象。这也是核算体系存在误差的一个重要原因。以表 8 –1 中的统计误差项为例，这些误差中有相当一部分是由于不同机构单位在记账时存在时滞带来的。

（二）估价原则

资金流量核算的复式记账方法还要求对一笔交易在有关的部门中以相同的价值记录。由于交易是按交易者双方商定的实际价格发生的，因此，交易发生时时点上的市场价格是资金流量核算选择的估价标准。

四、资金流量核算的分类

资金流量核算包括交易主体和金融交易的分类。

（一）交易主体分类

国民经济的融资活动是由各类经济主体发生的各种金融交易所组成的。在市场经济的前提下，从事金融融资活动的基本单位是机构单位。所谓的机构单位是指有权拥有资产并承担负债，能够独立地从事经济活动并能与其他实体进行交易的经济实体。具体来说，机构单位应拥有以下基本特征：

第一，有权独立拥有货物和资产，并因此能够与其他机构单位交换货物或资产的所有权；

第二，能够做出直接负有法律责任的经济决定和从事相应的经济活动；

第三，能以自己的名义承担负债，承担其他义务和承诺，并能签定契约；

第四，能够编制出包括资产负债表在内的一系列在经济和法律上有意义的会计报表。

这是国民经济核算体系对经济机构单位的定义，也是作为国民经济核算体系组成部分的金融账户核算体系关于经济机构单位的定义。其他几种重要的国民经济统计体系，如政府财政统计、货币银行统计、国际收支统计等等，对机构单位的定义也是以SNA 中的定义为准的。这个定义具有广泛的可比性。

在市场经济的背景下，具备机构单位条件的基本单位基本上有两类：一类是住户，一类是得到法律或社会承认的独立于其所有者的社会实体，也即法人单位。法人单位根据其在经济交易中的主要特征，又可进一步划分为非金融企业部门、金融机构部门和政府部门。由相同类型的机构单位构成机构部门。因此，国民经济的所有常住机构单位（这里的“常住”概念与国际收支中的“居民”概念是一致的）被相应地划入四个机构部门：住户部门、非金融企业部门、金融机构部门和政府部门。

住户部门由所有常住居民住户组成，其中包括不具备法人资格的个体经济企业。

非金融企业部门由不从事金融媒介活动的所有常住法人企业组成。就我国而言，包括具备法人资格的国营、集体、各种形式的合资、合作经营及外商独资的常住工商企业、农业企业、建筑企业、运输邮电企业及其他不从事金融媒介活动的服务企业。

金融机构部门由中央银行以及从事金融媒介、保险以及金融辅助活动的常住法人企业组成。就我国而言，具体包括中国人民银行、存款机构、保险公司等。其中，存款机构包括存款货币银行和特定存款机构。存款货币银行主要由国有商业银行、中国农业发展银行、其他商业银行、信用合作社、财务公司组成，特定存款机构主要由金融信托投资公司、租赁公司、国家开发银行和中国进出口银行组成。应该指出的是，由于市场经济条件下金融活动的发展与创新比较活跃，新类型的金融机构也会相应产生，所以，金融机构部门子部门的划分也会发生一些变化。

政府部门由各种类型具备法人资格的常住行政事业单位组成，其中也包括军事单位和不具备法人资格的、附属于行政事业单位的企业。

如同国际收支统计，所有的常住机构单位构成国内，所有非常住机构单位构成国外。对于国外，并不是要核算国外所有的经济活动，而是反映国外与我国常住机构单位之间的交易活动关系。金融账户在反映国外与国内间的金融交易活动时，在表现国外与各机构部门之间的交易方面，比国际收支平衡表更为详细：在表现金融交易方面，比国际收支平衡表更为综合。

表 8 -2 反映了金融账户中的机构单位分类。

表 8－2　金融账户中的机构部门分类

<table>
<tr><td rowspan="8">国民经济</td><td rowspan="7">国内</td><td colspan="2">住户部门</td></tr>
<tr><td colspan="2">非金融企业部门</td></tr>
<tr><td colspan="2">政府部门</td></tr>
<tr><td rowspan="4">金融机构部门</td><td>中央银行</td></tr>
<tr><td>存款机构</td></tr>
<tr><td>保险公司</td></tr>
<tr><td>其他金融机构</td></tr>
<tr><td colspan="3">国外</td></tr>
</table>

（二）金融交易分类

资金流量核算不同于专门领域金融统计的关键一点是它核算范围的广泛性，因此，资金流量核算在设计金融交易时，通常对项目口径的规定比较综合。以表 8－1 中的金融交易为例，其中的多数项目都是由两个及两个以上的金融交易工具构成。表 8－2 概括地反映了各项金融交易所包括的内容。下面根据表 8－2 的内容，对各项金融交易的统计口径作出解释。

（1）通货。以现金形式存在于流通领域中的货币，包括纸钞和辅币，是通货持有人的资金运用，中央银行的资金来源。

（2）存款。包括各种形式的存款，具体有：活期存款、定期存款、住房储蓄存款、财政存款、外汇存款和其他存款，是存款单位的资金运用，金融机构的资金来源。

①活期存款：没有约定期限，随时可通过转账方式支付的单位存款。

②定期存款：有一定期限，原则上到期前不能提取的单位存款。

③住户储蓄存款：城乡居民个人在金融机构的存款以及邮政储蓄。

④财政存款：各级政府在中央银行的存款。

⑤外汇存款：常住单位以各种外币形式在国内金融机构的

存款。

⑥其他存款：主要包括委托存款、信托存款、保证金存款以及其他存款。

（3）贷款。金融机构单位向非金融部门提供的各种形式的贷款，具体包括：短期贷款、中长期贷款、对政府的贷款、外汇贷款和其他贷款，是金融机构的资金运用，接受贷款部门的资金来源。

①短期贷款：金融机构对住户提供的期限在一年以内的贷款。

②中长期贷款：金融机构为住户和企业提供的期限在一年以上的贷款。

③对政府的贷款：中央银行对中央政府预算以透支、借款等形式提供的信贷。

④外汇贷款：国内金融机构以某些外币形式对国内单位提供的贷款。

⑤其他贷款：包括委托贷款、信托贷款、融资租赁和其他贷款。

（4）证券。包括各种债券和股票，是证券发行人的资金来源，证券持有人的资金运用。

①债券：以票据形式发行的、用于筹集资金的、承诺按一定利率付息和一定期限偿还本金的书面债务证书。具体包括国债、金融债券、中央银行债券、企业债券。

②股权：股份有限公司依照公司法的规定，为筹集公司资本所发行的、用以证明股东身份和权益、并据以获得股息和红利的凭证。

应该指出的是，在我国的资金流量核算中，由于非上市公司的股权数据极难取得，因此，目前在具体核算时，只包括上市公司通过股票市场发行股票所筹集到的资金。

（5）保险准备金。保户向保险公司缴纳的保险费预付款、对人寿保险公司和养老基金的净权益以及保险公司的未结索赔准备金。它是保险公司、养老基金的资金来源，投保部门的资金运用。

（6）结算资金。银行的汇兑在途资金，是金融机构的资金来源，其他部门的资金运用。

（7）金融机构往来。各金融机构之间的相互往来，具体包括同业存放款和同业拆放款。它既是金融机构部门的资金运用，又是金融部门的资金来源。为了分析的需要，在这里没有做轧差处理。

（8）准备金。金融机构在中央银行缴存的准备金。它是金融机构的资金运用，中央银行的资金来源。为了分析的需要，在这里没有做轧抵处理。

（9）库存现金。银行机构准备的现金业务库存。它是金融机构的资金运用，中央银行的资金来源。为了分析的需要，在这里没有做轧抵处理。

（10）中央银行贷款。中央银行向金融机构发放的贷款以及再贴现。它是中央银行的资金运用，金融机构的资金来源。为了分析的需要，在这里没有做轧抵处理。

（11）其他（净）。除上述金融交易以外的其他各类国内金融资产与负债变化轧抵后的差额。

（12）国际资本往来。我国和外国以及港澳台地区的金融交易，具体包括长期资本往来和短期资本往来。

①长期资本往来：借贷期限在一年以上或未规定借款期限的国际资本往来以及直接投资。

②短期资本往来：借贷期限在一年以内的国际资本往来。

（13）国际储备资产。包括货币黄金、外汇、特别提款权、在国际组织头寸的变化。

表 8-3 资金流量核算金融交易指标口径一览表

资金流量表中金融交易	统计口径
通货	流通中货币
存款	活期存款
	定期存款
	住户储蓄存款
	财政存款
	外汇存款
	其他存款
贷款	短期贷款
	长期贷款
	对政府部门的贷款
	外汇贷款
	其他贷款
证券	债券
	股票
保险准备金	保险准备金
结算资金	结算资金
金融机构往来	金融机构同业往来
准备金	金融机构缴存中央银行的准备金
库存现金	金融机构的库存现金
中央银行贷款	中央银行对金融机构的贷款
其他（净）	其他各项金融资产变动与负债变动轧抵
国际资本往来	长期资本往来
	短期资本往来
储备资产	外汇储备、货币黄金以及在国际机构头寸的变化
国际收支错误与遗漏	国际收支表中的误差

第三节 资金流量分析

资金流量核算是对全社会金融交易的核算，在经济分析工作中，它在很多方面发挥着重要的作用。作为一个完整的账户体系，它主要的分析功能体现在两个领域：金融结构分析和社会融资活动分析。

表 8－4　资金流量表（金融交易部分）

单位：亿元

机构部门 / 交易项目	住户		非金融企业		政府		金融机构		国内合计		国外		合计	
	运用	来源	运用	来源	运用	来源	运用	来源	运用	来源	运用	来源	运用	来源
1. 净金融投资	8514		－8079		－89		－211		135		－135		0	
2. 资金运用合计	8869		1615		820		13573		24877				24742	
3. 资金来源合计		355		9694		909		13784		24742		0		24742
4. 通货	447		128		6		16	597	597	597			597	597
5. 存款	7723		4519		1173			13415	13415	13451			13415	13415
6. 贷款		355		9696		－105	9946		9946	9946			9946	9946
7. 证券	608		－2	－2	－4	1014	1461	1051	2063	2063			2063	2063
8. 保险准备金	91		47					138	138	138			138	138
9. 结算资金			729					729	729	729			729	729
10. 其他（净）			－2146					－2146	－2146	－2146			－2146	－2146
11. 对国外净债权			－1660		－355		2150		135		－135		0	0

一、金融结构分析

表8－4是我国1995年的资金流量表。为了突出四大国内机构部门和国内之间的金融交易，对表8－1的数据做两方面的调整。一是对第19至22项涉及金融机构部门内部之间的金融交易做轧抵处理；二是对各项对外债权做轧抵处理。做完上述处理后，产生表8－4。根据轧抵后的资金流量表，整理出用于分析1995年我国金融结构的表8－5。

表8－5的第一列来自表8－4国内合计栏的资金运用数据。第二列数据为国内资金运用的结构，具体计算方法为：各类金融工具在国内金融工具总流量中的比重＝各类金融工具流量/国内金融工具总流量。第三列数据为当年新增的各类金融工具与GDP的对比，反映金融活动与实物经济运行间的关系。

表8－5 金融结构分析表

	数额（亿元人民币）	结构（%）	与GDP之比（%）
	(a)	(b)	(c)
1. 资金运用合计	24877	100.0	42.4
2. 通货	597	2.4	1.0
3. 存款	13415	53.9	23.0
4. 贷款	9946	40.0	17.0
5. 证券	2063	8.3	3.5
6. 保险准备金	138	0.6	0.2
7. 结算资金	729	2.9	1.2
8. 其他（净）	－2146	－8.6	－3.7
9. 对外净债权	135	0.5	0.2

注：1995年GDP为58478亿元

根据表8－5提供的有关金融交易流量的结构数据，可得出1995年我国金融资产流量的结构特点：

第一，银行提供的金融工具占全部金融工具总流量的93.9%。

在8种金融交易中，由银行提供的金融工具主要有存款和贷款。存款和贷款在金融工具总流量中的比重分别为53.9%和40%，二者合计为93.9%。

第二，证券市场提供的金融工具占全部金融工具总流量的8.3%。

第三，广义流动性占全部金融工具总流量的56.3%。

广义流动性由通货和存款构成，通货和存款占全部金融工具总流量的比重分别为2.4%和53.9%，二者合计为56.3%。

第四，保险占全部金融工具总流量的0.6%。

第五，对国外的债权占全部金融工具总流量的0.5%。

根据表8-5提供的新增金融交易与GDP之间对比数据，可得出1995年我国金融资产流量与国民经济发展的关系：

第一，广义流动性与GDP的比值为0.24，是金融工具中影响经济发展最重要的因素。

第二，银行信贷与GDP的比值为0.17，是金融工具中影响经济发展的次重要因素。

第三，证券与GDP的比值为0.04，对经济发展有一定的影响。

第四，保险、对国外的净债权等对经济发展的影响较小。

第五，全部金融资金运用与GDP的比值为0.42。根据美国1945~1965年的资金流量表，美国在1962年的全部金融资金运用与GDP的比值为19.3。这表明，美国经济金融化的程度要远高于我国。

二、社会融资活动分析

各个机构部门在金融市场上利用各种金融工具融资。资金流量表回答了以下问题：谁需要融出资金，谁需要融入资金，资金是通过什么方式融出融入的。

从表 8 -1 中可以看出，非金融企业是金融市场上最大的资金需求部门，其净金融投资为 -8079 亿元；住户部门是金融市场上最大的资金提供部门，其净金融投资为 8514 亿元。下面就非金融企业部门和住户部门，分别分析资金需求方的资金筹集行为，以及资金供给方的资金运用行为。

（一）非金融企业部门的资金筹集

根据表 8 -1，可看出当年非金融企业部门的资本形成额为 19036 亿元，扣除非金融企业部门得到的资本转移 1601 亿元，当年非金融企业部门的实物资本投资额为 17435 亿元。

非金融企业用于实物资本投资的资金来源于两个方面，一是自有资金，即其自身的可支配收入；二是从金融市场上净借入的资金。具体见表 8 -6。

表 8 -6 非金融企业部门的资金筹集

		数额（a）	结构（b）
资金运用	实物投资（1）	17435	100
资金来源	企业可支配收入（2）	9188	52.7
	从其他部门借入（3）	8079	46.3
	从金融机构净借入（4）	6419	36.8
	从证券市场净借入（5）	0	0
	从国外净借入（6）	1660	9.5
统计误差（7）		168	1.0

下面等式的左方是表 8 -6 中各项金融指标，等式右方是表 8 -1 中的金融指标，二者的对应关系用等式体现：

非金融企业的实物投资（17435） = 非金融企业的资本形成总额（19036） - 非金融企业收到的资本转移（1601）

非金融企业的可支配收入（9188） = 非金融企业可支配收入（9188）

非金融企业从金融机构净借入（6419） = 非金融企业的贷款（9696） - 非金融企业的通货（128） - 非金融企业的存款

（4519）－非金融企业的结算资金（729）－非金融企业的其他（净）（－2146）－保险准备金（47）

非金融企业从证券市场的净借入（0）＝非金融企业的证券来源（－2）－非金融企业的证券运用（－2）

非金融企业从国外净借入（1660）＝非金融企业国际资本来源（4761）－非金融企业国际资本运用（1614）＋非金融企业国际收支误差（－1487）

统计误差（168）＝统计误差（168）

另外，非金融企业从其他部门的净借入（8079）＝非金融企业从金融机构净借入（6419）＋非金融企业从证券市场的净借入（0）＋非金融企业从国外净借入（1660）

从表8－6的结构指标看，企业进行实物投资的资金，有52.7%来源于企业自有资金，有46.3%从其他部门借入。在从其他部门借入的部分中，以从金融机构借入为主，占36.8%；其次从国外借入，占9.5%。证券市场对促进企业融资的作用非常有限。

（二）住户部门金融资产的形成

住户部门是国民经济最大的资金提供部门，住户部门的可支配收入用于消费后所形成的总储蓄，是全社会投资活动重要的资金来源。住户部门的总储蓄一方面用于本部门实物资本的形成；另一方面，通过金融市场向其他部门借出或形成对其他部门的权益，同时形成本部门的金融资产。以表8－1为例，住户部门的可支配收入38491亿元，扣除住户部门的最终消费26944亿元，即为住户部门的总储蓄11547亿元。住户部门的总储蓄用于两方面的投资，一是住户部门的实物资本投资3067亿元，一是住户部门对其他部门形成的净债权8514亿元。

在金融市场日益多元化的现代经济社会，住户常综合衡量各类金融工具的流动性、收益率等特征，来决定自己的金融资产结构。表8－7反映了住户部门1995年资金来源和新增资产的结构特征。

表8－7 住户部门资金来源与新增资产结构表

		数额（亿元）（a）	结构（%）（b）
资金来源	合计（1）	11902	100
	总储蓄（2）	11547	97
	从金融部门借入（3）	355	3
新增资产	实物资产（5）	3067	25. 7
	金融资产（6）	8869	74. 5
	通货（7）	447	3. 8
	存款（8）	7723	64. 9
	证券（9）	608	5. 1
	保险准备金（10）	91	0. 8
统计误差（11）		34	－0. 2

1995年住户部门的资金来源为11902亿元，其中，97%来源于本部门自身的总储蓄，数据为11547亿元（对应表8－1中住户部门的总储蓄）；3%来源于金融部门，数额为355亿元（对应表8－1中住户部门的贷款。）

住户部门全部资金来源的25. 7%，用于形成本部门的实物资产3067亿元（对应表8－1中住户部门资本形成总额）：住户部门全部资金来源的74. 5%，用于形成金融资产8869亿元（对应表8－1中住户部门金融账户下的资金运用合计）。在形成的8869亿元的金融资产中，形成的存款类金融资产为7723亿元（对应表8－1中住户部门金融账户下的存款），占全部资产形成的64. 9%，是数量最大的金融交易；其次是证券608亿元（对应表8－1中住户部门金融账户下的证券会计），占全部资产形成的5. 1%；通货和保险分别为447亿元和91亿元（对应表8－1中住户部门金融账户下的通货和保险准备金），比重各为3. 7%和0. 8%。

由此可见，住户部门在资产的选择上，最偏好的是广义流动性资产，即存款与通货，数量达8170亿元，比重为68.4%；其次是实物资产（主要指不动产），数量为3067亿元，比重为26%；证券类和保险类资产的规模较小。这种结构说明，我国住户部门的金融资产结构比较单一、传统，住户部门偏好流动性强、风险小的金融工具。

第四节　金融市场结构与金融风险分析

通过对金融市场结构的分析，我们试图解释资金的提供者（国内金融部门、国内非金融部门和国外部门）是通过哪些金融工具，将其提供给资金的获得者（国内非金融部门和国外部门），以及由此带来的金融风险。

表8-8　我国金融市场结构

单位:%

资金获得者	获得途径	1992	1993	1994	1995	1996
国内非金融部门(1)	国内金融部门（D）	54.6	60.0	52.1	53.5	60.2
	国内证券市场（E）	16.8	7.2	5.5	5.4	7.7
	国外资本市场（F）	12.5	20.6	28.1	28.1	21.8
	总　计	83.8	87.7	85.7	87.0	89.7
国外部门(2)	国内金融部门（G）	3.7	1.5	3.4	3.7	3.3
	国内非金融部门（H）	12.5	10.8	10.9	9.3	7.0
	总　计	16.2	12.3	14.3	13.0	10.3
通过金融机构的资金流动（D+G）		58.3	61.5	55.5	57.2	63.5
通过国内证券市场的资金流动（E）		16.8	7.2	5.5	5.4	7.7
通过国内市场的资金流动（D+E）		71.4	67.2	57.6	58.9	67.9
跨国界的资金流动（F+H+G）		28.6	32.7	42.4	41.1	32.1

资料来源:《中国人民银行统计季报》，1998（4）。

目前，我国的金融风险主要是银行风险，这是由国家财政、国有银行和国有企业三位一体的制度决定的。

1. 从财政预算到银行金融的转变，是金融风险发生的前提。改革开放以前，我国是一个财政—计划主导型经济。非金融企业生产和投资的大部分资金由国家财政直接拨付来调配，银行只起一个出纳和记账员的角色，既无盈利要求，也不承担风险。改革开放以后，国家财政集中和分配的资源迅速减少。1978 年，政府部门收入占 GDP 的比重为 32.7%，1981 年该比重急剧下降至 19.8%，1995 年进一步下降为 17.2%。据有关资料测算，1978 年以前，国家财政投资扩大或收缩一个百分点，全社会投资就会相应地扩大或收缩一个百分点；仅仅到了 1985 年，财政的地位就明显下降，财政投资扩大或收缩一个百分点，只能引起全社会投资不到 0.2 个百分点的变动；同时，由于连年的财政赤字，预算外资金增长超过预算内资金，财政性资金在投资中的比重急剧下降，使得财政逐步退出生产领域，财政对国债的依赖程度加大。[①] 1994 年财政改革的主要目的之一就是提高财政收入占 GDP 的比重，但收效甚微。这样一来，除了少数国家重点项目外，政府已无力向国有企业注入资金，于是将国有企业的资金供给推给了国有银行。中国资金的分配机制发生的根本的变化，政府预算在生产和投资中的地位逐渐淡化，而银行贷款的地位则不断上升，这就为银行金融风险的发生提供了可能。

2. 政策性贷款的扩大，是金融风险增大的重要渠道。在我国资金分配机制的转变过程中，政策性贷款的比重提高。90 年代以来，政策性贷款占国家银行贷款总量的 1/3 以上。由于政策性贷款通常是为实施政府政策而发放的，一般不以盈利性和贷款安全性为基础。但问题是，政策性贷款的“软约束”带来了较低的贷款偿还率。1996 年，流动资金贷款偿还率不足 90%，固定资产贷款偿还率只有 50% 左右，基本建设投资贷款的偿还率

---

① 巴曙松：《中国资本市场发展的理论与实践》，北京大学出版社，1998。

只有 20% 左右。因此，政策性贷款往往成为过度信用扩张的一个重要方面。

3. 国有企业负债和亏损增加，是银行金融风险的最大隐患。由于政府无力向国有企业注入资金，而企业的自有资本很少，在直接融资十分有限的情况下，融资的渠道只能选择间接融资，而间接融资属于商业信贷，它与负债相联系。因此，企业扩大融资几乎等同于增加负债。此外，在现行体制下，国有商业银行和国有企业的责权利关系比较模糊，国有商业银行对国有企业的经营行为缺乏有效的约束，从而形成了国有企业的"投资饥渴症"、"贷款饥渴症"，最终导致企业负债越积越深。

高负债率已成为国有企业经营的一个突出问题。1995 年全国第三次工业普查的结果表明，我国工业企业的资产负债率已达到 65.3%。1996 年全国清产核资结果显示，在已完成清产核资的 30.2 万户企业中，资产负债率高达 71.0%，大大超过了 50% 的警戒线。

企业高负债带来的直接影响是企业的经营成本压力越来越大。第三次全国工业普查资料显示，全部独立核算国有工业企业一年的利息支出是其营业利润的 3 倍以上，是其利润总额的近 2 倍。这还未包括贷款应付未付的利息，如果考虑这部分利息支出，企业的利息成本支出还会上升。

与此同时，随着改革的深入和竞争的加剧，相当数量的国有企业不能适应市场的变化，亏损不断增加，1996 年国有企业出现净亏损 378 亿元。

由于融资规模过大、间接融资比重过高以及国有商业银行和国有企业软约束机制产生的金融风险突出反映在两个方面：第一，随着国有企业经营困难加大，银行的不良信贷资产逐渐增多。不良资产的增多，不仅使银行不能获得正常的利息收入，而且造成银行资本金的损失，使银行的经营利润受到影响，降低其抗风险的能力。同时，不良资产的增多本身将直接影响到银行的资产流动性，降低其抗击意外事件的能力，使银行面临的金融风险增大。第二，直接融资市场容量较小，对市场的监管滞后，使得直接融资市场的投机性增大。由于国有企业的资金利润率一直偏低，资金市场的高利润率与生产企业的低利润率形成的反差，诱使资金从生产领域流向资金市场。由于股市容量较小，介入的资金过多、过猛，各种监管措施又未能及时跟上，致使股价发生不正常的波动，从而强化了投资者的投机心理。第三，在高利润的驱使下，非法集资、融资和高利贷款严重扰乱了金融秩序，带来了新的金融风险。

4. 住户部门储蓄和投资的巨大反差，在一定程度上“掩盖”了金融风险。改革开放以来，随着我国经济的高速增长，住户部门的收入也迅速增加。住户部门储蓄和投资的巨大差额，是银行机构部门贷款的主要资金来源。如果银行能够有效地完成储蓄——投资的转化，这一巨大差额也不会成为国民经济运行的隐患。但问题是，由于我国银行贷款的结构不合理，70%～80%的贷款给了经济效益较差的国有企业，经济效益较高的非国有企业却得不到生产经营所需要的贷款，贷出去的资金往往收不回来，形成呆账、坏账，从而形成了“住户部门高储蓄——银行存款——国有企业贷款——银行不良资产”的恶性循环。在这种情况下，高额的银行存款并不表现为高额的资本形成，而是表现为对国有企业亏损的补贴，而住户部门又保有对这部分已经不存在的资本的要求权。在当前的经济转轨过程中，我国的国有商业银行面临着相当大的压力，承担着经济约束软硬不对称的矛盾：国有商业银行对居民的存款是硬约束，到期必须还本付息；而国有商业银行对主要的贷款对象——国有企业则是软约束。国有商业银行出于宏观经济改革的需要，还必须继续对国有企业进行大力支持。因此，银行“软贷款”造成的“预算软约束”与住户部门的高储蓄相结合，是我国目前所面临的金融风险的根源。

金融部门是金融市场的中介部门，正常情况下净金融投资应为正数，但从1994年起，净金融投资连续两年出现负数，特别是1995年的净金融投资由1994年的-105亿元扩大为-208亿元。金融部门出现资金短缺，意味着该部门负债增加大于资产的增加，这无疑会加大金融部门的经营压力，对整个国民经济的稳定产生一定的影响。

由此可以看出，正是连续数年住户部门储蓄的不断增加，弱化了国内金融机构不良贷款的影响，使之得以“寅吃卯粮”，不至于像东南亚和韩国、日本的金融机构那样陷入破产清算的境地。可以这样说，没有住户部门巨额储蓄存款的支撑，国内金融机构部门的不良贷款和日渐增加的经营费用很难维持下去。但问题的严重性在于，如果不良贷款得不到妥善解决，一旦储蓄的增量弥合不了不良贷款的增量，后果绝不会亚于席卷整个东南亚的金融危机。

第九章　金融体系国际竞争力分析

金融体系国际竞争力是国际竞争力的八个组成要素之一。瑞士国际管理开发学院（International Institute for Management Development，IMD）自80年代末开始研究国际竞争力理论与评价方法，每年都将其作为一个主要的课题，不断发展完善。它根据一国或地区最充分可能创造和积累国民财富综合能力的国际竞争力概念，对40多个国家或地区竞争力进行分析评价，以《世界竞争力年鉴》的形式公布其研究结果。10年来，《世界竞争力年鉴》已成为世界上最负盛名的国际竞争力研究报告之一，是各国政界、经济界领袖审时度势、制定决策的重要参考物。

1999年的《世界竞争力年鉴》在历年研究的基础上又有了新的发展。参评国家和地区共有47个，斯洛文尼亚，这个中欧地区具有很大发展潜力的国家首次被纳入评价体系。评价指标共有288项，包括硬数据指标182项，其中42项作为提供背景信息之用，不参加排序，软数据指标106项，按八大竞争要素归类。利用各个指标的标准化值，依据29项评价理论原则，进行了1999年世界竞争力评价。除了以往的国际竞争力总水平排名、要素排名、评价指标排名外，以配置吸引力（Location Attraction）排名取代了引进吸收国际竞争力排名，并分解成三个领域：制造业、研究与开发活动及服务与管理活动，评价各国和地区对于企业配置以上三个领域生产活动的吸引力。另外，取消了输出扩张国际竞争力排名分析。在国际竞争力资产负债表的基础上，新增了对各国与地区进行的国际竞争力模拟排名。上述各种排名的计算是在不同的指标组合基础上进行的。从各个角度比较全面地反映了一国或地区的国际竞争力水平，并为进一步的评价、分析以及预测提拱了依据。

第一节　金融体系国际竞争力的理论和指标体系

一、金融体系国际竞争力的理论

一个完整的金融体系由资本市场和货币市场构成。金融体系的竞争力强弱取决于这两个市场的运行状况。金融作为实现经济增长的基础环境和推动力，正如戈德史密斯所说：金融对经济增长的促进作用是通过提高储蓄、投资总水平与有效地配置资金，提高投资的边际收益率这两条渠道实现的。有竞争力的金融体系表现为在资本市场上市场机制，特别是利率机制和汇率机制的有效运行，多种层次的金融机构并存的有序竞争，金融体系的国际化和一体化程度较高；在货币市场上银行金融活动是开放的、透明的，政府对金融活动的干预是适度和有效的。在这种金融体系下，金融体系效率较高，金融机构与金融工具的多样化发展，银行的货币供应量适度，使得社会资本的积累速度加快。在资本总量一定的前提下，金融活动越活跃，公司筹集资金的成本就越低，筹集资金的渠道也越多，资本的使用效率也越高，无论是资本市场，还是货币市场都具有较高的国际竞争力，整个金融体系运转比较舒畅和稳定，这同时也会提高其他资源的利用效率，增强经济运行的活力，推动经济增长。反之，在缺乏竞争力的金融体系下，金融体系效率较低，金融机构和金融工具的盲目多样化发展，只能导致资本资源的使用浪费，同时降低资本市场和货币市场的国际竞争力，严重时会阻碍经济发展，同时也给金融体系发展带来巨大的风险。

基于上述思想，在衡量国家或地区之间金融体系的竞争力以及这种竞争力在国家或地区国际竞争力的地位的时候，着重围绕金融与经济增长的关系，说明一个国家或地区的金融体系如果具有竞争力，它必然是健全的：由发育良好的、国际化和一体化程度相当高的金融部门组成的、健全的金融体系带来金融市场的高效率，促进经济发展，并进一步提高整个金融体系的国际竞争力。为此，瑞士国际管理开发学院 1999 年的《世界竞争力年鉴》，把资本市场运行状况和货币市场服务质量作为衡量一个国家金融体系竞争力强弱依据的两个主要方面。金融体系竞争力指标体系由资本成本的大小、资本市场效率的高低、股票市场活力和银行部门效率 4 类要素共 27 项指标构成（1999 年的年鉴新增了 7 个指标）。其中前 3 类指标主要是反映资本市场运行状况，资本成本竞争力反映资本市场对经济增长的支持大小；资本市场的效率竞争力表明资本市场的运行质量；而股票市场活力竞争力则预示着整个资本市场现在和未来的活力，这 3 个要素竞争力综合起来可以评价一个国家或地区资本市场对经济发展的作用和资本市场的国际化、一体化竞争实力。第 4 类指标主要是通过评价货币市场中银行部门效率的竞争力来衡量整个货币市场的服务质量，即对经济增长的贡献和货币市场的参与国际竞争能力。最终将反映资本市场和货币市场竞争力的各要素结合起来，综合评价一个国家或地区金融体系对经济发展的作用以及在国际金融体系中的竞争实力。

近年，国际金融体系面临着一股巨大力量——国际游资的冲击，这给金融体系的国际化和一体化带来了新问题。金融体系的对外开放，一方面有利于经济发展、改善金融体系，增强其国际竞争力；另一方面，由于自身的金融体系存在明显的缺陷和不足，加上在经济发展过程中，这些问题不仅没有得到很好的解决，反而可能被放大，在受到没有严格限制的游资冲击下，金融体系的风险就会加大，这样一来金融体系的国际化和一体化反而会削弱其国际竞争力。东南亚的金融危机就证明了这一点。正因如此，在1999年的《世界竞争力年鉴》的金融体系竞争力评价中，加大了对金融体系竞争力评价指标体系的完善，特别是强调对银行部门效率的评价，在新增的7个指标中，6个指标都是用来衡量银行部门效率的。

二、金融体系竞争力的指标体系

（一）资本成本竞争力

资本成本是指使用资本所需付出的代价。体现了金融体系运行效率高低的直接结果。资本成本竞争力指标体系反映金融体系对资本形成的支持程度，表明一个国家或地区金融体系对经济增长的推动力的大小。该指标体系共有3个指标组成，其中有1个软指标（软指标是指调查指标）。（1）短期实际利率。短期实际利率是指扣除通货膨胀之后的年平均贴现率或银行利率，用以反映筹集资本实际承担的成本。（2）企业资本成本。企业资本成本的高低，直接关系到企业外部融资的成本，关系到是否有利于企业竞争力的提高。该指标为软指标。（3）国家信用评级。该指标用以反映一个国家或地区到国外筹集资本的能力高低和资本成本的大小。该指标数据来自《机构投资者杂志》（Institutional Investor Magazine）公布的评价结果。

（二）资本市场效率竞争力

资本市场效率竞争力是反映在资本市场上企业获取资本的途径及其难易程度的指标。这个指标体系反映金融体系运行是否舒畅和其开放程度，通过衡量资本市场上筹资的隐性成本，进而评价市场效率。该指标体系共由8个指标组成，其中有6个软指标。1999年的年鉴新增了1个指标。（1）本国企业的财务状况。

企业的财务状况，不仅直接影响企业的发展，而且对其外部筹资有重大影响。保持良好的偿债能力和债权结构必然在筹资中占有主动地位；反之，则很被动，筹资竞争力较差。该指标反映本国企业筹资的竞争力，是新增的软指标。（2）信贷。反映企业获取银行资金的难易程度，该指标是软指标。（3）外国金融机构。说明外国金融机构进入本国市场的难易程度。反映一个国家或地区金融市场的对外开放程度。该指标是软指标。（4）外国公司进入本地资本市场是否受限制。（5）本国公司进入外国资本市场是否受限制。这两个指标都是软指标，用以反映一个国家或地区资本市场的国际化程度。（6）国际保理业务。用国际保理业务占出口商品比重表示，反映对外贸易部门的资本效率。（7）股票市场（包括二级市场）为企业提供资金。用以反映企业直接融资的难易程度。（8）风险资本。用以反映企业获取风险资本的难易程度。该指标是软指标。

（三）股票市场活力竞争力

股票市场是资本市场的重要组成部分，股票市场的活力直接影响到金融体系的竞争力水平。该指标体系共有5个指标组成，其中有2个软指标。（1）股票市场筹资额。该指标用以反映一级市场规模的大小，股票市场筹资额越大，说明其吸收直接资本的能力越强。（2）股票市场人均交易额。该指标用以反映股票二级市场规模的大小，是股票市场活力的直接体现。（3）国内上市公司数。该指标用以反映股票市场对国内公司的支持程度。（4）股东的权利和义务。用股东的权利和义务是否明确来反映上市公司的规范程度。该指标是软指标。（5）内幕交易。用股市中的内幕交易是否普遍来反映股票市场的完善程度。该指标是软指标。

（四）银行部门效率竞争力

银行部门效率主要是衡量在货币市场上银行部门的服务质

量，包括中央银行的货币政策效果、金融监管质量以及商业银行的服务范围和质量等方面。该指标体系共由 11 个指标组成，其中有 6 个软指标。1999 年的年鉴新增了 6 个指标。（1）中央银行政策。用以反映中央银行货币政策的制定及执行效率。该指标是软指标。（2）银行规模。该指标是通过资产列世界前 500 家银行的数目来反映一个国家或地区的银行规模。（3）银行部门资产占 GDP 的比重。该指标反映一个国家金融发展的程度，特别是银行部门的发展程度。（4）利差。即利息加息率，是指银行贷款利率与存款利率之差，用以反映商业银行的经营效率。（5）对金融机构的法律监管。用以反映中央银行监管的质量。该指标是软指标。（6）对金融交易的信任。这是一个新增的软指标，用以反映银行部门的交易是否有可靠的保证。金融交易是带有风险的交易，如果得不到有效的保证，势必会给交易的双方或某一方带来极大的损失。（7）金融机构透明度。这是一个新增的软指标，反映银行部门是否能够提供它们活动的充分信息。（8）金融教育。这是一个新增的软指标，反映在一个国家或地区的金融教育是否普及。（9）金融技术人才。这是一个新增的软指标，用以反映在一个国家或地区的劳动市场上金融人才是否容易获得。（10）信用卡发行量。（11）信用卡交易量。这两个指标均为新增指标，分别用以反映信用卡在一个国家或地区的普及程度和使用强度。其中信用卡交易量只是一个背景指标，不参与竞争力的排名。

第二节　金融体系国际竞争力分析

一、金融体系基本数量关系分析

金融体系的竞争力与组成它的四要素竞争力的关系如何？其

中谁的重要性大一些？对于这样一个问题，利用IMD的1999年年鉴数据，通过计算偏相关系数（所谓偏相关系数是指在剔除了某现象与其他一些因素的关系后，与一种因素的相关关系），得到金融体系的竞争力与它的4个要素之间的关系密切程度的度量结果（见图9－1）。结果表明金融体系的竞争力与资本市场效率竞争力关系最为密切，与银行部门效率竞争力关系其次，与股市活力竞争力关系排在第三，与资本成本竞争力关系最为疏远，说明在评价金融体系的国际竞争力中，金融效率始终处于第一位。

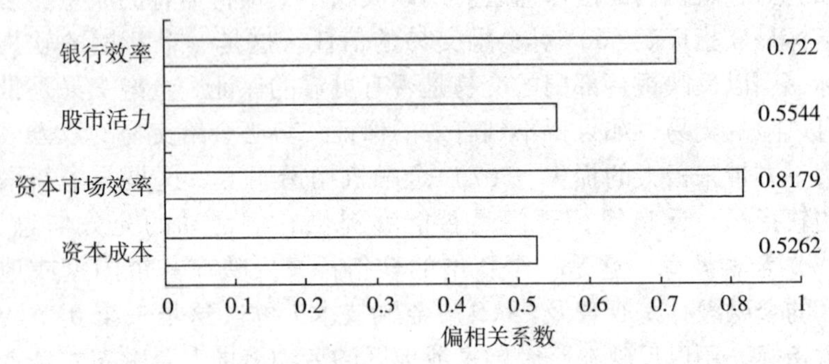

图9－1 金融体系竞争力与其四要素竞争力的关系图

二、金融体系竞争力的国际比较

（一）发达国家金融体系的国际竞争力

在IMD的1999年《世界竞争力年鉴》中47个国家或地区金融体系国际竞争力资料（排名是根据各国指标标准化后加权的总分大小》中，发达国家由于资本市场的发育比较成熟，金融服务质量较高，金融体系的国际竞争力排名一直比较靠前。在1999年金融体系国际竞争力排名中，排在前6位的依次为美国、卢森堡、荷兰、瑞士、丹麦和德国。

美国由于股票市场活力排名第一和银行部门效率排名第二，使其金融体系的竞争力排名仍居第一位。股市筹资额 80670 亿美元，远远超过第二名，上市公司数目 8851 家，为其股票市场发展注入了强大的活力；美国联邦储备银行以调节短期实际利率作为主要货币政策，其灵活的中央银行货币政策、强有力的银行体系监管、巨大的银行规模和各种信用的广泛发展为美国金融体系的稳定运转和效率提高奠定了基础。近来，美国参众两院通过了《金融服务现代法》，该项法案推翻了原先规定银行、保险公司、证券经纪商必须分业经营的法律，允许它们全面从事这三方面的业务，这会进一步加强美国金融体系在国际上的竞争力。

与美国的直接融资模式不同，日本的金融体系以间接融资模式为主。由于受东南亚金融危机的影响，1999 年日本的金融体系竞争力排名由上年的 23 位下降到 25 位，比较突出的是其长期以来有竞争优势的银行部门效率排名下降到 14 位，比上年下降了 11 位。在 1998 年的世界前 500 家大银行中日本比上年减少了 3 家，占了 105 家。银行部门效率排名下滑之快，缘于其中央银行货币政策应对乏力，中央银行对金融机构的监管力度不够，金融机构的透明度不高，以及商业银行的巨额呆账、死账，严重地破坏了日本金融体系的根基。但同时也应看到日本的金融体系改革已经开始，而且取得了一定成效，1999 年日本的资本市场效率竞争力排名为 37 位，较上年提高了 8 位。

综观作为直接融资金融模式代表的美国和间接融资金融模式代表的日本从 1994 年以来两国金融体系的国际排名（见表 9 - 1），可以看出，美国金融体系由于既有巨大的、充满活力的资本市场，又有灵活高效的中央银行货币政策，不仅使得美国的金融体系国际竞争力的排名要强于日本的金融体系国际竞争力排名，而且使得直接融资金融模式与间接融资金融模式在现阶段相比更具有优势。美国的这种金融模式也为中国金融的改革提供了借鉴。

表 9－1 美国和日本金融体系国际竞争力的排名表

年份	1994	1995	1996	1997	1998	1999
美国	1	1	1	1	1	1
日本	2	2	2	5	23	25

（二）新兴工业化国家或地区金融体系的国际竞争力

以新加坡、韩国、中国香港、中国台湾省为代表的亚洲新兴工业化国家或地区，由于各自的金融体系的特点不同，国际竞争力表现出较大差异。中国香港在回归之后，由于得到了中国内地的支持，金融体系国际竞争力不仅没有削弱，而且得到了加强。1999 年中国香港的竞争力排名为第 7 位，较上年上升了 2 位，而且股市活力竞争力排名进入了前 3 位。中国台湾省由于银行部门的效率下降，排名由 1998 年的第 10 位下降到 1999 年的第 22 位，导致其金融体系的竞争力 1999 年排名由 1998 年的第 19 位又回到了 1997 年的水平即 23 位。新加坡的竞争力略有回升，1999 年排名第 9 位，较上年升了一位。值得注意的是韩国已经遏止住金融体系竞争力连续下滑的趋势，1999 年竞争力排名上升了 4 位，位居 41 位。

（三）发展中国家金融体系国家竞争力

1999 年，发展中国家，特别是南美洲各国，由于受到东南亚金融危机的冲击和波及影响较大，金融体系的国际竞争力下降较大。其中印度尼西亚下降了 11 位，居倒数第 2 位，仅次于俄罗斯。墨西哥、委内瑞拉的竞争力排名分别下降了 4 位、8 位，在 47 个国家及地区中分别排名 39 位、45 位。

（四）转型国家金融体系国际竞争力

在转型国家中，波兰由于其 4 大类指标均有不同程度的提高，金融体系 1999 年的竞争力排名由 1998 年的 43 位上升到 37 位。匈牙利的竞争力排名上升了 2 位，为 28 位。而捷克由于银行业的问题，竞争力排名有所下降，排名42位。由于金融体系的不断恶化，俄罗斯排名仍处在倒数第一位。

三、中国金融体系国际竞争力的回顾与评价

（一）中国金融体系国际竞争力的回顾

中国金融体制改革已经20年了。改革开放以后，面对着如何把计划体制下的"大一统"的金融体系改造成为适合社会主义市场经济的金融体系，面对着如何提高我国金融体系效率和国际竞争力，我们的改革主要是借鉴美国金融体系的模式，围绕着两个目标和两个角度展开的。两个目标即国内目标和国外目标，两个角度即资本市场和货币市场。国内目标就是要建立社会主义市场经济所要求的金融体系，使金融体系服务于经济增长，提高整个金融体系对经济增长的推动作用；国际目标就是要与国际金融体系接轨并融入这个体系中，直观地说即加速金融一体化和金融国际化，增强金融的国际竞争力。对资本市场就是要建立资本市场结构，形成一定的市场层次，在资本市场上形成一定的国际竞争力；对货币市场就是建立现代银行体系，规范银行行为和提高银行效率，在银行服务质量上建立较好的国际形象。回顾改革的历程，1992年邓小平南方谈话之后，金融体系的改革进入了快车道，开始与国际金融体系接轨，开始有了金融的国际竞争力的意识。1994年首次参加了IMD的金融体系的国际竞争力评价，排名为全部的41个国家及地区中第39位。20年来，改革的历程是艰苦的，由于国际金融环境的不确定性、不稳定性和我国改革、建设中难以预料的变化，整个金融体系改革出现比较大的波动，我国的金融体系竞争力的发展并不是持续上升的，这可以从中国在金融体系竞争力世界排名波动中看出，1997年、1998年下降就是上述原因所致。从1994年的排名第39位上升到1999年的第36位，反映了我国金融体系竞争力的整体实力正在加强，

我国金融体系的改革已经发挥作用，正在为国民经济的发展提供着强大的支持。改革取得的成绩在局部显得更为明显，如在股票市场活力国际竞争力方面。当然在金融业的某些方面，改革的步伐比较缓慢，如资本市场效率竞争力及货币市场的银行部门效率竞争力没有大的进步。这固然有我国金融体系改革比较艰难的原因——金融体系的改革既需要内部协调，也需要有外部环境的支持，特别是在金融体系的国际化和一体化上更需要有一个良好的国际环境配合，但也表明我国金融体系改革的整体优势还没有发挥出来，金融体系的整体改革滞后不仅影响整个经济发展的改革，而且制约了我国金融体系竞争力整体实力的迅速提高。

（二）中国金融体系国际竞争力的现状分析

根据 IMD 的年鉴，1999 年中国金融体系的国际竞争力排名为 36 位，在 47 个参评国家或地区中处在比较落后的位置，比上年的排名 42 位提高了 6 位，在名次上升上排在并列第 2 位（另一个是波兰）。从组成金融体系竞争力的 4 大类竞争力变化来看，中国的排名是两升两降，两升是指资本成本竞争力排名由 32 位升到 29 位，股市活力由 35 位升到 32 位；两降是指资本市场效率排名由 44 位降到 45 位，下降并不显著，而银行部门效率下降最为明显，由 1997 年的 28 位下降到 36 位，降幅达 8 位之多。中国的竞争力排名之所以会上升，主要原因是原来排名在中国之前的墨西哥、捷克、委内瑞拉、印度尼西亚等国的实际水平下降，导致其竞争力排名落到了中国之后。因此从 IMD 来看，中国金融体系竞争力排名的上升并不表明其金融体系的实际水平得到了相应的提高，而只是排名的相对水平提高。进一步分析我国金融体系竞争力在国际上的优劣势状况，竞争力的优劣势在竞争中往往起着关键的作用。在 1999 年 IMD 的年鉴中，我国金融体系竞争力优势项目有 4 项，处在劣势的项目有 8 项。

1. 中国金融体系竞争力优势项目分析。与其他国家或地区相比，中国金融竞争力的优势项目并不多（见表9－2），而且排名也不太靠前。如果再考虑这些项目实际数值与其他国家或地区相比，在数值标准化以后来看，优势也就不能称为优势，与排名最前的国家或地区差距太大。但具体到我国的经济发展和市场体制建立现状，取得这样的成绩实属不易。

表9－2　1999年中国金融体系竞争力优势项目情况表

	国内上市公司	利息加息率	短期实际利率	银行资产占GDP比重
中国排名	8	12	13	14
最小标准值	-0.5	-1.2	-1.4	-0.9
中国标准值	0.0	0.2	-0.4	0.2
最大标准值	5.4	3.2	5.0	5.5

在我国资本市场上，股票市场的建立和发展主要是在90年代以后。1990、1991年才分别成立上海证券交易所和深圳证券交易所，1992年中央允许全国各地经批准的上市公司股票在深、沪证券交易所上市交易，同年，中央批准成立国务院证券委和中国证监会，执行证券市场监管功能。这些都极大地推动了中国股票市场快速、健康的发展。从1992年至今，中国的股票市场从无到有，沪深交易所上市股票达到800多家，市值总值超过2万亿元，流通市值近8000亿元，国内上市公司由1993年的183家发展到1998年的851家，上市公司短短5年里增长了3.65倍。我国国内上市公司指标排名从1995年的排名第21位上升到1999年的第8位，从劣势转变为优势，成为中国资本市场中最活跃的部分，它的发展预示中国资本市场，特别是股票市场将要经历一个高速发展期。

利率一向是金融市场，特别是资本市场中最敏感的部分。在我国这样一个利率机制尚未完全市场化的情况下，能够在金融体系竞争力的优势项目上占据两项，主要得益于从1996年以来中央银行为了适应经济发展和金融改革，特别是实现利率市场化的需要，放开了同业拆借市场利率，实现了中央银行公开市场操作中回购利率的市场招标，简化了利率种类，理顺了部分利率关系，连续下调了各类银行利率。以银行1年期存款利率为例，利率由1993年的7.56%下降到1998年底的3.78%，整整下降了50%，说明我国利率机制的市场化进程正在加速，该进程具有渐进性。首先是同业拆借市场利率市场化，接着是银行准备金利率市场化，最后是银行贷款和存款利率市场化。当然这其中会交叉推进，也会有曲折，但利率市场化的进程不可逆转。尽管目前整体改革推进还没有到位，但局部的改革已经开始并取得了一定成绩。在金融体系国际竞争力中的优势证明了这一点。因此从目前来看我国无论是存贷款利率，还是银行准备金利率，都朝着有利于经济增长的方向发展，朝着有利于提高其金融体系效率的方向发展。较低的利率水平，为企业的发展，为新一轮经济起飞打下了良好的基础。

一个国家的金融发展进程一般是用金融资产占GDP的比重（即金融相关比率）来衡量。根据我国的现状，银行部门在整个金融业中占据了绝对比重，因此用银行部门的金融资产占GDP的比重基本上能够反映整个金融市场的金融资产占GDP的比重。该项指标我国排名第14位的成绩源于我国银行业在1994年以后加快了改革步伐。首先是成立了3家政策性银行；其次是各专业银行向国有商业银行转变，逐步推行了资产负债比例管理和完善了全行统一法人制度；第三是发展新兴银行，到目前已发展到11家，它们的建立和迅速崛起是中国银行体制改革不断深化的重要标志。同时注意金融对外开放，引进大量的外资银行。银行业的发展，表明我国整个金融体系的市场化已经进入世界较强国家的行列。随着中国加入WTO的临近，银行业加快改革的步伐，必将为我国金融体系一体化和国际化的发展创造一个良好的环境，必将为市场经济体制的建立和完善提供一个强有力的后盾。

2. 中国金融体系竞争力的劣势项目分析。与优势项目相比，我国的劣势项目较多（见表9－3），主要是一些软指标（8个中有6个），而且主要集中在反映资本市场效率竞争力上。共有5项，即进入本地资本市场、外国金融机构、进入外国资本市场、本国公司财务、国际保理业务；反映银行部门效率竞争力的有两项，金融技术人才和金融教育，是这次新增的软指标；反映股市活力竞争力的只有股市交易额1项；而反映资本成本竞争力的项目中没有劣势项目。从排名上看，最差的主要也是反映资本市场效率竞争力的进入本地资本市场。外国金融机构、进入外国资本市场等指标和反映银行部门效率竞争力的金融教育指标。从项目实际标准化数值来看，都与最小标准值相同或很接近，而与最大标准值相差太大。这说明我国金融竞争力的劣势项目很突出。将我国的劣势项目归纳一下，主要体现在两个方面：一是金融体系的对外开放程度不高，表现在进入本地资本市场、外国金融机构、进入外国资本市场、国际保理业务等项目上；一是金融的基础条件比较薄弱，表现在金融技术人才和金融教育等项目上。归结起来就是金融体系的运作效率不高。

表9－3　1999年中国金融竞争力劣势项目情况表

	股市交易额	国际保理业务	本国公司财务	金融技术人才	进入外国资本市场	外国金融机构	金融教育	进入本地资本市场
中国排名	41	42	43	43	45	45	47	47
最小标准值	－0.6	－0.5	－1.9	－2.2	－0.7	－3.0	－2.0	－3.0
中国标准值	－0.59	－0.4	－1.5	－1.8	－0.6	－2.1	－2.0	－3.0
最大标准值	4.2	6.3	1.5	1.2	6.6	1.5	1.6	1.2

改革初期我国金融国际化和一体化的程度不高，因此金融业的对外开放必然有个从慢转快的过程。1994年我国进行了外汇体制改革，形成了以市场供求为基础的、单一的、有管理的浮动

汇率制度。中央银行直接介入全国银行间外汇市场，进行外汇公开市场操作，平衡市场外汇供求，保持人民币汇率稳定。1996年实现人民币经常项目下可兑换及外资银行分支机构和保险业准入的放宽，这些都说明我国金融的对外改革在加快。本来我国的金融国际化和一体化的进程是比较乐观的，如在经常项目下人民币可兑换的承诺期限本是2000年，由于1994年外汇体制改革的成功和外汇储备的实力增强，提前了4年，于1996年实现承诺。但是由于1997年东南亚金融危机的影响，加上国内金融体系内潜伏着金融高风险的隐患，我们不得不重新审视金融改革的进程。稳健地吸引外资，减少外部冲击，保持自我金融体制的良性运转，成为我国金融体系这几年改革的前提条件。因此在金融业的对外开放上更加审慎，反映金融开放程度的竞争力项目这几年一直处在劣势项目上就并不奇怪了。但应该看到，金融对外改革的步伐会随着国际、国内环境改善和“入世”而加快，加入国际金融舞台，提高金融国际竞争力是我国金融体系改革始终坚定不移的目标。

我国金融的基础条件薄弱，不仅体现在金融体制上要改革和创新的内容有很多，而且体现在金融教育的落后以及金融人才的匮乏上。长期的与国际金融体系的分离，使得我们在追踪世界金融最新理论和培养与世界接轨的金融人才上实际水平与期望水平相差太大。造成这一现状既有体制的原因，也有世界金融业快速发展的原因。我国金融业的对外开放不仅要大力引进外资，而且要广泛引进优良的金融产品，更要注重引进先进的金融管理技术和优秀的金融管理人才。未来的世界是知识经济的世界，人力资源是最宝贵的资源，要想在世界金融舞台上充当重要角色，拥有强有力的竞争力，就必须提高金融教育和金融人才的竞争力，而提高金融教育和金融人才的竞争力绝非一朝一夕，解决这个问题与解决其他的改革问题一样，不仅仅是需要时间和关注，更需要加快金融业对外开放的步伐。

综合以上分析，在我国金融市场上，利率的市场化以及较低的市场利率为我国的经济增长提供了持续的推动力，股票市场活力的增强和市场体系中金融发展进程的加速，带动了我国整个金融体系的完善和国际竞争力的提高。但由于受到金融基础比较薄弱（如人才匮乏等）的制约以及国际大环境（如东南亚金融危机等）的影响，我国金融体系的国际化和一体化的发展在短期内滞后于整个市场体系的改革，加上扭曲的金融体系改革和发展，商业银行资产质量不高，资金运用的损失率、呆账率高，导致了金融风险的积累以及整个金融体系运作效率的不高，最终影响了我国金融体系在国际竞争上的整体实力。

表 9－4　1999 年中国金融体系国际竞争力指标得分和排名表

要素类别	指标名称	得分（数值）	排名
资本成本竞争力	短期实际利率	1.59%	13
	企业资本成本	3.43 分	31
	国家信用评级	57.7 分	29
资本市场效率竞争力	企业的财务状况	2.2 分	43
	银行信贷	3.11 分	37
	外国金融机构进入国内市场	5.37 分	45
	外国公司进入本国资本市场	4 分	47
	本国公司进入外国资本市场	4.17 分	45
	国际保理业务占商品出口的比重	0.01%	42
	股票市场为企业提供资金支持	5.16 分	33
	企业获得风险资本	3.78 分	32
股票市场活力的竞争力	股票市场筹资额	2166 亿美元	15
	股票市场人均交易额	182 美元*	41
	国内上市公司数目	851 家	8
	股东的权利和责任	6.09 分	36
	内幕交易	4.63 分	35

续表

要素类别	指标名称	得分（数值）	排名
银行部门效率竞争力	中央银行政策	6.96 分	24
	银行规模	6 家	18
	银行部门资产占 GDP 的比重	124.6%	14
	利息加息率	2.54%	12
	对金融机构的法律监管	5.85 分	33
	对金融交易的信任	5.83 分	37
	金融机构透明度	4.99 分	38
	金融教育	3.07 分	47
	金融人才	4.57 分	45
	信用卡发行量**		
	信用卡交易量**		

*：股票市场人均交易额为近 3 年平均数。

**：IMD 没有中国的数据。

主要参考文献

1. Introduction to Pricing and Asset Shares, David B. Atkinson, Society of Actuaries, 1998.

2. Cash Flow Analysis Techniques, taken from the Proceedings of the Valuation Actuary Symposium, September 30-October 1, 1987, Dallas, Texas.

3. Life Insurance (Twelfth Edition), K. Black, Jr. And H. Skepper, jr, 1994.

4. Life Insurance: The Practice of Life Insurance, PS Carr et al, January, 1999.

5. Valuation of Life Insurance Liabilities, Mark A. Tullis & Philip K. Polkinghorn, ACTEX Publication, 1996.

6. Group Insurance (Second Edition), W. F. Bluhm, Editor, 1996.

7. Graduation: The Revision of Estimates, D. London, 1985.

8. Monetary and Financial Statistics Manual, International Monetary Fund, 2000.

9. Financial Risk Management, Marc Lore & Lev Borodovsky, Buttenworth and Heinemann, 2000.

10. 中国 90-93 生命表（CL90—93）。

11. 中国精算座谈会讨论材料，中国保险监督管理委员会，1999 年 12 月。

12. 王晓军等：《保险精算学》，北京，中国人民大学出版社。

13. 赵彦云：《宏观经济统计分析》，北京，中国人民大学出版社，1999。

14. 威廉·夏普（美）:《投资学》（中译本），北京，中国人民大学出版社，1999。

15. 彼得.S. 罗斯著，唐旭等译:《商业银行管理》（第三版），北京，经济科学出版社，1999。

16. 罗伯特.S. 平狄克等著，钱小平译:《计量经济模型与经济预测》，北京，机械工业出版社，1999。

17. 俞乔等:《商业银行管理学》，上海人民出版社，1998。

18. 米什金（美）:《货币银行学》（第四版），北京，中国人民大学出版社，1999。